어느 재일코리안 여성의
기억의 조각을 찾아서

동아시아연구소 재일번역총서 제1권

어느 재일코리안 여성의
기억의 조각을 찾아서

글쓴이 오문자
옮긴이 이경규

박문사

기억의 잔상(앨범)

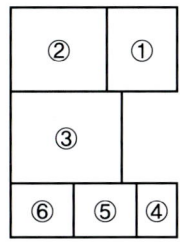

①아버지와 함께 ②지리산을 배경으로 어머니와 남편과 함께 ③남편의 출판 기념회장에서
④딸의 무대 공연 ⑤학생 시절의 두 아들 ⑥두 손녀

①한일여성친선협회 축하파티에서 소마 유키카 선생님과「봉선화」멤버들과 함께　②『땅에서
배를 저어라』의 멤버들과 함께－왼쪽부터 고영리 선생님·사와치 히사에 선생님(앞줄)·이 미
쓰에·박민의 씨·필자(뒷줄)　③안우식 선생님을 사이에 두고 스승을 그리워하는 친구들과
함께　④「재일여성사」제1회 준비위원회에서－왼쪽부터 계수경 선생님·필자·조영순 씨·정
조묘 선생님　⑤오덕수 감독이 손수 만든 요리를 즐기며(이즈 우사미의 별장에서)　⑥『유悠』
창간을 기념하며 나카지마 치카라 선생님과 동인들

① 『봉선화』 창간 15주년 기념 모임 － 사와치 히사에 선생님을 중심으로 기념사진
② 작가 김 마스미 씨와 함께
③ 「혼을 깨우는 소리…비파·신나이·판소리」 공연을 마치고 출연자들과 함께
④ 가네시게 야스코 씨의 상경을 환영하며 「도쿄 미사오회」 동기 멤버
　(앞줄 왼쪽부터 가네시게 씨·도미키 씨·다테 씨. 뒷줄 왼쪽부터 필자·마키
　타 씨·사사키 씨)
⑤ 산요여자고등학교 동창들과 함께

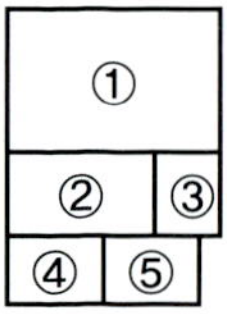

	①	
②		③
④	⑤	

①광개토왕릉비 앞에서 남편(이진희) ②우리들 묘 앞에서 ③남편의 저서『해협』출판기념
회에서 손녀 나미한테 붙잡히며. 오른쪽은 기무라 이소 선생님 ④남동생 부부와 우리 부부
⑤남편의 1주기에 열린 안장식과 기념비 제막식(남편의 고향에서)

아버지와 함께

남편과 함께

목차

기억의 잔상 속에서

남편의 영정과 함께 「이통신회」 멤버들과 추석을 맞이하며

들어가기

남편이 세상을 떠난 지도 어느덧 여섯 번째 가을을 맞이합니다. 맞은편 민가에서 금목서의 달콤한 향기가 바람을 타고 흘러옵니다. 아파트 발코니에서 담배를 정말 맛있게 피우며, 어디선가 스며드는 금목서 향기를 즐기던 남편의 모습이 아련히 떠오릅니다. 이 계절은 우리 집에 유난히 경사스러운 일들이 이어지는 때이기도 합니다. 우리 부부의 결혼기념일이 있고, 손녀의 생일이 있으며, 그리고 이제 곧 저 또한 팔순을 맞이하게 됩니다.

돌아보면 우리 가족이 걸어온 길은 결코 평탄하지 않았습니다. 우여곡절과 고난이 겹쳐진 험난한 여정이었습니다. 특히 재일 사회의 분단 속에서 몸부림치며 고통받았던 시절은 지금도 잊을 수 없습니다. 하지만 그 길은 좋든 싫든, 우리의 삶에서 무엇보다 중요한 증거로 남아 있습니다. 「우리는 과거를 잃을 때, 미래도 잃는 것이 아닐까」라는 다카하시 겐이치로高橋源一郎 씨의 이 말에 자극을 받아, 힘겹게 지나온 과거를 기억의 잔상 속에서 다시 불러내 보았습니다.

지금부터 기록해 나갈 저의 반평생 대부분은, 곧 재일 사회의 분단 시대를 온몸으로 살아낸 우리 가족의 역사이기도 합니다.

부모님 이야기, 가족 이야기

저는 1937년, 3남 2녀 중 장녀로 오카야마시에서 태어난 재일 2세입니다. 이외에도 이복 여동생이 두 명 있는데, 지금은 하와이에 거주하고 있습니다.

아버지는 1914년 한국의 곡창지대라 불리는 전라남도 순천에서 7남매(4남 3녀) 중 셋째 아들로 태어나셨습니다. 할아버지는 당시 제법 많은 토지를 소유해 「오 주사」라 불렸고, 면장직을 맡으셨던 것 같습니다. 아버지 집안은 형님 두 분을 일본 유학까지 보낼 만큼 여유가 있었습니다. 형들이 학사모를 쓰고 귀향할 때면 마을 사람들이 몰려와 구경할 정도였다고 합니다. 그러나 할아버지가 돌아가신 뒤 가세가 기울고, 엄격한 일본 통치 아래 넓은 농지마저 내놓아야 했습니다. 결국 아버지는 형들처럼 일본 대학에 진학하지 못하고 농업전문학교에 다니실 수 있었습니다. 비록 학력은 형님들에 미치지 못했지만, 일본으로 건너와서는 전후 신흥 부자가 되어 형제들을 도우며 생활의 중심을 이끌어 가셨습니다.

어머니는 전라남도 승주군 쌍암면의 한적한 농가에서 다섯 형제자매 중 막내로 태어나셨습니다. 어린 시절 아버지를 여의고, 어머니는 바느질로 가계를 꾸려가셨다고 합니다. 그러나 그 어머니(제 외할머니)마저도 어머니가 열두 살 되던 해 병으로 세상을 떠나시면서, 어머니는 친척 집에 아이 돌보미로 맡겨졌습니다. 아이가 많은 집안에서의 삶은 무척 힘들었던 듯, 고향 이야기를 꺼낼 때마다 원망 섞인 말씀을 하시곤 했습니다. 전쟁이 격화되면서 형제들과의 연락도 완전히 끊겨, 오랫동안 생사를 알 수 없었습니다.

그러다 1996년, 어머니의 고희를 맞아 고향을 방문했을 때 비로소 형제들의 소식을 알게 되었습니다. 큰오빠는 농사일을 하며 살아가고 있었고, 작은오빠는 한국전쟁 때 북으로 끌려갔다는 사실이 밝혀졌습니다. 이후 행방불명이던 작은오빠가 중국 지린성에서 살고 있다는 사실도 알게 되었습니다. 큰언니는 히로시마에, 둘째 언니는 한국에, 셋째 언니는 오카야마에서 각각 살고 있다는 소식도 전해 들으며 차례로 재회할 수 있었습니다. 오랜 세월 서로의 안부를 알지 못한 채 얼마나 힘겨운 나날을 보냈는지 모릅니다. 해방 이후 한국 사회의 혼란과 한국전쟁은 또 다른 이산가족을 만들어냈고, 그렇게 세월이 흘러서야 겨우 서로의 소식을 확인하고 다시 만날 수 있었습니다.

제가 처음 어머니의 고향을 방문한 것은 1995년이었습니다. 그곳은 사람이 거의 살지 않는 깊은 산골이었습니다. 순천의 호텔을 나와 시내를 빠져나온 뒤 약 30분, 산기슭 마을을 지나 큰

댐을 따라 20~30분쯤 더 달렸을까요. 거기에서 다시 좁고 깊은 골짜기를 따라 20분 정도 올라가자 작은 집들이 모여 있는 마을이 나타났습니다. 남쪽 산 경사면에 10여 채 남짓한 집들이 옹기종기 자리 잡고 있었고, 그 아래에는 계단식 밭과 손바닥만 한 다랑논이 이어져 있었습니다. 마치 가난했던 옛 시절을 그대로 보여주는 듯했습니다. 어머니가 이렇게 깊은 산골에서 태어나 얼마나 고된 삶을 살았을까 하는 생각에 잠기기도 했습니다. 마을 끝자락에는 어머니의 생가가 있었지만, 집은 이미 허물어져 빈터만 남아 있었습니다. 마을 맞은편 작은 언덕에서 내려다보니, 산비탈에 몇 채의 집이 흩어져 있었지만 젊은 사람들은 대부분 도시로 떠난 듯 보였습니다. 노인의 모습조차 드물었고, 집들도 하나같이 초라했습니다. 인구가 줄어든 시골 마을은 일본이나 한국이나 다를 바 없이, 사람이 사는 기운이 희미해 보였습니다.

부모님이 어떻게 만나 결혼하게 되셨는지는 알 수 없지만, 두 분은 1943년 무렵 일본으로 건너와 돌아가실 때까지 일본에서 사셨습니다. 아버지는 72세에, 어머니는 93세에 생을 마감하셨습니다. 아버지는 어린 시절 부모님을 일찍 여의고 이복 형제들 틈에서 외롭게 자라서인지, 자녀들에게 보내는 애정이 유난히 깊으셨습니다. 교육열도 높으셔서 제가 초등학생일 때부터 숙제를 꼼꼼히 봐주셨고, 학부모 모임에는 빠지지 않고 참석해 주셨습니다. 제가 다녔던 고등학교는 현모양처를 지향하는 미션계 여학교였는데, 수업 참관일에는 기모노를 입은 어머니들 사이로 유일하게 남자였던 아버지가 오시곤 했습니다. 「후미코, 아버님 오셨다」라며 친구들이 놀리던 기억은 지금도 그리운 추억으로 남아 있습니다.

아버지는 사업 수완도 뛰어나셔서, 당시 파칭코 가게, 레스토랑, 건축 붐을 타고 블록 공장 등 여러 방면으로 사업을 확장하셨습니다. 그리하여 이른바 전후 신흥 부자로 자리 잡게 되었습니다. 제가 고등학교 2학년이던 해 한국전쟁 휴전 협정이 체결되었는데, 당시 저희 집은 200평 부지의 정원에 계절마다 꽃이 가득 피었고, 응접실에서는 제가 서툴게 연주하는 피아노 소리가 흘러나오곤 했습니다. 세탁기나 냉장고조차 귀하던 시절에 집에는 외제 자가용이 있었고, 살림을 돕는 식모 아주머니와 아이를 돌봐주는 분까지 있어, 남부럽지 않은 유복한 생활을 누렸습니다.

아버지는 우리를 데리고 여행도 자주 다니셨습니다. 여행을 떠나면 언제나 기념사진 찍기부터 시작되었는데, 다양한 포즈를 요구받는 바람에 앨범 속 우리들의 사진에는 즐거운 표정보다는 심술난 얼굴이 더 많습니다. 그럴 때마다 아버지께 늘 미안하고 지금도 후회스럽습니다.

낭만주의자였던 아버지는 음악을 특히 좋아하셨고, 가족 콘서트를 여는 것이 평생의 꿈이셨습니다. 다섯 자녀 모두에게 악기를 하나씩 사주셨는데, 저와 여동생은 피아노, 바로 아래 남동생은 색소폰, 그다음 남동생은 바이올린, 막내 남동생은 드럼을 배웠습니다. 하지만 어느 날 둘째 남동생이 바이올린 레슨이 싫다며 편지를 남기고 가출해 버리는 일이 있었습니다. 그 사건을 계기로 아버지의 오랜 꿈이 산산이 무너지고 말았습니다. 아버지는 기쁠 때나 슬플 때나 늘 하모니카를 불곤 하셨는데, 비브라토를 넣어 연주하던 멜로디에는 언제나 애수가 서려 있었습니다. 특히 「사랑하는 클레멘타인」은 지금도 아버지의 그리운 모습과 함께 떠오릅니다.

아버지는 오카야마현 재일본조선인 상공회의소 이사장, 재일본조선인 상공연합회 이사 등의 직책을 맡기도 하셨습니다. 제가 고등학교 3학년 여름방학 무렵, 조선총련 중앙회에서 아버지께 민족 교육을 시켜야 한다는 권고가 있었던 것으로 기억합니다. 음대를 목표로 열심히 공부하던 제 뜻과는 달리, 고등학교 졸업 후 조선중앙사범전문학교에 진학하게 되었습니다. 그때는 아직 민전에서 총련으로 조직 노선이 전환되기 전이었고, 고다이라小平에 조선대학교가 세워진 것도 그 후의 일이었습니다.

당시 제가 다니던 고등학교는 음악 교육에 열성이었고, 음악부 활동을 하며 지역 산요 방송에도 자주 출연했습니다. 담임 선생님과 음악 선생님 모두 제가 음대 대신 조선사범전문학교에 가는 것을 크게 걱정하며 반대했지만, 아버지는 저에게 반드시 민족 교육을 받게 하고 싶어 하셨던 듯합니다.

결국 음악에 대한 꿈을 접은 저는 고등학교 졸업 공연 무대에서 마지막으로 마음을 다해 노래했습니다. 공연 제목은 「꿈」이었고, 저는 진홍색 롱드레스를 입고 쇼팽의 「이별의 노래」를 불렀습니다. 친구들이 머리를 정성껏 다듬어 주었기에 어떻게든 프리마돈나의 분위기를 낼 수 있었습니다. 지금도 그 순간이 자주 떠오릅니다.

이윽고 조선중앙사범전문학교에 입학했습니다. 치바현 후나바시船橋에 있던 이 학교는 전원 기숙사제였고, 전국에서 교사를 꿈꾸는 동포 학생들이 모여 있었습니다. 열악한 생활환경이었지만 모두가 조국 통일을 향한 열망으로 열심히 공부했습니다. 제 의사와는 달리 입학한 학교였지만, 민족 의식이 옅었던 저를 민족의 자녀로 성장시켜 준 것은 바로 이 기숙사 생활이었습니다. 젊은 동포들과 함께 조선의 역사와 문자를 배우며 보낸 1년은, 이후 제 인생을 결정짓는 중요한 시간이 되었습니다. 졸업 후 대부분의 동기들이 민족학교 교사로 전국에 파견되었지만, 저는 음악에 대한 미련을 버리지 못했습니다. 그래서 사범전문학교를 마치기 직전 동양음악단기대학(현 도쿄음악대학)에 응시했습니다. 기숙사 생활로 수험 준비 환경은 부족했지만 다행히 합격했고, 졸업할 때는 소수만 선발되는 「졸업연주회」에 출연하는 영예까지 누릴 수 있었습니다. 제가 부른 곡은 푸치니의 오페라 「마농 레스코」 중 아리아 「나 홀로 버림받고」였습니다.

남편의 닉네임은 르네상스

저희가 결혼한 것은 1958년 가을이었습니다. 그 1년 전 봄, 저는 단기대학을 졸업했고, 졸업식 바로 다음 날 도쿄에서 남편의 동료들을 초대해 약혼식을 올렸습니다. 그리고 가을에는 친정이 있는 오카야마에서 결혼식을 치른 뒤, 도쿄에서 신혼 생활을 시작하게 되었습니다.

결혼 초기에 남편은 메이지대학 대학원을 졸업하고 도쿄 조선중·고급학교에서 교편을 잡고 있었습니다. 저희가 처음 만난 것도 그가 고등학교 3학년 담임을 맡고 있을 때였습니다. 세계사를 가르치던 그는 중세 유럽에서 근대로 넘어가는 문예부흥기를 설명할 때마다 「르네상스」라는 단어를 자주 사용했는데, 그 때문에 학생들 사이에서 그의 닉네임이 「르네상스」가 되었다고 합니다. 당시 젊은 남편은 절대 권력을 가진 가톨릭 교회와 교리에 맞서 개인의 자유와 존엄을 주장했던 르네상스를 열정적으로 설명하며, 문예부흥은 곧 인간 부흥이라는 점을 뜨겁게 강조했다고 합니다. 훗날 김일성 일가의 혁명 사상과 역사를 배우게 된 제자들조차, 그 시절을 회상하며 교회의 교리에 도전했던 서양인들의 용기에 매료되었고, 「르네상스」 수업을 잊지 못하며 스승의 교단에서의 열정적인 모습을 그리워하곤 했습니다.

여름방학이 되면 남편은 사이타마현 나가토로長瀞에서 캠프를 열고, 와도和銅 유적과 신라계 적석총을 둘러본 뒤, 당일치기로 고려 신사까지 학생들을 데리고 다니며 현장에서 직접 보고 생각하는 역사 교육에 힘썼습니다. 바로 이러한 체험적 역사 교육이 남편이 일관되게 추구한 목표이기도 했습니다.

이듬해인 1959년, 북한귀국사업이 시작되었습니다. 「따뜻한 조국의 품으로」, 「낙원의 조국으로」라는 구호가 울려 퍼지며, 마치 열병처럼 거대한 물결이 되어 수많은 사람들이 북으로 북으로 귀국의 길에 올랐습니다. 남편은 집안 형편 때문에 더 이상 학업을 이어갈 수 없던 우수한 학생들을 적극적으로 「낙원의 조국」으로 보냈습니다. 일본에서는 실현할 수 없는 꿈이 조국에서는 이루어질 것이라 굳게 믿었기 때문입니다. 당시에는 그것이 옳은 선택이라 여겼습니다. 그러나 이후 귀국한 제자들이 처한 비참한 현실을 알게 되었을 때, 남편은 이루 말할 수 없는 눈물을 흘렸습니다. 그는 인생의 마지막 순간까지 귀국시킨 제자들에 대한 책임을 통감하며, 그것이 자신의 잘못이었다고 고백했습니다. 반세기가 넘는 세월이 흐른 지금, 북한귀국사업에 대한 역사적 평가가 보여주듯, 과연 무엇이 옳고 그른지 단정하기 어려운 것이 현대사의 복잡한 현실인지도 모르겠습니다.

조선대학교의 교원이 되어

1961년, 남편은 조선대학교 역사지리학과 전임 교원이 되어 고고학과 조선 고대사를 맡게 되었습니다. 그는 학과를 특색 있는 학과로 발전시키기 위해 열정을 기울였습니다. 조선대학교는 일본 각지에 있는 조선인 중·고등학교의 교사 양성을 목적으로 1956년 도쿄 고다이라시小平市에 설립되었으며, 처음에는 2년제 과정으로 시작했습니다. 한동안 무인가 상태였지만, 1968년 저명한 문화인들의 지원과 미노베美濃部 도쿄 도지사의 결단으로 정식 인가를 받을 수 있었습니다. 이는 당시 조선고등학교가 일본에서 각종학교로 분류되어 대학 입학 자격이 주어지지 않았고, 대학에 진학하려면 일본 고등학교에 편입해 졸업해야만 입시 자격이 주어졌기 때문입니다. 따라서 재일조선인의 대학 교육을 자체적으로 감당할 수 있는 대학 설립이 절실한 과제였습니다.

남편은 여름방학처럼 시간이 비교적 여유로운 때에는 학생들을 데리고 나라와 교토를 견학하거나 도쿄 근교의 유적지를 돌아보곤 했습니다. 교사로서 가장 활기차고 열정적인 시기였다고 생각합니다. 관동대지진 40주년을 맞아 조선인 학살 실태를 정리한 자료집을 발간할 때는 학생들을 체험자 증언 청취에 참여시켜 자료 수집과 현지 조사 방법을 배우도록 했습니다. 또 태평양 전쟁 말기 탄광에 강제 연행된 조선인을 직접 만나 그들의 체험담을 기록하게 하고, 절에 보관된 과거장(사망자 명부)을 열람하여 이름 없는 조선인 희생자들을 확인하고 유골을 조사하는 등 학생들이 「살아있는 현대사」를 배울 수 있도록 힘썼습니다. 남편은 재일조선인이 짊어진 가혹한 역사를 학생들과 함께 마주하는 것이야말로 진정한 교육이라고 믿었던 것 같습니다.

결혼 직후 저는 민족학교에서 주 3회 음악 강사로 수업을 맡고 있었지만, 남편이 조선대학교에 부임한 뒤에는 조선총련(이하 총련) 여성동맹 현 본부 문화부에 소속되어 주로 대외부 활동과 어머니 합창단 지도를 담당하게 되었습니다. 남편의 부임으로 대학 근처로 이사 온 지 얼마 되지 않아 친구도 거의 없던 시절이었기에 동포 어머니들과의 만남은 새롭고 즐거운 경험이었습니다. 시간이 흐르면서 합창단 멤버는 점점 늘었고, 2부 합창에서 3부 합창으로, 기량도 날로 향상되는 것이 큰 보람이 되어 저는 거의 매일 합창단 지도를 위해 열정을 쏟았습니다.

그 결과, 전국대회에서 합창·중창·독창 세 부문을 동시에 석권하는 성과를 거두었고, 다른 도도부현 어머니들로부터는 부러움과 동시에 라이벌로서 인정을 받게 되었습니다. 총련 중앙에서도 초청을 받아 기념행사에 자주 출연하며 주가를 높여 갔습니다. 당시 저는 「수령님(김일성)에게만 충실한 사상」에 깊이 매몰되어 있었고, 생후 한 달도 안 된 둘째 아들을 안고 이곳저곳 뛰어다니며 활동했습니다. 정신없이 달려가던 제 모습 때문에, 어리석게도 「기관차」라는 별명까지 얻게 되었습니다.

아버지의 저서 『낙원의 꿈 깨지고』

재일조선인의 귀국에 관한 협정이 일본 적십자사와 조선 적십자사 사이에 체결되어, 제가 결혼한 다음 해인 1959년 12월,

귀국 1호선이 니가타항에서 북한을 향해 출항했습니다. 식민지 민족으로서 일본에 건너와 민족 차별과 열악한 생활 환경 속에서 고통을 겪어야 했던 재일동포들은, 사회주의 조국에 희망을 걸고 「지상의 낙원」을 향해 일본을 떠났습니다.

1960년 8월, 아버지는 일조협회에 입회하고 8·15 조선 해방 15주년 축하 사절단의 일원으로 초청을 받아 북한을 방문했습니다. 독자들께서는 당시 국교가 회복되지 않은 상황에서 어떻게 조선인 아버지가 북한에 갈 수 있었는지 의문을 가질 수도 있습니다. 실제로 아버지 말씀에 따르면, 그는 1951년 샌프란시스코 강화조약 체결 직전에 양자 입양 형식을 통해 일본 국적을 취득했다고 합니다. 앞서 말했듯이 아버지는 당시 꽤 규모 있는 사업을 하고 있었는데, 조선 국적을 유지하면 은행 융자조차 받기 어렵고 여러모로 불리했기 때문에 일본 국적을 선택할 수밖에 없었던 것입니다. 이로 인해 아버지는 일본 국적 조선인 신분으로 북한에 갈 수 있었습니다.

축하 사절단 일행에는 참의원 의원 아베 기미코安倍キミ子가 단장을 맡았고, 북한을 찬양한 『38도선의 북쪽』의 저자 데라오 고로寺尾五郎도 포함되어 있었습니다. 체류 중 청진으로 향하는 열차 안에서 아버지는 귀국한 청년들이 데라오의 찬양이 거짓이라며 항의하는 장면을 직접 목격했습니다. 또한 고향 오카야마에서 귀국한 친구들과의 면회조차 허락되지 않았고, 평양 거리를 자유롭게 걷는 것도 금지된 폐쇄적 사회라는 점을 실감했다고 합니다.

　귀국 후 아버지는 북한의 실상을 총련 측에 호소했습니다. 한국전쟁이 끝난 지 채 10년도 지나지 않아 국토 복구가 한창이던 북한에는 여유가 있을 리 없었으며, 귀국 희망자라면 북한의 현실을 직시하고 사회주의 건설에 몸을 바칠 각오를 한 사람만이 가야 한다는 것이었습니다. 남편은 「물자가 턱없이 부족한 북한의 현실을 있는 그대로 알려야 한다」고 주장했습니다. 그러나 당시 「지상의 낙원」이라는 선전에 흥분해 있던 사회 분위기 속에서, 아버지의 발언은 귀국 사업에 방해가 된다고 여겨져 총련으로부터 「반동」이라는 낙인이 찍히고 심한 비난을 받았습니다.

　평소 북한에서 생을 마치고 싶어 했던 아버지는 결국 귀국을 포기해야 했고, 1962년에는 북한의 실태를 고발한 『낙원의 꿈 깨지고』를 출판하며 총련과 정면으로 대결했습니다. 이후 남편은 온갖 비방과 중상 속에서도 진실을 은폐한 채 귀국을 추진하는 것은 잘못된 일이라고 외치며 외로운 싸움을 이어갔습니다. 강연회가 총련 산하 청년들의 방해와 폭력, 욕설로 중단된 적도 있었고, 신변의 위협을 느끼는 상황도 많았습니다. 그러나 아버지는 「만일 이러한 사실을 외면한 채 북한 찬양과 귀국 촉진을 계속한다면 끔찍한 인도적 오류를 범할 것」이라며 끝까지 호소했습니다. 하지만 결국 뜻을 이루지 못한 채 72세로 생을 마감하셨습니다.

　『낙원의 꿈 깨지고』가 출간된 지 어느덧 반세기가 지났습니다. 그동안 절망적인 세월을 보낸 재일동포들, 특히 귀국자들의 친족들에게는 열악한 생활환경, 기아, 감시와 밀고가 일상화된 북한 사회의 참상이 전해지면서, 아버지의 명예는 비로소 회복되었습니다. 『낙원의 꿈 깨지고』는 지금도 귀국 사업에 관한 바이블이라 불립니다. 당시 아버지의 경고에 귀를 기울였더라면 하는 아쉬움이 남습니다. 오늘날에도 북한의 미사일 발사, 핵실험, 암살 의혹 등 믿기 어려운 사태가 계속 국제 사회를 뒤흔들고 있습니다.

한때 한국 군사정권 시절, 좌파와 진보적 문화인들이 민주화 운동을 위해 연대하며 큰 논쟁을 일으키고 사회적 여론을 환기시킨 적이 있었습니다. 그러나 북한의 인권 문제와 내부 사안에는 여전히 눈을 돌리지 않는 태도를 보이고 있습니다. 탈북자 문제 역시 마찬가지입니다. 지금이야말로 한국 민주화 운동에 함께했던 그 열정을 되새기며, 이념 대립을 넘어 북한의 가혹한 인권 억압에 맞서 북한 민주화 운동에도 연대를 강화해야 하지 않을까요?

총련과의 결별 — 인생의 갈림길에서

동포 어머니들과의 만남이 신선하고 즐거워, 마치 「기관차」처럼 거침없이 달려가던 저도 점차 남편과 아버지 사이에서 갈등하며 잠 못 이루는 나날을 보내게 되었습니다. 총련 내에서는 김일성의 주체사상이 유일한 사상으로 자리 잡았고, 제1부의장 김병식이 권력을 휘두르며 라이벌이나 비판자들을 가차 없이 배제했습니다. 미행, 밀고, 폭력 등 무서운 사상 감시 체제로 변해 가던 시기였습니다.

남편은 연일 「사상총괄」에 시달리며 괴로워했습니다. 그 이유 중 하나가 바로 저와의 결혼이었습니다. 제 아버지가 북한귀국 사업을 강하게 비판했기 때문입니다. 당시 남편은 북한으로 돌아가 고고학 현장에서 연구를 이어가고자 했고, 실제로 북한에서의 발굴 성과를 『고고학잡지』 등 학술지에 활발히 소개하고 있었습니다. 또한 북한은 한국전쟁 후 불과 7~8년밖에 지나지 않아 전후 복구가 한창이라며 아버지의 저서 『낙원의 꿈 깨지고』를 비판하기도 했습니다. 결국 우리는 아버지와 절연 상태에 이르게 되었는데, 어느 날 아버지는 우리가 북한으로 귀국하려 한다는 사실을 알고는 전화 너머로 「네가 만약 북한으로 돌아가면 나는 할복자살하겠다」라고 절규하셨습니다. 이어 「민족 반역자라 불리는 아버지가 있는 이상, 네가 귀국해도 비참한 일을 당할 것이 뻔하다」라며 필사적으로 만류했습니다. 할복까지 언급하시는 아버지의 말에 저는 차마 반박할 수 없었고, 남편과 아이들, 그리고 앞으로의 삶에 대한 고민으로 괴로움 속에 잠 못 이루는 날들이 계속되었습니다.

그 고통스러운 시간이 얼마간 이어졌고, 저는 결국 북한 귀국을 단념하게 되었습니다. 나아가 남편과의 이별까지 진지하게 고민하기 시작했습니다. 민족 반역자의 사위라는 낙인은 정치 생명을 잃는 것과 다름없었기에, 그의 앞날을 위해서라면 차라리 헤어지는 편이 낫지 않을까 하는 생각까지 들었습니다. 이를 알게 된 아버지는 동생을 통해 남편과 헤어지고 돌아오라는 말씀을 전했습니다. 북한에 가면 딸의 생명이 위태로울 것을 누구보다 잘 알고 계셨던 아버지는, 내 말을 듣지 않으면 할복까지 하겠다고 하며 막으려 했던 것입니다. 만약 그때 아버지의 반대를 무릅쓰고 귀국했다면, 과연 우리 가족에게는 어떤 운명이 기다리고 있었을까요.

한편, 아버지 문제와 대학에서의 교육 방식 사이에서 고민을 거듭하던 남편의 모습은 안쓰럽기까지 했습니다. 1966년, 남편의 첫 저서 『조선문화와 일본』은 이유도 없이 출간 중지되었고, 이어 집필 중단 처분과 「사상총괄」까지 강요받았습니다. 1971년 3월 조선대학교를 그만둘 때까지 무려 6년 동안 남편은 집필을 중단한 채 분노와 답답함을 억누르며 살아야 했습니다. 1968년 경부터는 대학 내에 「문화대혁명」과 같은 소용돌이가 불어, 동료들 사이에도 의심과 불신이 만연했습니다. 학생들마저 교사를 감시하며, 강의 중 사상적으로 문제가 될 만한 발언이 있으면 곧바로 상부에 보고하는 분위기였습니다. 교사와 학생 사이의 신뢰가 무너진 그곳은 더 이상 교육의 장이라 부르기 어려웠습니다. 남편은 날이 갈수록 식욕을 잃고 고뇌 속에 살았으며, 안정제 없이는 일상을 견디기 어려울 지경이었습니다.

아버지와 절연한 지 10년이 지난 1971년 4월, 입학식을 마친 며칠 뒤 남편은 결국 대학을 떠나기로 결심했습니다. 조선고등학교와 조선대학교에서 20여 년간 민족 교육에 청춘을 바쳤음에도, 북한의 정치 체제와 조선대학교의 운영 방식에는 더 이상 따를 수 없다고 판단한 것입니다.

연구자로서 그리고 『계간 삼천리』와 『계간 청구』 편집장으로서

다음 해인 1972년은 다카마쓰즈카 고분高松塚古墳이 발견되어 화려한 복장의 미녀와 남성 행렬, 사신도의 출현이 세상을 떠들썩하게 했던 시기였습니다. 신문과 TV는 연일 벽화의 연대와 피장자를 밝히는 문제를 보도했고, 일본 전역은 고대사 열기로 들끓었습니다. 그 무렵 남편은 「광개토왕릉비문」 연구에 몰두하고 있었습니다.

당시 일본 학계는 고대 야마토 정권이 한반도 남부를 2세기 동안 지배했다는 「임나일본부설」을 정당화하는 근본 사료로 「광개토왕릉비문」 탁본을 활용했는데, 남편은 이 탁본 자체에 심각한 문제가 있음을 지적했습니다. 수많은 탁본을 면밀히 비교·검토한 끝에, 이를 무비판적으로 이용해 「출병과 지배」를 논하는 역사학자들의 태도에 의문을 제기하며 일본 근대사학의 왜곡된 체질을 비판했습니다. 그는 이러한 연구 성과를 모아 『광개토왕릉비 연구』를 출간했고, 학회지에 발표한 논문은 황국사관의 뿌리가 깊은 일본 고대사 연구에 커다란 파문을 일으켰습니다. 다카마쓰즈카 벽화 고분 발견과 맞물려 고대사 붐이 한창이던 그때, 남편은 신문과 잡지 집필, 강연, TV 출연으로 가장 바쁘고도 빛나던 연구자의 시기를 보냈습니다. 그리고 1975년 2월에는 『계간 삼천리』 창간에 참여했습니다.

창간호 권두사에서 그는 「조선과 일본 사이의 복잡하게 얽힌 관계를 풀고 상호 이해와 연대를 도모하는 가교 역할을 하고 싶다」라고 밝혔습니다. 『계간 삼천리』는 재일 1세대 김달수, 강재언, 김석범, 이철, 윤학준 씨 등 각계 인사를 비롯해, 젊은 시절의 강상중, 문경수 씨 등 당대 재일 지식인들을 총동원하여 50호까지 이어졌습니다. 또한 『계간 청구』는 25호까지 발간되었으며, 남편은 두 잡지의 편집장으로 중책을 맡았습니다. 당시 이 두 잡지는 일본의 여러 대학에서 부교재로 채택될 만큼 영향력을 지녔습니다.

이 잡지에는 시바 료타로司馬遼太郎, 우에다 마사아키上田正昭, 오에 겐자부로大江健三郎, 하타다 다카시旗田巍, 히다카 로쿠로日高六郎, 이누마 지로飯沼次郎 씨 등 일본의 저명한 문학자, 연구자, 언론인들이 참여하여 조선을 논했습니다. 특히 이누마 지로는 『계간 삼천리』의 공적을 세 가지로 정리했습니다. 첫째, 남북 어느 쪽에도 치우치지 않은 자립적 입장을 견지한 점, 둘째, 일본인의 시각을 복안적으로 확장시켜 준 점, 셋째, 재일조선인의 문제가 단지 그들만의 문제가 아니라 일본인 자신의 문제라는 점을 깨닫게 한 것입니다. 그는 「재일조선인의 인권이 보장되지 않는 한 일본의 민주주의는 진정한 민주주의가 될 수 없다」고 말했습니다.

저는 여기에 한 가지를 더 덧붙이고 싶습니다. 바로 NHK 「한글강좌」 개설에 『계간 삼천리』가 결정적인 역할을 했다는 사실입니다. 1984년 「안녕하십니까? 한글강좌」로 시작된 이 강좌는 이후 「한글강좌」로 명칭이 바뀌어 지금까지 이어지고 있습니다. 그 계기는 『계간 삼천리』 4호(1975년 11월 발행)에서 철학자 구노 오사무久野収와 작가 김달수의 대담이었는데, 이 자리에서 구노가 「스페인어 강좌는 있으면서 조선어 강좌가 없다는 것은 도저히 납득할 수 없다」고 지적한 것이 발단이 되었습니다. 이를 계기로 1976년 4월, 『삼천리』를 거점으로 「NHK에 조선어강좌 개설을 바라는 모임」이 출범했고, 곧 일본과 한국 시민 자원봉사자들의 지지와 협력으로 확산되었습니다. 일본에서 태어나 일본어를 모어로 사용하는 2세, 3세들이 정주 지향을 바탕으로 새로운 재일코리안 역사를 열어가던 시기, 「안녕하십니까? 한글강좌」의 개설은 재일코리안과 일본인 모두에게 매우 시의적절한 일이었습니다.

남편은 총련과 결별한 뒤에도 대학교수이자 연구자로서 학문적 길을 걸으며, 동시에 마이너리티의 목소리를 사회에 전하고자 했습니다. 『계간 삼천리』와 『계간 청구』 발간은 그가 이의를 제기하고 사회적 연대를 만들어가는 과정을 「공동 작업」으로

위: 서채원 선생님 묘 앞에서 왼쪽부터 강재언 선생님, 김달수 선생님
아래: 『계간 삼천리』 50호 완결 기념 파티 모습

구현한 사례였습니다. 남편은 시대와 자신에게 성실히 마주하며 연구자, 교육자, 편집자, 그리고 재일코리안 1세로서의 삶을 누구보다 선명하게 보여준 사람이었습니다.

동인잡지 『봉선화』 창간호에 관하여

총련과의 결별을 계기로 우리 가족은 1976년 봄, 도쿄의 조후시調布市로 이사하게 되었습니다. 이곳은 간토 지역에서 센소지浅草寺에 이어 두 번째로 오래된 사찰인 진다이지深大寺가 자리한 곳이며, 만엽집에도 노래로 전해지는 다마가와多摩川가 흐르는 고장이었습니다. 예로부터 우리와도 깊은 인연이 닿아 있는 이곳에서 새로운 삶을 시작하게 된 것입니다.

그동안 의지해온 체제에서 벗어나 거처를 잃었다는 상실감 속에서, 저는 오랫동안 외롭고 허전한 나날을 보냈습니다. 그러나 조금씩 변화의 조짐이 보이기 시작했습니다. 조후시가 주최하는 각종 강좌에 참여하면서 지역 주민으로서의 의식이 싹트기 시작한 것이 그 계기였습니다. 때마침 이 시기는, 과거 이데올로기 논쟁과 정치에 휘둘리던 삶에서 벗어나 여성의 인권과 자립이라는 새로운 시점으로 사회 문제를 바라보려는 재일 여성들의 의식 전환기가 도래한 시기이기도 했습니다. 일본군 위안부 문제의 진상 규명과 국가적 사죄를 요구하며 모여든 「우리 여성 네트워크」의 활동, 치마저고리 차림으로 교단에 선 윤조자 씨, 도쿄도의 보건사 정향균 씨 등은 민족 차별과 싸우며 굳건히 서 있었습니다. 이 시기에는 「규제 조직과 선을 긋는 개인 모임을 중심으로, 반차별 투쟁 속에서 민족·젠더·계급이 교차하는 새로운 시각을 갖춘 재일 여성운동」이 일어났습니다. 그 과정을 통해 일본 여성들과의 연대가 확대되고, 지원의 시스템도 확장되었습니다. 지금 돌아보면, 이러한 변화는 제 삶에도 커다란 자극이 되었던 것 같습니다.

그 무렵 저는 『통일일보』의 여성기자 김명미 씨로부터 가끔 기사 코멘트를 요청받거나 칼럼 「여자의 시선」에 글을 써 달라는 권유를 받으며 가까이 지냈습니다. 또한 당시 작가 지망생이던 심광자 씨와는 자매처럼 교류하며, 재일 여성들의 일상 속에서 느끼는 기쁨과 슬픔, 다시 말해 여성의 본심을 담아내는 목소리를 어떻게든 글로 남기고 싶다는 마음을 키워갔습니다. 그렇게 세 사람이 뜻을 모아 상의한 끝에, 1991년 동인잡지 『봉선화』를 창간하게 되었습니다.

1991년 1월 25일에 발행된 『봉선화』 창간사에서 저는 다음과 같은 글을 실었습니다.

(전략) 어릴 적, 저는 봉선화를 좋아하지 않았습니다. 그 꽃이 마치 어둡고 슬픈 역사를 짊어진 듯 느껴졌기 때문입니다. 원망하듯 피어나는 것 같기도 했습니다. 그러나 지금의 저에게 봉선화는 그늘 속에 움츠린 꽃이 아니라, 여름의 뜨거운 햇살을 받아 시들어

도, 또 시들어도 다시 살아나는 강인한 꽃입니다. 깊게 뿌리를 내려 땅에 씨를 흩뿌리며 끊임없이 피어나는 꽃, 그래서 제 가슴 속에는 언제나 봉선화가 피어 있습니다. 꿋꿋하면서도 유연하게 새로운 재일의 나날을 살아가며, 언젠가 여성들의 아름다운 「봉선화」를 활짝 피워내고 싶다는 바람을 품고 있습니다.

창간호에는 열세 편의 작품이 목차를 장식했고, 삽화는 화가를 꿈꾸던 친구 이군자가 맡아 주었습니다. 본명과 통명 사이에서의 갈등, 우리말에 대한 그리움, 김치와 같은 음식에 얽힌 추억, 아버지에 대한 기억, 그리고 재일로 산다는 것의 의미까지 실로 다양한 이야기가 담겼습니다. 저 역시 「어느 결별」이라는 글을 통해 총련과의 결별에 이르기까지의 심정을 솔직히 털어놓았습니다. 「시간을 넘어 시대의 흐름이 지금 크게 변하려 하고 있다. 동서 냉전 구조가 붕괴되고, 우리 재일한테도 무의미한 『광란의 시대』가 지나갔다. 이제 새로운 바람이 불기 시작했다. 이 새로운 바람이 조국에 진정한 『지상의 낙원』을 가져다주는 바람의 힘이 되어주길 바란다」는 생각을 그대로 적었습니다. 지금 돌이켜보면, 그것은 단순한 개인의 기록이 아니라 조국 분단으로 인해 양분된 채, 오랫동안 정치와 이데올로기에 휘둘려야 했던 재일 사회의 증언이기도 했다는 생각이 듭니다. 그것이야말로 우리가 살아낸 시대의 증거였다고, 지금은 자부할 수 있습니다.

『봉선화』는 시대의 증언집

창간 당시만 해도 재일 여성들이 글을 쓴다는 것은 흔치 않은 일이었고, 재일 여성들 스스로가 발행하는 동인지는 전무했습니다. 재일 여성으로 처음 아쿠타가와상芥川賞을 수상한 이양지李良枝 씨가 주목받았던 것도, 그만큼 드물고 인상 깊은 사건이었기에 더욱 눈부시게 보였던 것입니다.

『봉선화』는 글을 알지 못하는 어머니들의 가혹한 삶을, 부모의 뒷모습을 보며 자란 2세들이 대신 써 내려간 「신세타령」이 많은 지면을 차지했습니다. 결코 세련된 문장은 아니었지만, 거칠고 투박한 생활 그대로가 기록되었기에 오히려 독자들의 공감을 불러일으켰습니다. 「내 고생담도 실어달라」는 요청이 지방에서도 있었기 때문에, 우리는 지방 독자와 동인을 발굴하는 거점 만들기에 힘썼습니다. 그러자 『봉선화』는 순식간에 각 지역에 독자 거점을 마련하며 전국적으로 확산되었고, 발행 부수도 당초 200부에서 1,000부로 늘어났습니다.

그 과정에서 여성들의 의식 변화에도 큰 물결이 일고 있음을 절실히 느낄 수 있었습니다. 재일코리안이기 때문에, 재일 여성이기 때문에 이렇게 살아야 한다는 구속에서 벗어나, 재일의 삶과 존재 방식을 새롭게 묻는 여성들, 그리고 유교적 풍토가 짙은 재일 사회에 더 이상 침묵할 수 없다며 문제를 제기하는 여성들이 등장하기 시작한 것입니다. 귀화 문제나 국제 결혼처럼 금기

시되던 주제에 관한 글도 기고되었고, 부모와 자식 사이의 갈등과 세대 간의 격차 등 재일의 다양한 생활상이 지면에 반영되었습니다. 정치와 이데올로기에 휘둘렸던 과거를 인권의 시각에서 되돌아보는 글들도 실리며, 독자들에게 인권을 다시 생각하는 계기를 마련하기도 했습니다.

재일 여성들의 전후 발자취를 돌아보면, 당시에는 재일 사회의 분단과 유교적 가치관이 뿌리 깊은 가정 풍토 속에서 생활고와 싸우는 것이 고작이었고, 여성 인권이나 젠더 문제를 논할 여유조차 없었습니다. 그러나 『봉선화』는 호를 거듭할수록, 가부장제와 이데올로기에 휘둘렸던 과거의 기억을 발굴하고 기록하는 일을 스스로의 사명으로 새삼 인식하게 되었고, 나아가 여성들의 결속과 네트워크 구축에도 눈길을 돌리게 되었습니다.

초기 단계의 『봉선화』는 여성들의 「신세타령」의 마당이었다고 해도 과언이 아닙니다. 글을 쓸 수 있었던 극소수의 사람들이 어머니들의 삶을 대신 기록하며, 일상의 희로애락을 허심탄회하게 나누는 마당을 만드는 것, 그것이 창간의 본래 취지였습니다. 어머니들의 가련한 인생을 우리가 기록하지 않으면 누구에게 맡길 수 있겠는가라는 마음이 바탕에 있었습니다.

점차 필자도 늘어나, 여성사 연구자 야마시타 영애山下英愛 씨, 작가 강신자 씨, 김 마스미金真須美 씨, 김유정 씨, 이우란 씨 등이 참여했고, 제14호에는 한국의 시인 고(故) 손호연 여사가 「고국 소식」을 실어주기도 했습니다.

2007년 제12호부터는 조영순 씨가 대표를 이어받아 다채로운 기획으로 새로운 바람을 불어넣었으나, 어느 정도 사명을 다했다고 판단하여 2013년 제27호를 끝으로 휴간하게 되었습니다.

『봉선화』는 부족한 점이 있었다 하더라도 시대의 증언집으로서 충분히 사명을 다했다고 생각합니다. 그 기간 동안 엮어낸 재일 여성들의 역사의 무게는 결코 가볍지 않으며, 무엇보다 재일 여성에 의한 여성 동인지의 선구적 역할을 했다는 점에서 그 의의가 크다고 할 수 있습니다. 27권의『봉선화』는 기록하는 것의 중요성을 여실히 증언해주고 있다고 믿습니다.

『땅에서 배를 저어라』에 관하여

2005년,『봉선화』제20호까지 대표를 맡은 뒤에는 재일 여성 문학지『땅에서 배를 저어라地に舟をこげ』의 편집위원으로 참여하여 제7호 종간까지 함께 했습니다.

『땅에서 배를 저어라』는 재일 여성들의 풍부한 이야기를 반드시 기록으로 남기고자 했던 고영리 선생님의 강한 집념과 사명감에서 태어났습니다. 선생님은 아낌없이 출자를 하여 2006년 「재일여성문예협회」를 설립했고, 같은 해 문예 종합잡지『땅에서 배를 저어라』를 창간하였습니다. 이 잡지는 2006년부터 2012년까지 발간되며 재일 여성 문학의 새로운 지평을 열었습니다. 또한 부속 문학상인『상·땅에서 배를 저어라』를 통해 네 명의 수상자가 배출되었습니다. 심사위원으로는 논픽션 작가 사와치 히사에澤地久枝 씨와 「재일여성문예협회」 회장 고영리 선생님이 함께하여, 잡지와 문학상이 지닌 성과와 의의를 한층 더 높여주었습니다.

남성 우위의 유교적 재일 사회에서 여성이 겪는 어려움에 「문학적 상상력」으로 맞서고자, 고영리 회장을 비롯해 후카사와 가이深沢夏衣, 이 미쓰에李光江, 이미자, 박화미, 박민의, 오문자 등 7명의 편집위원이 함께하는 공동 작업이 시작되었습니다.

잡지 이름을『땅에서 배를 저어라』로 정한 것은, 배는 물 위에 띄워 저어 나아가는 것이지만 물이 없는 곳에서조차 물이 있는 곳을 향해 쉼 없이 젓겠다는 결의의 표현이자, 일본 사회에 조금이라도 파문을 일으키고 싶다는 뜻을 담은 것이었습니다. 우리는 문학 작품을 통해 재일 여성들의 활동과 기억을 되살려 기록하고, 그것을 희망으로 이어가고자 하는 뜨거운 마음으로 편집에 임했습니다.

재일 여성 역사에서, 여성들만의 힘으로 편집하고 발행하여 서점에 진열된 문예지를 낸 것은『땅에서 배를 저어라』가 처음이었습니다. 비록 7년이라는 짧은 기간이었지만 네 편의 수상작이 나왔고, 그중 강영자 씨의『나에게는 아사다 선생님이 있었다』, 이정순 씨의『하늘이 무너져도 살아남을 구멍은 있다－두 조국과 일본에 살며－』는 단행본으로 출판되기도 했습니다. 신문 지

『자매들이여, 여성의 달력 2014 The First Feminists in Japan』

면에서도 반향이 있었으며, 우리는 「작지만 분명한 파문을 일으켰다」고 자부하고 있습니다.

지역 주민으로 살아가며

조선총련과 결별한 뒤, 연구에 몰두하던 남편과는 달리 나는 낯선 거리에서 친구 하나 없이 고독한 나날을 보내고 있었습니다. 그러나 시청 소식지를 통해 여러 동호회에 참여하며 지역 사회와 연결되기 위해 조금씩 발걸음을 내디뎠습니다. 시에서 주최하는 강좌에 적극적으로 참여하면서 비로소 지역에 정착해 살아간다는 것의 의미를 생각하게 되었습니다. 특히 지역 여성사를 배우는 과정에서 앙케이트 조사에도 참여하였는데, 이를 통해 오랜 역사 속에서 형성된 전통적인 성별 역할 분담 의식이 사회와 가정, 직장 등 생활의 모든 영역에 깊숙이 뿌리내려 있음을 알게 되었습니다. 또한 예전 다마가와 유역에서 자갈 채취로 생계를 이어가던 재일동포 여성들의 발자취도 접할 수 있었습니다. 생활고에 시달리면서도 민족 차별과 남존여비의 유교적 풍토 속에서 이중의 고통을 견뎌낸 강인한 생명력은 곧 어머니의 삶과 겹쳐 보였고, 나의 가슴을 깊은 감동으로 적셨습니다. 이 앙케이트 조사를 계기로 지역 여성들과 「공생」하는 것의 의미를 몸소 이해할 수 있었고, 한 시민으로서의 의식이 싹트기 시작했습니다. 그러자 재일코리안으로 살아가는 내가 한 시민으로서 지역 만들기에 어떻게 참여할 것인가가 중요한 과제로 떠올랐습니다. 그렇게 1994년부터 1996년까지 조후시 여성문제 홍보지『새로운 바람』의 편집위원으로 활동하며 「이웃 나라 여성들」이라는 칼럼을 9년간 연재하게 되었습니다. 이어 1998년부터 1999년까지는 시의 추천으로 「마을 만들기 시민회의」 자문위원을 2기에 걸쳐 역임하기도 했습니다.

2001년에는 「이문화를 즐기는 모임」을 발족하였습니다. 그 계기는 어머니의 입원 경험을 담아『아사히신문』논단에 투고했던 「배려 있는 복지를 재일 고령자에게」라는 글이었습니다. 이 글은 큰 반향을 일으켰고, 조후시 소식지에도 실리면서 재일 고령자가 처한 현실이 시민들에게 널리 알려지게 되었습니다.

이 자리에서, 시의 소식지에 실린 모임 취지문의 일부를 인용하고자 합니다.

급속한 고령화가 진행되는 가운데, 재일코리안 사회에도 고령자가 안고 있는 여러 문제가 점차 드러나고 있습니다. 제도상 무연금자가 되어버린 재일 1세들의 간병보험료 공제 문제, 그리고 간병 서비스를 받고 있는 실태를 접하면서 그 심각성을 실감하게 되었습니다. 더불어 생활 습관과 문화 차이로 인해 새로운 문제에 직면하기도 합니다. 예를 들어, 노인요양시설이나 홈헬프 서비스를 이용할 때 언어, 생활 습관, 식문화의 차이로 인해 오해와 멸시를 받는 경우도 있어, 결코 편안한 환경에 놓여 있다고 할 수 없는 것이 현실입니다.

여성에게 학문은 필요 없다고 여겨졌던 유교적 풍토 속에서 태어난 어머니 세대는 독서를 하거나 노인클럽의 교양강좌에 참여하는 즐거움조차 누리지 못했습니다. 글자를 모르는 불행은 상상 이상이었습니다. 말벗 하나 없이 하루 종일 외롭게 지내는 어머니, 그리고 같은 세대 어머니들의 모습을 떠올릴 때마다 가슴이 아팠습니다. 적어도 남은 여생만큼은 「살아 있어서 참 좋았다」는 마음을 느끼게 해드리고 싶었습니다.

그런 바람 속에서, 생활 습관과 문화 차이를 의식하지 않고 있는 그대로 편안하게 즐길 수 있는 공간을 마련하고 싶다는 절실한 마음이 커져 갔습니다. 그 이야기를 친구들과 나누던 중, 우선 재일코리안과 일본인이 서로 접촉하며 문화를 나누는 것부터 시작해보자는 의견이 모였고, 그렇게 해서 「이문화를 즐기는 모임」을 발족하게 되었습니다.

이 모임의 궁극적 목적은 민족성을 고려한 복지 메뉴를 갖추는데 있습니다. 우선 그 전 단계로서 재일코리안과 일본인이 「공생」을 키워드로 서로의 문화를 즐기며 경계를 허물고, 자연스럽게 어울릴 수 있기를 바라는 마음을 담았습니다.

어머니와 같은 세대인 재일 1세대 고령자들은 「여성에게는 학문이 필요 없다」는 시대를 살아야 했기에 글을 읽고 쓸 줄 몰라 약 복용법이 일본어로 적혀 있으면 이해하지 못하거나, 같은 병실 환자들을 배려해 김치조차 마음껏 먹지 못하는 경우가 많았습니다. 저는 어머니의 경험을 통해 그러한 현실을 뼈저리게 느낄 수 있었습니다. 이러한 문제의식을 바탕으로 2001년, 한국과 일본의 문화를 함께 즐기며 서로의 나라를 이해하고 사이좋게 살아가는 지역 사회를 만들고자 「이문화를 즐기는 모임」을 친구 리쿠 구미코陸久美子 씨 등과 함께 시작했습니다. 모임의 이름에는 문화 차이를 차별이 아닌 즐거움으로 받아들이자는 마음을 담았습니다.

「이문화를 즐기는 모임」 개회식은 무용가 임 마리林滿里 씨의 살풀이 춤으로 화려하게 막을 열었습니다. 순백의 치마저고리에 붉은 저고리 매듭끈이 특히 인상적이었고, 이어진 장고 연주에서는 코리안 리듬을 한껏 느낄 수 있었습니다. 참가자들의 뜨거운 호응 속에 우리는 서로에 대한 마음을 확인하며, 모임이 오래도록 이어지기를 다짐했습니다. 이후 제2회에서는 간토국악연구소장 김복실 선생님의 가야금 연주, 제3회에서는 요리연구가 강연숙 선생님의 요리 강습, 제4회에서는 한국 영화 「비련의 홍살문」 감상, 제5회에서는 김일권 씨의 한국 차(茶) 다도 시연, 제6회에서는 시인 박경미 씨의 「한국의 색과 모양에 대하여」 강연 등, 16년간 다채로운 프로그램을 통해 화목한 이문화 교류를 이어왔습니다. 특히 한국의 무당극 「굿놀이」와 「고토노하言の葉 콘서트」는 대형 홀을 가득 메울 만큼 성황을 이루었고, 무대와 관객이 하나 되어 이문화 교류의 장, 뜨거운 응원과 공감의 마당

이 되었습니다. 이 경험은 우리에게 큰 자신감을 안겨주었습니다. 이를 통해 지역에서의 1대1 교류가 상호 이해를 깊게 하는 데 얼마나 중요한지를 새삼 깨닫게 되었으며, 동시에 일본인들이 재일코리안을 바라보는 의식이 변하는 가운데 「공생」이라는 키워드가 확산되는 시대가 도래했음을 피부로 느낄 수 있었습니다.

이곳으로 이사 온 지 어느덧 41년, 이제 조후는 저에게 고향과도 같은 소중한 도시가 되었습니다. 나는 이제 완전히 조후의 시민이 되었습니다. 일본과 한국, 두 문화를 이해하고 서로의 다름을 플러스 지향으로 생각하는 자세를 「재일 민족」으로서 지켜가야 한다고 믿습니다. 일본에서 태어나 일본의 풍토 속에서 살아가는 지역 주민으로서, 재일코리안은 이 사회에서 존재 가치를 지니며 그 다름을 자랑할 수 있는 장점을 갖고 있습니다. 그 다름이 차별이라는 마이너스가 아니라, 오히려 일본 사회에 순응할 수 있는 플러스 문화가 되기를 바랍니다. 나아가 한국인으로서의 강인함과 유연함을 살려, 「재일 민족」으로 당당히 살아가고 싶습니다.

맺으며

역사의 기억 속에서 점차 희미해져 가는 전후의 길고 황량했던 분단 시대. 저항할 수 없는 시대의 흐름 속에 놓여 있던 그 시절을, 저는 제 기억의 잔상 속에서 다시금 되살려 보았습니다. 그때 저는 사회주의의 승리가 곧 역사 발전의 법칙이라고 굳게 믿었고, 1959년 귀국 제1차 배가 니가타항을 출항할 때 전야제 무대에서 대합창단을 배경으로 사회주의 조국, 「지상의 낙원」을 찬양하며 열창했습니다. 성악가로서 처음 무대에 선 곳이 바로 이 니가타의 무대였다는 것도 우연이었습니다. 다음 날인 12월 14일, 출항의 순간은 평생 제 뇌리에서 지워지지 않을 장면이 되었습니다. 잊으려 해도 결코 잊을 수 없는 기억입니다.

당시에는 만경호가 아니라 소련 선박인 「크릴리온호」와 「토보리스크호」가 귀국자들을 수송하기 위해 니가타 부두에 정박하고 있었습니다. 말로 표현하기 어려운 민족 차별과 가혹한 생활고 속에 살던 일본을 떠나, 따뜻한 조국의 품에 안길 것이라는 희망으로 가득 찬 귀국자들과 그들을 배웅하는 이들로 부두는 이례적인 흥분으로 뒤덮였습니다. 서로가 이것이 영원한 이별임을 알지 못한 채 「건강해라」, 「조국에서 다시 만나자」며 눈물의 작별을 나누었고, 끊어질 듯 이어진 테이프를 좀처럼 놓지 못한 채 아쉬움에 잠겼습니다. 곧 출항을 알리는 기적 소리가 낮고 무겁게 울리자, 사람들의 목소리는 「공화국 만세!」라는 환호와 절규로 터져 나와 항구 전체를 뒤흔들었습니다.

남북통일이 이루어지는 날, 반드시 조국의 따뜻한 품에 안기리라는 환상을 품었던 그 시절로부터 어느덧 긴 세월이 흘렀습니다. 이제 저는 올가을 팔순을 맞이합니다. 하지만 제 기억 속에서 점점 멀어져 가는 그 힘들었던 시절과 달리, 조국 남북은 여전히 대립을 이어가며 분열과 불화를 낳고 있습니다. 분단의 상처는 여전히 깊고, 이를 극복하는 길은 험난하기만 합니다. 부의 역사를 넘어설 날은 과연 언제 올 수 있을까요.

그러나 이제는 언제까지고 탄식만 하고 싶지는 않습니다. 가까운 미래에 설령 조국이 통일된다 하더라도 제가 모국에 영구히 돌아가 살 일은 없을 것입니다. 저는 이 땅에서 태어나 일본의 문화와 풍토 속에서 자랐습니다. 좋든 싫든 일본은 제게 이미 깊이 사랑하는 「고향」이 되었습니다. 결국 제가 선택할 수 있는 길은 「재일 민족」으로 살아가는 것뿐이라는 생각에 이르렀습니다.

남편과의 사이에서 딸 하나, 아들 둘을 두었으나, 장녀는 38세에 급성 심부전으로 세상을 떠났습니다. 장남은 상사 회사원으로 해외 파견 근무를 하고 있고, 차남은 일본에서 회사원으로 일하며 둘 다 각자의 자리에서 책임 있는 역할을 맡아 분투하고 있습니다. 장남에게는 두 딸이 있는데, 큰 손녀는 올해 대학 2학년에 재학 중입니다. 고등학생 시절에는 홀로 귀국하여 대학 입학 시험 준비를 하던 3년 동안 제 곁에서 함께 살기도 했습니다. 손녀와 함께한 나날은 세대 차이와 문화 충격으로 놀라움의 연속이었지만, 동시에 저에게 새로운 희망을 선물해 주었습니다. 막내 손녀도 올해 봄에 고등학교에 입학했습니다. 저는 자녀와 손주들을 위해서도 이 땅에 단단히 뿌리를 내리고, 평화롭고 행복한 새로운 재일의 역사를 함께 쌓아가고 싶습니다.

초출 『계론21』 29호, 2015년 게재 「재일 사회의 분단 속에서」를 가필

제1장

가족의 그 날, 그 때

야마나시山梨에 있는 노인요양시설 「린도노사토りんどうの里」에서
휠체어를 탄 어머니와 필자

돌아와요 부산항에

『동양경제일보東洋経済日報』에 연재된 히구치 겐이치로樋口謙一郎 씨의 「한국 현대사 풍경」에 따르면, 「돌아와요 부산항에」의 원래 가사는 남녀의 이별을 주제로 한 곡이었다고 한다. 그런데 1975년 「모국방문사업」이 시작되면서, 육친과의 감동적인 재회 장면이 영상에 비추어지자 가사가 바뀌어 해협을 사이에 둔 형제의 이별을 노래하게 되었다. 이 곡은 이후 조용필의 대표곡이 되어 그의 전성시대를 열었다.

당시 재일코리안 사회의 상황은 오랜 조국 분단의 현실을 고스란히 반영하고 있었다. 첨예한 이념 논쟁으로 서로를 비방하고 대립했지만, 남북 어느 단체에 속해 살든 재일 1세들의 모국에 대한 동경은 비정상적으로 강렬했다. 그러나 그 단체와 결별한다는 것은 「절조」를 어겼다는 이유로 반동이라는 낙인을 각오해야 하는 일이기도 했다. 부모·형제를 두고도 만나지 못했던 그 시절, 불행한 역사의 틈바구니 속에서 남편 역시 쉽게 그 속박에서 벗어나지 못했다. 지금 돌이켜보면 참으로 비극적인 시대였다.

지금도 「돌아와요 부산항에」가 흘러나오면, 내가 처음 남편의 고향을 찾았던 1979년의 기억이 생생하게 되살아난다. 남편의 고향은 쓰시마에서 가장 가까운 한국의 남단, 김해공항에서 낙동강 근처 고속도로를 따라 남쪽으로 30분쯤 내려가면 닿는 미음리였다. 이름처럼 아름다운 그 마을은 봄 안개가 자욱한 야산에 철쭉이 붉게 물들기 시작하며 계절의 변화를 알리고 있었다.

그 방문의 목적은 시동생을 만나 남편의 소식을 전하고, 시부모님의 묘소를 참배하는 일이었다. 맏며느리로서 처음 치른 묘소 참배는 시댁의 풍습을 따라 엄숙히 진행되었다. 마지막으로 입었던 흰 치마저고리 제례복을 태우는 의식까지 마친 뒤, 피어오른 연기가 붉게 물든 황혼 하늘로 사라져 갔다. 시부모님 묘 앞에서 정중히 큰절을 올린 후 자리를 떠날 무렵, 서쪽 산기슭에는 석양이 내려앉고 있었다.

구불구불한 산길을 내려오는데, 산기슭 유선방송에서 익숙한 노랫소리가 흘러나왔다. 바로 「돌아와요 부산항에」였다. 후렴구 「돌아와요, 그리운 내 형제여」가 애절한 멜로디와 함께 가슴 깊이 파고들었다. 그때의 나에게는 마치 시댁 동생들이 「형님, 어서 돌아오세요!」 하고 호소하는 듯 들렸고, 찢겨진 육친의 한을 내가 대신 풀어내는 듯한 감정에 사로잡혔다.

내가 방문한 지 몇 해 뒤, 남편은 김달수 선생님, 강재언 선생님 일행과 함께 현해탄을 건넜다가 민족을 배신했다는 이유로

거센 비난을 받았다. 그때의 집중포화는 실로 엄청난 것이었다. 그러나 당시 방한을 성토하던 사람들조차 훗날 하나둘 한국을 찾게 되었다. 그래서일까, 이 곡을 들을 때마다 그 시절의 기억이 함께 떠오르며 만감이 교차한다.

┃ 초출 『동양경제일보』 2013년 2월 15일자

시제時祭를 생각하다

경상남도 김해시에 사는 시동생으로부터 시제 날짜가 정해졌다는 연락을 받았다. 남편의 일주기에 맞춰 거행하는 안장식 건도 겸한, 오랜만의 전화였다. 그러나 올해는 참석을 삼가고 싶다는 뜻을 전했다. 시제時祭는 음력 10월 15일 전후에 5대 이상의 조상을 공양하기 위해 지내는 문중 제사를 말한다. 최근에는 친족이 모이기 편리한 날짜를 택하는 경우가 많아졌고, 올해는 윤년이라 평소보다 늦은 11월 30일로 정해졌다고 한다.

매년 시제에는 아들들을 데리고 남편과 함께 참석하곤 했다. 우리는 늘 전날 부산의 호텔에서 하룻밤을 묵고, 이튿날 아침 일찍 이씨 집안의 재실로 향했다. 시동생의 「며느리」들은 며칠 전부터 차례상 준비에 분주하고, 당일이 되면 햅쌀로 지은 밥과 떡, 과일, 생선 등 스무 가지가 넘는 음식으로 상이 차려진다. 차려진 음식을 다 올려놓기 힘들 정도로 풍성하다.

이씨 집안의 제사는 대개 오전 11시경에 시작된다. 이날을 위해 멀리는 홍콩, 서울, 대구에서까지 친족 50여 명이 모여든다. 남편은 본가의 장남으로서 제주祭主의 역할을 맡아 의식을 주관했다. 며느리인 나는 그 모습을 지켜보며, 세월이 흘러 법과 제도가 바뀌었음에도 불구하고 제사의 형식만은 백 년이 하루같이 변하지 않음을 실감하곤 했다. 의식이 끝나면 공물을 함께 나누어 먹는데, 이를 음복飮福이라 한다. 조상에 대한 공양과 감사의 마음을 담아 음식을 나누는 의미라고 들은 바 있다. 음복 자리에서는 연장자와 젊은이가 따로 앉는 등 장유유서는 여전히 지켜지고 있었지만, 남녀가 함께 어울려 음복을 나누는 모습은 이전과 달라진 풍경이었다.

시제는 단순한 제례 이상의 의미도 지닌다. 멀리 떨어져 살던 친족들이 모여 소식을 나누고 유대를 다지는 기회이기도 하다. 신혼부부가 결혼 인사를 겸해 큰절을 올렸을 때, 재일동포인 나조차도 장남의 며느리라는 위치를 새삼 느끼곤 했다. 한국의 가족제도는 유교 윤리를 바탕으로 조상 제사를 중심에 둔 동족 집단으로서, 남성 혈통 중심의 부계 혈연가족 체계를 이어왔다. 그러나 가족법 개정으로 부모양계주의가 도입되고, 호주제가 폐지되면서 봉건적인 가족제도와 제사 방식에도 조금씩 변화가 생겼다. 시제만은 여전히 전통을 지키고 있지만, 부모님의 기일이나 설·추석 제사에는 여성도 남성과 함께 참여할 수 있게 된 것이다.

생전에 남편은 본가의 장남으로서 오랫동안 묘지 조성에 정성을 기울여 왔다. 그에게 묘지는 단순히 조상의 안식처가 아니라, 친족의 유대를 이어주는 터전이었다. 남편이 공들여 마련한 양지바른 산중턱의 묘역에는 고조부에서 남편 대에 이르기까지 잔디로 덮인 묘소들이 가지런히 조성되어 있어, 마치 공원묘지와도 같은 풍경을 이룬다.

그러나 올해 시제는 과연 누가 제주를 맡게 될까. 제문 속에는 남편의 이름도 새겨지게 될까. 내년 안장식에서 내가 감당해야 할 일은 무엇일까. 한국의 제례 풍습에 아직 낯선 나는, 이런저런 생각에 잠 못 이루는 밤을 보내고 있다.

▮ 초출『동양경제일보』 2012년 11월 9일자

아버지의 힘, 어머니의 힘?

「저희 아버님(고 이진희)은 젊은 시절 홀로 일본에 유학하여 고학으로 학비를 마련하면서도 늘 고국을 그리워했습니다. 의지할 곳 없는 가운데 자기 피를 팔아 연명하며, 목숨 걸고 학문에 전념하셨습니다. 아버님의 업적에 대해서는 이미 여러 선생님들께서도 말씀해 주셨지만, 고구려 광개토왕릉비 연구를 통해 한국과 일본의 고대 관계를 새롭게 성찰하게 한 고고학자셨습니다. 또한 조선통신사 연구의 선구자이자 『계간 삼천리』와 『계간 청구』의 편집장으로 활약한 언론인이기도 하셨습니다.」

「사적인 면에서 아버님은 늘 조국과 고향 부산, 부모님과 형제, 그리고 조상님들에 대해 말씀하셨습니다. 그중에서도 일본 유학을 결심할 때 큰 힘이 되어주신 할머니에 대한 마음은 각별했습니다. 학문에 대한 열망을 이해하고 일본 유학을 지지해 준 할머니의 결단이야말로 아버님을 있게 한 토대였으며, 아버님이 필사적으로 연구에 매진하고자 한 것도 바로 그 기대에 부응하려는 강한 마음에서 비롯되었다고 생각합니다. 그런 아버님이 결국 고향에 안장되고, 할머니가 잠든 땅에 기념비까지 세워지게 된 것은 아들로서 감개무량한 일입니다.」

이달 중순 남편의 고향에서 열린 안장식에서 아들의 인사말은 재일 1세인 아버지의 확고한 인생관에 대한 경외와 찬사로 가득했다. 「내가 살아온 인생에 후회는 없다」는 말을 남기고 떠난 아버지를 향한 존경과 애정이 담겨 있었고, 참석자들에게 깊은 감동을 주었다. 남편은 늘 김치를 곁들였지만 된장국만큼은 일본 된장이 맛있다고 말하곤 했다. 삶을 누린 터전은 한국이었으나 학문을 닦은 곳은 일본이라며, 한국과 일본의 관계사 연구에 많은 시간과 노력을 바쳤다.

아들의 인사말을 들으며, 나는 남편이 유학을 떠났던 그날을 떠올렸다. 오래 고민한 끝에 내린 결정이었고, 넉넉지 않은 가계 형편이지만 그의 희망을 어떻게든 이루어주고 싶어 유학을 지지했었다. 떠나기 전 남편은 「반드시 해내고 돌아올 거야」라고 말하며 집을 나섰다. 이후 우리는 살림을 꾸려가며 학비를 마련해 보냈다. 남편은 학생 신분으로 일본 유학생 강의를 맡고, 주재원 자녀에게 일본어를, 그 어머니에게는 영어를 가르치며 생활비를 충당했다.

그의 친구들이 남편을 찾으러 도서관에 가면 늘 그 자리에 있었다고 할 정도로, 그는 필사적으로 노력해 단기간에 졸업장을 취득했고, 마침내 염원하던 상사 회사원이 될 수 있었다. 시대가 바뀌어도 아들을 향한 어머니의 마음은 변하지 않는다. 그리고 그 기대에 부응하고자 고학에 매진하며 학업을 이어간 아들들

또한 같은 마음이었을 것이다. 아들의 인사말을 들으며 나는 남편과 함께 보낸 반세기 넘는 세월을 되돌아보고, 지난날을 깊이 추억했다.

이츠키 히로유키五木寛之 씨의 말처럼, 그것은 「아버지의 힘」이었을까, 아니면 「어머니의 힘」이었을까.

▎ 초출『동양경제일보』2013년 4월 26일자

아들의 통곡

올해도 「어버이날」이 다가온다. 5월은 기념일이 많은 달이다. 「어린이날」, 딸의 생일, 장남의 생일, 그리고 「어버이날」까지 이어진다.

아들들과 따로 살게 된 뒤, 특히 딸이 세상을 떠난 후로는 가족이 한자리에 모여 축하하는 일이 거의 사라졌다. 해외에 부임한 장남에게는 축하 메일을 보내고, 차남에게는 꽃다발이나 화분을 전하게 되었다.

우리 집 좁은 베란다는 해마다 늘어나는 화분들로 가득하다. 연보라빛 클레마티스, 진홍색 부겐베리아, 청초한 흰 치자꽃, 일곱 번이나 색깔이 바뀐다는 수국까지 … 그 꽃들을 보고 있으면 마음이 절로 들뜬다. 물을 주며 시든 잎사귀를 걷어내고 벌레를 잡아주거나, 잘 자라지 않으면 비료를 보태기도 한다. 그렇게 차분히 시간을 들여 돌보는 순간들이 내겐 참 행복한 한때다. 양지바른 덕분도 있지만, 정성껏 가꾼 만큼 꽃들은 기대를 저버리지 않고 아름답게 피어난다. 5월의 상쾌한 바람과 눈부신 햇살을 받으며 베란다는 작은 꽃밭이 된다.

오늘 아침도 화분에 물을 주다 연보라빛 클레마티스 앞에서 걸음을 멈췄다. 차남이 고교 1학년 종업식을 마치고 통신부를 들고 왔던 날이 떠올랐다. 통신부를 펼쳐 본 순간, 나는 잠시 말문이 막혔다. 그런데 아들은 주저하지 않고 「여기 봐! 내 시력은 2.0이야」, 「시력을 유지하는 게 성적을 올리는 것보다 훨씬 어렵다」라며 웃어넘겼다. 그 한마디에 나도 남편도 어이가 없어, 두고두고 이야기하며 웃곤 했다. 그해 어버이날 선물이 바로 클레마티스였다. 차남은 어려서부터 공부보다는 운동을 더 좋아했고, 든든한 체격이 말해주듯 스포츠에 적성이 있었다. 대학 시절 대부분을 그라운드에서 보냈다. 생전 남편은 「럭비 대학을 졸업한 차남입니다」라며 쑥스러워하면서도 자랑스레 화제로 삼곤 했다.

그러던 어느 날, 남편의 남은 수명이 반년 남짓이라는 사실을 알게 되었을 때였다. 충격을 받은 차남은 끝내 감정을 억누르지 못하고 어깨를 들썩이며 대성통곡했다. 지금도 그 분해하던 모습을 잊을 수가 없다. 차남은 처음부터 암세포 전적 수술을 강력히 권했다. 그러나 지병인 폐기종과 고혈압, 당뇨 수치가 전신마취를 감당할 수 없는 상태였고, 이미 다른 장기에도 전이가 되어 있었다. 결국 우리는 속수무책으로 자택 요양을 선택할 수밖에 없었다. 남편의 뜻을 존중해 거실 남쪽 창가에 침대를 두고, 왕진과 방문 간호를 통해 24시간 돌보며 삶의 질을 지켜주고 싶었다. 장남과 나는 남편의 희망을 따를 수밖에 없었지만, 차남에게는 지금도 원망을 듣는 듯한 마음이 남아 있다. 만약 그때 차남이 바란 대로 했더라면, 남편은 과연 마지막까지 삶의 질을 지켜가며 여생을 누릴 수 있었을까.

지나간 날들을 돌아보며, 베란다의 꽃들을 통해 멀리 떨어져 사는 차남의 모습을 떠올린다. 그렇게 추억의 물레를 천천히 되감으며 나는 감상에 잠겼다.

초출 『동양경제일보』 2017년 5월 12일자

부여 백마강에서

　지난해 가을, 단풍이 절정에 이른 때에 나는 학창 시절부터 친구인 순추와 군자와 함께 8일간의 여행을 떠났다. 서울을 시작으로 수원, 설악산, 백담사, 속초, 대전, 유성, 공주, 그리고 부여까지 이어지는 여정이었다. 이번 여행은 세 사람이 다시 모여, 난치병을 극복하고 무사히 희수를 맞이한 것을 기념하는 쾌유 축하 여행이기도 했다. 새로운 발견과 감동의 연속이었지만, 특히 부여에서는 처음 모국을 방문했을 때의 기억이 생생히 떠올랐다.

　1979년, 나는 아버지를 따라 서울에서 부산까지 내려가며 유명 사찰과 명소를 둘러보는 호사스러운 여행을 했다. 첫 모국 방문이라 긴장하던 나를 다정히 데리고 다닌 아버지의 모습은 지금도 잊을 수 없는 추억으로 남아 있다. 당시 한국은 아직 가난하여 국도로 오가는 차량은 승용차보다 트럭이 더 많았고, 경제성장이 환경 문제보다 우선이던 시절이었다. 백마강 선착장에는 흙탕물과 쓰레기가 쌓여 고약한 냄새가 진동했지만, 아버지는 백제 문화의 근원이자 마지막을 지켜본 역사의 강이라며 열정적으로 설명해 주셨다. 그때의 감격은 지금도 마음에 깊이 새겨져 있다.

희수를 맞아 떠난 이번 긴 여행은 육체적으로는 피로가 컸지만, 마음은 설레었다. 여정의 마지막 목적지였던 백제의 도읍지 부여, 부소산에 이르렀을 때의 감정은 더욱 각별했다.

부소산은 일명 반월성이라 불리는 백제의 진산이다. 우리는 가이드의 설명을 들으며 「삼천궁녀 꽃처럼 지다」로 알려진 낙화암으로 올랐다. 신라와 당나라 연합군이 백제를 멸망시킬 때, 삼천 명의 궁녀가 포로가 되느니 차라리 절개를 지키겠다며 백마강에 몸을 던진 곳이다. 그들이 입었던 치마저고리의 선명한 빛깔이 마치 진달래꽃 같았다 하여 낙화암이라는 이름이 붙었다고 한다.

절벽 위에서 바라본 강물은, 마치 그때 궁녀들이 느꼈을 비통한 심정과 숨결을 시공을 넘어 전해주는 듯했다. 바위를 내려오니 작은 암자 같은 절, 고란사가 자리하고 있었다. 궁녀들의 넋을 기리기 위해 지어졌다고 한다. 멸망한 문화의 상징과도 같은 이곳의 풍경은 너무도 애달프고 슬퍼, 나도 모르게 절개를 굳게 지킨 논개 사당과 비교하게 되었다.

이윽고 우리는 고란사 근처에서 지붕에 기와를 얹은 제법 큰 유람선을 타고 백마강을 따라 내려갔다. 유람선 스피커에서는 마치 시간의 흐름을 잠시 잊으라는 듯,

♪백마강에 고요한 달밤아 / 고란사에 종소리가 들리어 오면 /
구곡간장 찢어지는 백제꿈이 그립구나 / 아아~ 달빛 어린 낙화암
에 그늘 속에서 / 불러보자 삼천궁녀를♪

의 선율이 유람선의 스피커에서 반복해서 흘러나왔다. 문득 귀
에 스며든 그 가락은, 가까운 이들－김달수 선생님, 서채원 선생
님(『삼천리』 사장), 정조문 선생님(고려미술관 창설자), 그리고 남편－
이 「절의」라는 이유로 고향을 방문하지 못하던 시절을 떠올리게
했다. 어쩌면 이 노래는 분단 시대를 살아온 재일동포 1세들에
게 망향가와도 같았던 것은 아닐까. 애절한 멜로디를 들으며 나
는 궁녀들의 절의와 현대의 절의를 함께 떠올렸다. 절의란 과연
얼마나 무겁고, 또 얼마나 허무한 것일까. 하얀 모래밭과 금수강
산의 산줄기가 어우러진 잔잔한 풍경 속에서, 재일동포 100년의
아득한 기억도, 분단 시대의 괴로움도 언젠가는 머나먼 풍경으
로 사라져 버릴까…. 우리는 그렇게, 세 사람이 각기 걸어온 서로
다른 인생의 길을 되돌아보며 잠시 깊은 회상에 잠겼다.

초출『동양경제일보』2014년 2월 14일자

학생시절부터 사이 좋은 4인방
앞줄 왼쪽부터 이군자 씨, 양옥자 씨(고인), 뒷줄 필자, 장순추 씨

여름이 오면 생각나는 그 때의 일

　그로부터 어느덧 예순아홉 번째 여름이 저물어 간다. 1945년
봄, 우리 가족은 히메지姬路에서 반탄선播但線을 타고 북쪽으로 조
금 올라가면 닿는 산골, 고로香呂라는 곳으로 피난을 갔다. 막 초
등학교 2학년에 올라간 나는, 그날도 연꽃밭 가득 번지는 달콤
한 향기 속에서 화관花冠을 엮으며 아무 걱정 없이 놀고 있었다.
그때였다. 「후미코! 후미코!」, 숨을 헐떡이며 달려오는 어머니의
다급한 외침에 돌아보니, 어머니는 말도 없이 내 손을 덥석 잡아
끌며 정신없이 뛰었다. 곧 공습경보 사이렌이 울리고, 사람들은
아우성을 치며 사방으로 흩어졌다. 나는 어머니의 손을 놓치지
않으려고 필사적으로 매달려 함께 달렸다.

　다음 날, 역 근처 선로에 세워져 있던 객차 안에는 피투성이로
숨진 사람들, 신음하는 사람들이 가득했다. 마치 지옥을 옮겨놓
은 듯한 광경이었다. 우리는 철길을 따라 더 안쪽에 있던 절로
몸을 피했다. 절의 이름은 잊었지만, 새벽마다 들려오던 독경 소
리, 그리고 수수로 만든 납작한 수수부꾸미를 대용식 삼아 늘 배
고팠던 기억만은 지금도 또렷하다. 얼마 지나지 않아 오카야마

로 돌아왔는데, 6월 29일 새벽, 또다시 B29가 쏟아낸 불덩이 속에서 오카야마 대공습을 겪었다. 소이탄이 불꽃처럼 하늘에서 쏟아지자, 우리는 입은 옷 그대로 황급히 달아났다.

아버지는 아무것도 챙기지 못한 것을 깨닫고 담요를 가지러 다시 집으로 들어갔다. 그 사이 어머니와 동생들과 나는 폭탄이 작렬하는 밤하늘 아래서 몸을 맞대고 부들부들 떨며 아버지를 기다렸다.

아버지가 간신히 돌아와, 조금만 더 앞서 걸었더라면 내 눈앞에 떨어진 소이탄 파편에 맞아 죽을 뻔했다고 말했을 때, 우리 가족이 무사한 사실에 얼마나 가슴을 쓸어내렸던가. 그날 밤, 오카야마 시가지의 80%가 불바다가 되었다. 오카야마의 상징이던 노포 백화점 「텐마야天満屋」도 철골만 남긴 채 전소한 모습은 폭격의 참상을 적나라하게 보여주었다. 우리 가족은 기적적으로 모두 살아남았지만, 역 주변에는 전쟁 고아들이 모여들고 암시장이 열리며 전후의 혼란기가 시작되었다. 그 이듬해였는지, 혹은 다다음 해였는지 정확히는 기억나지 않지만, 8월 15일에는 오카야마의 명소 고라쿠엔後楽園에서 광복절 기념 축하 행사가 열렸다. 치마저고리를 차려입은 어머니들과 아버지들이 장고를 치며 노래하고 춤을 추었고, 술기운에 평소 사람들 앞에서 춤이 서툴던 아버지마저 두 팔을 흔들며 어울려 춤추셨다. 그 기쁨이 얼마나 벅찼을까. 그날 공원에 빙 둘러앉아 함께 나누어 먹은 도시락, 특히 계란말이의 맛은 지금도 잊을 수 없다. 이 계절이 돌아오면, 그날의 광경들이 마치 필름처럼 한 장면씩 다시 눈앞에 되살아난다. 그리고 그때마다 만감이 교차한다.

초출 『동양경제일보』 2014년 8월 29일자

마지막 불꽃놀이

　다마가와의 자연을 배경으로 음악과 불꽃이 어우러지는 「하나비류전」. 조후의 명물 불꽃놀이는 올해도 태풍 사이사이를 비집고 여름 밤하늘을 화려하게 수놓았다.

　어머니와 함께한 마지막 불꽃놀이가 된 그날도, 밤하늘에는 만화경처럼 꽃송이가 반짝이며 터져 올랐다….

　그것은 어머니가 혼자 지내시게 된 지 15년도 더 된 무렵의 일이었다. 사소한 부주의로 제1요추 파열 골절을 당해 대수술을 받으셨고, 이어지는 혹독한 재활도 견뎌내 기적처럼 지팡이에 의지해 걸을 수 있을 정도로 회복하셨다. 그러나 불운하게도 두 다리의 대퇴골이 차례로 골절되면서 혼자 힘으로는 한 발짝도 내디딜 수 없게 되었다. 결국 자택 요양을 포기하고, 고심 끝에 요양 시설에 어머니를 맡기는 괴로운 결단을 내릴 수밖에 없었다.

　그 시설은 미노부선身延線의 이치카와다이몬市川大門 역에서 도보로 20분 거리에 있었다. 이곳은 전통종이와 불꽃놀이로 유명한 곳으로, 매년 8월 7일 「신명의 불꽃놀이」가 후에부키가와笛吹川 부지에서 열려 역 주변이 관람객들로 가득 차고 교통경찰까지

동원될 정도였다. 그해에도 시설에서 가족들에게 참가 권유가 있어, 나는 작은 선물을 준비해 고속버스를 타고 찾아갔다.

시설 앞마당에서는 매년 「여름축제」가 열려 입소자 가족들로 북적였다. 음료와 야키소바, 빙수 등이 준비되어 있었고, 「왓쇼이, 왓쇼이」 외침 속에서 가마 행렬이 시설 주위를 돌며 분위기는 점점 고조되었다.

이윽고 요양보호사와 간호사, 사무직원들이 화려한 의상으로 등장해 허리를 흔들며 훌라춤을 추기 시작했다. 화장까지 한 남성 직원들의 춤에 여기저기서 환호와 야유가 터져 나오며 웃음꽃이 피었다. 늘 외롭게 지내던 입소자들도 이날만큼은 가족들에게 둘러싸여 환히 웃고 있었다.

석양이 지고 드디어 불꽃놀이가 시작되었다. 내회를 알리는 메시지가 담긴 불꽃이 내레이션과 함께 소개되었고, 두 척짜리 불꽃이 굉음을 울리며 밤하늘에 커다란 꽃을 피우자 관중들 사이에서 환호가 터졌다. 불꽃을 바라보는 어머니와 입소자들의 외로운 마음을 잠시나마 달래주는 시간이기도 했다.

그해 우리는 포장마차의 야키소바와 가져간 도시락을 나눠 먹으며, 밤하늘을 수놓는 꽃잎 같은 불꽃에 환성을 지르곤 했다. 그러나 이듬해부터 어머니는 눈에 띄게 쇠약해져 갔다. 아무리 좋은 시설이라 해도, 재일동포인 어머니께는 민족문화를 공유하며 옛이야기를 나누고, 스스럼없이 「아리랑」을 함께 부를 수 있는 동포 할머니들의 곁이 아니면 마음 편히 쉴 수 있는 자리가 아니었던 것이다. 「아리랑」은 부를 수 있어도, 일본 창가인 「고향」은 노래할 수 없으셨으니….

나는 매달 고속버스와 미노부선을 갈아타고 네 시간 가까운 길을 달려가 사흘 동안 어머니와 함께 지냈다. 돌아올 시간이 다가오면 내 손을 꼭 붙잡고 놓지 않으려 하던 어머니의 가냘픈 손길이 지금도 잊히지 않는다.

네 번째 여름, 불꽃놀이 날에는 이미 식사조차 하지 못하셨고, 그로부터 석 달 뒤, 노목이 서서히 시들 듯 어머니는 세상을 떠나셨다. 그 후로 매년 여름, 밤하늘을 수놓는 불꽃을 바라볼 때마다 어머니와의 기억이 되살아나 자책감에 눈앞이 흐려진다. 요양에는 끝이 없다고 하지만, 과연 그때 다른 선택은 없었던 것일까. 지금도 자책감이 가시지 않는다.

▌ 초출 『동양경제일보』 2016년 9월 2일자

고향으로 돌아간 어머니

작년 11월 2일, 어머니는 마치 노목이 시들 듯 평온하게 세상을 떠나셨다. 향년 93세. 새벽녘, 야마나시에 살고 있는 동생의 배우자에게서 전화가 걸려왔고, 곧이어 노인요양시설 「린도노사토」에서도 「곧바로 와달라」는 긴박한 연락이 이어졌다. 전화기 너머로 전해진 다급한 분위기 속에서, 드디어 때가 왔음을 직감하지 않을 수 없었다.

급히 몸단장을 마치고 신주쿠역에 도착했을 때는 하필 특급열차가 막 출발한 뒤였다. 조바심을 억제하며 다음 특급 아즈사호를 타고 고후역에 도착해, 다시 미노부선으로 갈아타고 서둘러 달려갔을 때에는 이미 어머니는 수의를 입은 채 얼굴에 흰 천을 덮고 계셨다. 각오를 해두었다고는 했지만, 차갑게 굳은 어머니 앞에서 그 각오는 허망하게 무너져 내렸고, 흘러내리는 눈물을 도저히 참을 수 없었다. 어머니가 입으신 수의는 시누이의 언니가 지난여름 위독하실 때 정성껏 마련해둔 것으로, 삼베가 아니라 실크처럼 부드럽고 고운 흰 옷감이었다. 하얀 두건으로 가린 어머니의 모습은 마치 신부처럼 맑고 고결해 보였다.

「임종은 썰물이 빠지듯 아주 조용히 맞이하셨어요.」라며 임종을 지키지 못한 나를 위로하려는 듯 시누이가 건넨 말 속에서도 눈물이 번져 있었다.

문득, 지난여름부터 구급차에 실려 다니며 링거에 의지해야 했던 애처로운 모습이 떠올랐다. 그러나 지금 미소를 머금은 채 편안히 잠든 어머니의 얼굴을 바라보니, 조금은 구원을 받은 듯한 안도감이 스며들었다. 몸이 불편해진 뒤 어머니는 자주 「남편 복도 없더니 죽을 운도 없나」하며 한탄하시곤 했는데, 아버지가 떠난 뒤에도 무려 20년을 더 사시다 마침내 고통에서 해방되신 것이다. 그렇다면 어머니는 인생의 마무리를 어떻게 받아들이고 가셨을까. 오래도록 쌓이고 쌓인 한恨은 과연 정화되었을까. 나는 조용히 어머니께 묻고 있었다.

(1)

어머니는 전라남도 승주군의 가난한 농가에서 5남매 중 막내딸로 태어나셨다. 어린 시절 아버지를 여읜 뒤, 어머니는 바느질로 생계를 이어가던 친정어머니마저 열두 살 때 병으로 여의고 친척집에 맡겨졌다. 아이가 많은 집에서 돌봄과 심부름을 도맡아야 했던 생활은 10대 초반의 소녀에게는 너무도 가혹했다. 그래서일까, 고향 시절을 회상하실 때마다 늘 원망을 토로하셨는데, 그 고생이 얼마나 깊었는지 짐작할 수 있었다.

열여덟 살, 아버지와 결혼한 지 얼마 되지 않아 어머니는 일본으로 건너오셨다. 그 무렵 전쟁이 격화되면서 고향과의 연락은 두절되었고, 오빠와 언니들이 어떻게 살아왔는지는 알 길이 없었다. 가까스로 다시 소식을 들은 것은 1988년 서울 올림픽 직전이었다. 큰오빠와 둘째 언니는 한국에, 큰언니는 일본 히로시마에 살고 있었으며, 작은오빠의 행방만은 알 수 없었다. 어머니가 고향의 오빠와 언니를 다시 만난 것은 칠순을 넘기고 나서였다. 그때 큰오빠는 「살아 있지 않을 거라 포기했었다」며 눈물을 흘리셨다고 한다. 히로시마에 사는 언니는 몇 차례 고향을 찾으며 가족들과 이미 상봉했지만, 정작 가까운 오카야마에 살던 어머니와는 연락이 닿지 않았다고 한다. 오랫동안 소식조차 알 수 없었던 막내 여동생을 얼마나 애태우며 찾았을까.

작은오빠는 한국전쟁 때 실종되었는데, 3년 전쯤 작은오빠의 아들이 중국에서 본적을 조회하면서 지린성에 가족이 살고 있다는 사실이 밝혀졌다. 서로의 생사조차 확인하지 못한 채 보내야 했던 긴 세월 ― 전후 사회의 혼란과 한국전쟁은 또 다른 이산가족을 낳았고, 그렇게 오랜 세월을 거쳐서야 다시 소식을 알 수 있었던 것이다.

친할아버지는 상당한 토지를 가진 부유한 지주로 「오 주사」라 불리며 면장까지 지냈다. 아버지의 형 두 분은 사비를 들여 일본 대학에 유학할 정도였으니, 당시에는 꽤 유복한 집안이었다. 형들이 학사모를 쓰고 귀향했을 때, 마을 사람들이 몰려들어 축하할 만큼 명망 있는 집안이었다고 한다.

할아버지가 세상을 떠난 뒤, 형들이 방탕한 생활을 일삼으면 서 집안은 급격히 기울고 말았다. 그 후 아버지는 서울로 올라가 와인과 청주를 제조하는 일본인 회사에서 일하며 기술을 익혔 고, 이를 바탕으로 일본으로 이주하게 된다.

아버지는 배운 기술 덕분에 안정적인 기반을 마련했고, 뒤이 어 두 형을 일본으로 불러들여 보살펴주기까지 했다. 눈물겨운 노력 끝에 전후의 어려운 살림은 점차 나아졌고, 고등학생 무렵 이 되자 파칭코, 레스토랑, 블록 공장까지 운영하며 사업은 순조 롭게 확장되었고 경제적으로도 풍족해졌다.

그러나 경제적 풍요가 어머니에게 행복을 보장해 주지는 못 했다. 아버지에게 사랑하는 여인이 생기면서 두 집 살림이 시작 되었기 때문이다. 아버지는 본가와 새 집을 오가며 지냈고, 그 사이 다섯 명의 자식이 태어났으며, 둘째 아내에게서도 여동생 둘이 태어났다. 두 여동생은 현재 하와이에 살고 있는데, 큰 여동 생은 나의 둘째 동생과 같은 해에 태어났다. 당시 초등학생이었 던 나는 아내로서 어머니가 겪은 슬픔을 알 리 없었다. 하지만 출산 직후 어머니가 어깨를 들썩이며 오열하던 모습은 아직도 눈앞에 선명하게 남아 있다.

(2)

어머니가 야마나시의 노인요양시설 「린도노사토」에 들어가 신 것은 2005년 섣달그믐이 조금 지난 무렵, 낙엽이 융단처럼 쌓여 바람에 흩날리던 계절이었다. 11년 전 제1요추 파열 골절로 대수술을 받으셨을 때는 기적적으로 지팡이에 의지해 걸을 수 있었지만, 이후 두 차례나 대퇴골 골절을 겪으며 불운이 겹쳤다. 두 번째 수술 뒤 주치의가 「이제 한 걸음도 더 걸을 수 없습니다. 앞으로는 휠체어 생활을 해야 합니다」라고 했을 때, 나는 어머니의 불편한 노후를 직감하며 잠을 이루지 못하는 날들이 이어졌다. 좁은 집에서 모시는 것은 도저히 불가능했고, 고민 끝에 병원 사회복지사에게 상담했더니 새로 문을 열 예정인 「린도노사토」를 소개받았다. 다행히 입소가 허락되었고, 야마나시에 사는 동생 집에서 차로 30분 거리라는 것도 큰 위안이었다.

시설은 고후 분지 서남단의 변두리, 미노부선 이치카와다이몬 역 근처에 있었다. 그러나 도쿄 자택에서 편도 네 시간 이상 걸려야 했기에, 어머니를 입소시킨 죄책감을 덜기 위해 매달 찾아가 3일간 머무는 것을 생활처럼 이어갔다. 어머니 방은 3층에 있었고, 공유 거실이 딸린 두 개의 개인실 중 하나였다. 방 입구에는 나무 문패가 걸려 있었고, 냉난방이 잘 갖춰진 양지바른 방 안에는 노인들이 쓰기에 알맞은 서랍장이 있었다. 입소 첫날의 풍경이 아직도 선하다. 서랍장 위에는 민예풍의 작은 매트가 깔리고, 그 위에 솔방울 하나와 빨간 거베라 한 송이가 꽂힌 꽃병이 놓여 있었다. 그 세심한 배려를 보고, 이곳이라면 어머니를 정성껏 보살펴 줄 것이라 믿을 수 있었다.

입소 초기에는 동생이 차로 모시고 나와 근처 레스토랑에서 식사를 하거나, 커피를 좋아하던 어머니께 커피를 드리곤 했다. 맑은 날이면 어머니께 그늘모자와 멋진 목도리를 씌워 휠체어에 태우고 시설 주변을 산책하며 즐거운 시간을 보냈다. 숲길에서는 꾀꼬리 울음소리가 봄소식을 알려 주었고, 근처 과수원에는 잘 익은 감이 주렁주렁 열려 있었다. 이 지역의 곶감은 명품이라 연말 선물로 쓰이곤 했다.

3개월쯤 지나자 나는 간병인들의 지도를 받아 어머니의 식사와 대소변을 돌보는 일도 주저하지 않고 할 수 있게 되었고, 요령도 익었다. 어머니도 안심하고 내게 몸을 맡기셨고, 매달 오는 나를 기다리셨다. 때로는 내 간병 동작이 서툴다는 표정을 지으실 때도 있었는데, 그럴 때조차 사랑스러워 안아드리고 싶었다.

그런데 일년 쯤 전, 남동생이 병으로 한 달간 입원한 적이 있었다. 복용하던 약의 부작용 탓에 차간 거리를 유지하지 못해 3중 충돌의 큰 사고를 냈고, 다행히 목숨은 건졌지만 차량은 폐차되고 면허증도 반납해야 했다. 그 일로 매일같이 이어가던 병문안이 끊겼고, 어머니는 점점 말이 줄어들기 시작했다. 이윽고 내 이름을 기억하는 것조차 희미해지고, 식사도 스스로 하지 못하셨다. 음식물을 삼키는 힘이 약해져 걸쭉한 죽으로 바꾸어 장시간 간병하며 드시게 했지만, 체중은 눈에 띄게 줄고 기력도 쇠약해졌다. 몇 차례 위독한 상황이 이어져 장례 상담까지 한 적도 있었지만, 그때마다 기적처럼 기운을 차리시곤 했다.

돌이켜보면, 어머니와의 마지막 시간이었던 지난해 10월 29

일 아침이 떠오른다. 평소처럼 찜질 수건으로 얼굴을 닦아 드리고, 스킨을 바른 뒤 크림을 듬뿍 발라드리자, 어머니는 기쁜 얼굴로 나를 바라보셨다. 오래 전부터 말씀을 잃으셨는데 그날은 기분이 좋으셨는지 「오하요」라고 말씀해 주셨다. 내 귀에는 「오하」라고밖에 들리지 않았지만, 후미코의 「후」 발음을 또렷하게 입술을 내밀며 말씀하셨다. 의식이 또렷했던 그날, 나는 차마 작별 인사를 하지 못한 채 시설을 떠났다. 작별 인사를 하면 어머니가 슬퍼하실 것 같아 도망치듯 돌아왔던 것이다. 어머니가 의식이 있을 때, 「데리고 가」라는 어머니의 말이 귓가에 맴돌아 머리칼을 잡아당기는 듯했다. 설마 그로부터 사흘 뒤, 영원한 이별이 닥치리라곤 상상조차 못했다. 이제 와 되돌아보면 후회와 외로움이 쓰나미처럼 밀려온다.

(3)

어머니는 생전에 장남 부부에게 아이가 없었던 탓인지, 무덤은 필요 없으니 산골해 달라고 농담 반, 진담 반으로 자주 말씀하시곤 했다. 아마 수목장 같은 것을 염두에 두셨던 것일지도 모른다. 그러나 내 마음은 달랐다. 어머니의 인생이 흔적도 없이 사라져 버리는 듯한 산골은 도저히 받아들일 수 없었다. 그래서 동생과 상의한 끝에 오씨 집안 묘지에 모시기로 했다.

전남 순천에 있는 오씨 집안 묘지에는 이미 20여 년 전 아버지가 잠들어 계셨다. 아버지와 합장하지 않고, 곁에 새 묘를 쓰고 묘비도 따로 세우기로 했다. 우리는 곧바로 한국 친척들에게 날짜와 묘지 조성에 관해 알리고 여러 차례 연락을 주고받으며 사전 준비를 부탁했다.

나와 남편은 11월 연휴를 이용해 순천으로 향했다. 부산 버스터미널에서 고속버스를 타고 저녁 무렵 순천 시내 호텔에 도착하니, 전날 일본에서 어머니의 유골을 모셔온 동생과 한국 친척들이 기다리고 있었다. 함께 저녁을 먹으며 다음날의 절차를 상의한 뒤 늦은 밤에야 호텔로 돌아왔다. 이튿날 아침, 식사를 마치고 묘지에 도착했을 때는 이미 지게차와 두 명의 젊은이, 그리고 사촌 동생들이 작업을 시작하고 있었다. 조상 대대로 잠든 묘지는 양지바른 구릉 경사면에 자리했고, 약 200평쯤 되어 보였다. 묘지 주변에는 생전에 아버지가 일본에서 가져온 유자와 모과가 탐스럽게 열려 있었고, 산다화가 곱게 피어 있었다.

남편과 친척들이 지켜보는 가운데, 마침내 아버지 묘 옆에 어머니의 묘혈이 파이고, 유골 항아리를 모실 순간이 다가왔다. 나와 동생은 여러 차례 항아리를 매만지며 마지막 작별을 고한 뒤, 품에 안고 있던 항아리를 무덤 속에 모셨다. 연장자의 지시에 따라 곡을 하라는 말씀이 있었지만, 일본 생활에 익숙해진 나는 큰소리로 곡을 하지 못하고, 눈을 감은 채 조용히 눈물을 흘리며 이별을 아쉬워했다.

유골 항아리 위에는 흰 종이가 덮였고, 연장자는 축사와 같은 제문을 목소리를 높여 읽어 내려갔다. 이어서 동생과 내가 차례로 세 번씩 흙을 뿌린 뒤, 흙 채우기와 잔디 심기가 반복되었다. 마지막에는 전면에 잔디를 심어 높이 약 1.5m 정도의 봉분이 완성되었다. 흑색 비석에는 남평문씨 본관과 함께 어머니의 이름이 또렷하게 새겨졌다.

잠시 뒤 친척들이 정성껏 마련한 제물이 좌반에 차려졌다. 고소한 참기름 향이 나는 생선전과 야채전, 과일 등이 놓였고, 엄숙하게 묘전제가 거행되었다. 장남인 동생이 향을 올리고 술을 세 번 따르며 큰절을 올렸고, 나도 같은 절차를 따라 큰절을 했다. 친척들의 절이 이어지며, 묘 조성에서 안장식, 묘전제까지 6시간 남짓한 의식은 차질 없이 마무리되었다.

묘 앞에서 바라본 풍경은 잔잔했다. 유리처럼 고요한 순천만 위로 낚싯배가 파도의 꼬리를 길게 끌며 오가고, 왼편 멀리 여수 근처 산줄기가 아스라이 보였다. 썰물이 되면 광활한 갯벌이 드러나 각종 조개가 잡힌다고 했다. 그중에서도 어머니가 가장 좋아하시던 것이 피조개였다. 어머니의 손맛이 담긴 피조개 양념에는 남다른 비결이 있었을 터인데, 나는 아직 그 맛을 내지 못한다. 어머니는 늘 「후미코는 요리에 솜씨가 없잖아」라며 웃곤 하셨다.

남성은 아내 이외의 여성이 있어도 묵인받던 시절, 어머니는 아내로서의 자신을 봉인한 채 오직 우리들의 어머니로만 살아오셨다. 아내로서 보답받지 못한 세월, 그 눈물의 무게를 알기에, 나는 딸로서 그 마음을 묘소에 담았다. 하지만 어머니는 과연 어떻게 생각하고 계실까. 「쓸데없는 짓을 왜 하는 거야」라며 화를 내고 계실지, 아니면 남편의 말처럼 「이제 부처가 되었으니 옛일은 모두 물에 흘려보냈다」고 하실지….

어머니와 아버지는 사이좋게 나란히 모셔졌다. 나는 한 기의 무덤을 바라보며, 「어머니는 오고 싶지 않았지만, 모시고 왔어요」라고 아버지께 말씀드렸다.

그렇게 딸로서의 의무를 마쳤다고 생각하니, 가슴속에 따뜻한 기운이 퍼지며 잠시 만족감이 밀려왔다. 순천만에서 불어오는 늦가을 찬바람이 뺨을 스치듯 부드럽게 지나갔다.

그러나 어머니의 부재에서 오는 외로움과 슬픔은 일본으로 돌아와서야 비로소 엄습해 왔다. 그리고 어느덧, 그 이별로부터 1년이 다 되어간다.

▌초출『봉선화』24호, 2010년

제2장

재일 여성들의 생각, 희망

문예동인지『봉선화』발간 15주년 모임. 사와치 히사에澤地久枝 선생님과 동인들

아리랑을 부르며 시작한 『봉선화』 10년

재일코리안 여성들이 발행하는 『봉선화』가 창간 10주년을 맞아 기념 모임을 열었다. 행사장은 치마저고리와 기모노 차림이 어우러져 화사한 분위기를 자아냈고, 뜨거운 응원의 장 속에서 서로 화목한 시간을 나눌 수 있었다. 참가자 전원이 둘러앉아 아리랑을 함께 부른 피날레는 지난 10년의 발자취를 또렷이 되새기게 한 뜻깊은 순간이었으며, 동시에 네트워크와 친구 만들기의 소중함을 다시금 확인하는 자리였다.

돌이켜보면, 하루하루의 기쁨과 슬픔, 고민을 털어놓을 마당이 필요하다는 취지에서 『봉선화』를 발간했던 10년 전만 해도 재일동포들을 위한 동인지는 전무했다. 그렇기에 생활인 여성의 시선으로 일상을 기록해 보자는 열망이 우리를 움직였다. 12명이 참여해 70쪽 남짓한 얇은 책자로 시작한 잡지는 해를 거듭하며 134명의 동인이 참여하는 200쪽의 두툼한 잡지가 되었고, 실린 글들은 시대를 다채로운 방식으로 담아냈다.

초기에는 대부분의 글이 내 인생은 이런 것이 아니었다는 신세 한탄으로 채워졌다. 전후의 어려운 생활 속에서 그저 살아가는 데 급급했던 어머니들. 문득 정신을 차리고 보면, 민족을 외면하거나 부모에게 반발하는 아이들의 모습에 이대로 괜찮을까 하고 자문자답하는 모습들. 귀화 문제 앞에서 재일의 생활과 자세를 다시 묻는 글, 유교적 풍토의 재일 사회를 이제는 참고 지내서는 안 된다며 단호하게 문제를 제기하는 글도 있었다. 그 속에는 「재일을 살아온」 어머니들의 삶이 고스란히 녹아 있었다.

반면, 젊은 세대의 투고는 훨씬 밝았다. 「자란 곳은 일본이지만, 일본만의 자양분을 흡수해 차이를 살려 나가고 싶다」며 적극적으로 「재일을 사는」 모습을 보여주었다. 국제결혼이 늘어나면서 내셔널 아이덴티티의 문제가 두드러지고, 부모와 자녀 간의 갈등이나 결혼관 차이 등이 드러나기도 했지만, 이는 곧 시대의 흐름을 증명하는 것이기도 했다.

언제부터인지, 코리안에게 시집간 일본 여성들뿐 아니라 곁에 있던 일본 여성들도 함께 모여 마음의 벽을 허물며 교류와 우정의 고리를 넓혀 갔다. 그 결과 작지만 분명한 「교류의 가교」가 생겨났다. 이런 가교가 계속 이어져 일본 사회에서 본연의 모습을 비추는 거울 같은 역할을 할 수 있다면, 그 얼마나 값진 일일까.

「계속 이어가는 것은 힘이다」라는 말을 위안 삼아, 언젠가는 「재일」이라는 말이 따뜻하고 기분 좋은 울림으로 쓰일 수 있기를 바란다. 『봉선화』는 앞으로도 유연하고 밝은 여성들의 나날을 함께 엮어 나갈 것이다.

▌ 초출 「도쿄신문」 2001년 12월 6일자

『봉선화』 종간을 맞으며

　동인지 『봉선화』는 27호를 끝으로 종간을 맞이했다. 창간 이
래 필자와 독자를 등불 삼아, 변화하는 시대의 흐름에 응답하면
서도 때로는 지난 일들을 되돌아보며 여성들의 일상을 새겨온
지 어느덧 25년에 가까운 시간이 흘렀다.

　봉선화는 뜨거운 햇볕에 시들더라도 이튿날 다시 피어나는
강인한 꽃이다. 뾰족한 씨앗은 대지에 뿌리를 내려 새순을 틔운
다. 바로 그 강인함을 담아 잡지의 이름을 『봉선화』라 지었다.
이윽고 전국 곳곳에 독자의 거점이 생겨, 필자가 독자를, 독자가
필자를 부르는 윤무처럼 그 물결이 퍼져 나갔다. 재일 여성들의
힘으로 탄생한 첫 동인지라는 사실에 격려의 편지와 뜨거운 의
견들이 모였고, 그 모두가 우리에게 큰 용기와 힘이 되어 주었다.

　책장에 빼곡히 꽂힌 27권의 잡지를 바라보면 각 권의 목차까
지 선명히 떠오르며 수많은 기억이 교차한다. 이국에서 겪은 차
별과 생활고, 유교적 가정 풍토 속에서 전전과 전후를 견뎌낸 어
머니들, 조국의 분단으로 양분된 재일 사회 속에서 고뇌하며 토
로한 여성들의 한풀이가 이루어지면 곳곳을 메우며 공감을 불

러 일으켰다. 생활 체험에 뿌리내린 글들이었기에 삶의 냄새가
묻어 있었고, 그것은 독자들의 가슴에 뜨거운 울림이 되었다. 민
족의 숨결을 전한 주체는 남성이 아니라 생활자인 여성이었다.

21호부터는 젊은 세대인 조영순 신편집장을 중심으로, 부편
집장 호리 치호코堀千穂子 씨가 합류해 새로운 출발을 내디뎠다.
때마침 불어온 한류 열풍은 잡지에도 신선한 바람을 불어넣었
다. 한국 드라마와 K-POP에 매료된 일본 주부들의 이야기, 한국
인과 결혼해 생활 습관과 문화의 차이에 당황하면서도 결국 한
국 사회에 뿌리내린 일본 여성들의 이야기가 지면을 장식했다.
이를 통해 우리는 국경 없는 「보더리스」 시대의 도래를 실감할
수 있었다.

창간 당시를 되돌아보면, 세상이 송두리째 바뀌었다는 사실
을 부정하기 어렵다. 국적은 단지 하나의 기호처럼 여겨지고, 귀
화나 국제결혼이 큰 고민의 대상이었던 시대는 이제 지나가 버
렸다. 오늘날은 국적을 가볍게 바꾸고 국제결혼도 자연스러운
일이 되었다. 그렇게 밀려오는 시대의 흐름에 『봉선화』 역시 풍
화의 길을 걸었다.

그러나 우리는 『봉선화』의 시작이 민족에 대한 집착과 애정에
서 비롯되었음을 잊어서는 안 된다. 재일코리안의 에스닉 심벌
은 다양하지만, 민족을 외면하지 않고 민족적 삶의 방식을 모색
하며 일본 사회 속에서 꿈을 이루기 위해 분투하는 여성들이 있
었다. 그들의 삶은 비록 한 줌에 불과할지라도, 재일코리안의 미

래를 밝히는 등불이자 희망이었다. 그러한 사람들의 기록을 『봉선화』에 담아낸 것에 대해 상당한 이쉬움은 있다.

비록 27권의 『봉선화』가 충분치 못할지라도, 그것이 시대의 증언집으로서 역할을 다했음은 분명하다. 오늘날 그것은 한 세대를 담아낸 아카이브로 남아, 그 역할을 하고 있는 것만은 확실하다.

▌ 초출 『동양경제일보』 2013년 11월 22일자

지역 주민으로 살아가며

도쿄 서쪽에 자리한 인구 23만 명 남짓의 조후시로 이주해 온 지 어느덧 40년이 된다. 이곳에는 간토 지역에서 센소지浅草寺에 이어 두 번째로 오래된 진다이지深大寺가 있다. 절의 유래에 따르면, 고려 청년과 촌장의 딸 사이에서 태어난 만코쇼닌滿功上人이 733년에 창건했다고 전해져, 예로부터 한반도와 깊은 인연을 맺어온 고장이다.

처음 이주했을 당시, 재일동포 사회는 둘로 갈라져 있었고, 나는 한때 사회주의의 승리는 역사발전의 법칙이라 믿었던 체제를 떠난 뒤 설 자리를 잃고, 상실감 속에 고독하고 공허한 나날을 보내고 있었다. 그런 나에게 조금씩 변화의 기운이 찾아온 것은 시에서 주최하는 강좌 등에 참여하면서부터였다. 지역에 뿌리를 두고 살아간다는 것의 의미를 새삼 생각하게 된 것이다.

특히 지역 여성사를 배우면서 직접 앙케이트 조사에 참여했는데, 그 과정에서 오랜 역사 속에 자리 잡은 성별 역할 분담 의식이 사회, 가정, 직장 등 삶의 모든 영역에 스며 있다는 사실을 알게 되었다. 또한 예전에는 다마가와 유역에서 자갈 채취로 생계를 이어가던 재일동포 여성들이 생활고와 민족 차별, 그리고 남존여비의 유교 풍토 속에서 이중의 고통을 감내하면서도 꿋꿋이 살아온 발자취를 알게 되었고, 그 강인한 생명력에 깊은 감동을 받았다. 이 조사를 계기로「재일코리안」인 나 자신이 한 시민으로서 지역 만들기에 어떻게 참여할 수 있을까라는 과제가 떠올랐다.

1994년 무렵부터는 조후시 여성문제 홍보지『새로운 바람』의 편집위원으로 활동하면서「이웃 나라의 여성들」이라는 칼럼을 9년간 연재했다. 모국 여성들이 유교적 성차별과 맞서 싸운 역사, 그리고 재일동포 여성들이 민족 차별과 성차별의 이중구조 속에서 겪은 힘겨운 삶을 소개했다. 그 시절에 비하면 여성 문제는 크게 변화하여 민법 개정으로 호주제도도 폐지되었다.『새로운 바람』과 함께한 시간은 나에게도 새로운 바람이 되어 주민 의식이 싹트는 전환점이 되었던 것 같다.

이러한 인연이 이어져, 1998년부터는 조후시「지역 만들기 시민회의」자문위원으로 선출되어 2기를 역임했다. 활동 과정에서 새로운 네트워크가 확산되었고, 특히 시의회에서 재일외국인 무연금 고령자 및 무연금 장애인에게 특별교부금을 지급하는 안건이 만장일치로 통과되었을 때는 큰 자신감을 얻었다. 이 일을 통해 내가 사는 지역 사회에서 착실히 교류를 이어가는 것이 얼마나 중요한지 몸소 배울 수 있었다. 2000년에는 어머니의 입원 경험을 계기로『아사히신문』논단에「배려 있는 복지를 재일 고령자에게」라는 글을 투고했고, 이듬해 「이문화를 즐기는 모임」을 발족시켜 어느덧 16년째 이어오고 있다. 발족 취지문이 시의 소식지에 실리면서 큰 반향을 불러일으켰고, 그 덕에 새로운 만남이 이어져 지금도 1대1 교류가 활발히 이어지고 있다. 이 모임은 재일동포의 현실을 이해하고 서로 다른 문화를 존중하며 함께 즐기는 장으로 성장하고 있다.

작년에는 시제 60주년을 기념하여 시민이 돌아보는 조후의 여성사 『린토시테凜として』가 발행되었다. 발행 기념으로 호세이대학 다나카 유코田中優子 총장이 「역사는 지금을 생각하고, 미래를 내다보는 단서」라는 제목으로 강연을 했는데, 고대부터 문제 해결을 위해 과감히 실행하는 데에는 여성의 지성이 앞장섰다는 이야기 등 기념행사에 걸맞은 내용으로 큰 박수를 받았다.

이어진 2부 좌담회에서는 『린토시테』 수록자 중 몇 명이 발언할 기회를 가졌고, 나도 짧게 스피치를 하게 되었다. 이곳으로 이주한 지 40년, 재일코리안으로서 조후 시민으로 살아온 세월을 되새기며 공생을 실감한 순간이었다.

오늘날 일본 사회는 다양한 국적을 가진 주민들이 함께 살아가는 공동체다. 보다 살기 좋은 지역 사회를 만들기 위해서는 국적을 넘어, 지역 주민의 한 사람으로서 지역 만들기에 어떻게 참여하고 공생 관계를 쌓아갈 것인지 진지하게 고민해야 할 때다.

▌ 초출 『민단신문』 2016년 12월 21일자

내 한 표가 지역사회에 공헌할 수 있다면

나는 도쿄 교외 다마多摩 지구에 사는 재일코리안 2세이다. 이 지역에서 「이문화를 즐기는 모임」을 발족한 지 어느덧 10년이 되었다. 언어, 생활 습관, 문화의 차이로 빚어지는 오해를 극복하고, 서로 즐기며 어울릴 수 있는 관계를 만들자는 취지에서 모임의 이름을 「이문화를 즐기는 모임」이라 정했다. 그동안의 활동은 시의 소식지에도 소개되었고, 많은 일본인들이 우리를 지역 발전에 적극적으로 참여하는 이웃으로 따뜻하게 받아들여 주었다.

이러한 활동을 이어가면서도 도저히 이해하기 어려운 것이 바로 지방참정권 부여에 반대하는 논리다. 이번 국회에서도 「국가의 주권이 훼손될 수 있다」, 「일본으로 귀화하면 된다」는 등 여러 의견이 나왔다. 내 주변에서도 일본 국적을 취득하면 자동으로 선거권이 주어지는데 왜 귀화하지 않느냐는 말을 듣곤 한다.

그러나 이러한 주장은 일본과 한반도의 역사, 그리고 재일코리안이 일본에 거주하게 된 역사적 배경과 생활 실태를 제대로 알지 못한 데서 비롯된 것이라 생각한다. 재일코리안이 일본 정부의 식민지 지배와 직결되어 있음을 기억해야 한다. 또, 무엇 때문에 재일코리안들이 인권과 민족적 존엄을 걸고 국적을 유지하려 하는 지도 이해해야 한다. 특히 일본 사회의 극심한 차별을 견뎌낸 1세대에게 국적을 바꾸는 일은 지울 수 없는 굴욕으로 남아 있으며, 그것은 지금 세대에게는 아이덴티티의 원천이 되고 있다.

한편 세대교체가 진행되면서 국적 문제는 재일코리안에게 차별, 정체성, 기능성 등 다양한 의미가 복합적으로 얽혀 있는 복잡한 과제가 되었다. 그렇기에 여러 선택지가 공존하는 것도 필요하다. 하지만 나는 국적을 바꾸지 않고 영주외국인으로서 일본 사회에서 살아가는 길을 선택하고 싶다.

지방참정권은 복지와 생활 등 지역사회에 밀착된 문제를 주민의 총의로 해결하기 위해 부여되는 권리다. 납세를 비롯해 지역 주민으로서의 의무를 다하고 있는 외국 국적 주민에게도 지방참정권이 보장되고, 외국인을 대상으로 한 정책에 참여하고 의사결정을 할 수 있어야 한다. 그것은 지역 주민으로서 너무도 당연한 권리다. 나 역시 영주 외국인 주민으로서 한 표를 행사하고 싶다. 그것이야말로 일본에서 살아가는 내 자식과 손자 세대의 미래를 지키는 길이기 때문이다.

나의 부모님은 선거 한 번 치러보지 못한 채 세상을 떠나셨다. 그러나 이 땅에서 태어나 자란 나에게 일본은 더 이상 타향이 아닌 사랑스러운 「고향」이다. 이 고향에서 외국인 주민의 한 사람으로 살면서, 나는 나의 뿌리와 정체성을 소중히 지켜가며 지역사회 발전을 위해 책임과 의무를 다하고 싶다.

초출 『주간금요일』 2010년

내연의 처?

    부부별성을 인정하지 않는 민법 규정의 위헌 여부를 다툰 소송에서, 도쿄지방재판소는 5월 29일 「부부가 별성으로 존재하는 것은 헌법이 보장하는 권리가 아니다」라며 원고의 청구를 기각했다.

    한국은 전통적으로 부부별성을 유지해 왔기 때문에 결혼을 해도 성이 바뀌지 않는다. 자녀는 출생과 함께 남편의 호적에 올라가 남편의 성을 따르지만, 아내는 친정의 성을 그대로 지니고 평생을 살아간다. 얼핏 보면 근대적이고 민주적인 호적제도로 여겨지지만, 실제로는 여성은 「대리출산」에 불과하며 남편 가계에 들어갈 수 없다는 유교적 사상에 뿌리를 두고 있으며, 철저히 부계혈통 우선을 전제로 하고 있다.

    부부별성을 쟁취하기 위해 비혼을 관철하거나 페이퍼 이혼까지 감행하며 법제화를 추진하는 일본 여성들의 운동과는 달리, 한국의 경우는 아내가 남편의 호적에 들어가지 못하는 결과일 뿐이다. 부부별성이라는 말은 같지만, 각국 여성들의 역사와 생활은 서로 크게 다르다. 아마도 부부별성 문제에 대해 복잡한 생각을 갖게 되는 것은 나만이 아닐 것이다.

나는 현재 세 개의 성을 사용하고 있다. 자녀들의 학교 연락에는 남편의 성을 쓰고, 나의 정체성을 증명할 때는 결혼 전의 성을 사용하며, 사회적 활동의 장에서는 태어날 때부터 지닌 성을 사용한다. 결혼 전에는 가족 모두가 일본인에게 입양되어 귀화했기 때문에 일본 성을 썼지만, 결혼 후 국적을 이탈해 한국 국적으로 돌아오면서 지금의 성으로 생활하고 있다.

내가 사는 맨션에는 모두 일본인들이 거주하고 있어, 문패의 성을 보고는 처음에 「내연의 처가 아닌가?」 하고 추측한 사람도 있었던 듯하다. 남편과는 여덟 살 차이가 났고, 또 내가 동안이어서 말년에는 그런 오해를 자주 받았다. 그럴 때 남편은 「후처입니다」라고 농담처럼 말하곤 했는데, 처음 듣는 사람은 당황하기 일쑤였다. 특히 말년에는 흰머리가 늘고 기력도 줄어 지팡이를 짚고 병원에 드나드는 일이 많아지면서, 그런 말을 더 자주하기도 했다. 그러나 부부별성제 반대파가 주장하는 것처럼, 부부별성 때문에 가족의 유대가 약화되거나 가정이 붕괴해 사회가 혼란에 빠지는 일은 결코 없다. 부부별성 정도로 무너지는 가정이라면, 같은 성을 사용해도 제대로 유지되기 어렵다고 나는 생각한다.

근래 여성들의 사회 진출이 늘어나고 가족 형태도 다양해지면서, 아내가 남편의 성을 사용함으로써 불이익을 겪는 사례도 적지 않다. 아내도 남편도 본래의 성을 유지할 수 있고, 상황에 따라서는 어느 한쪽의 성을 사용해도 괜찮은 그런 느슨한 선택지가 마련되어도 좋지 않을까 싶다.

해외에서는 이미 부부별성 선택을 허용하는 법 개정이 이루어져, 선진국 가운데 이런 제도가 없는 곳은 일본뿐이라고 한다. 아시아 여러 나라 역시 종래의 제도를 고쳐가고 있다고 한다. 세계적인 흐름 속에서 본다면 이번 위헌 판결은 시대에 역행하는 것으로밖에 보이지 않는다.

한편 한국은 2005년 민법 개정으로 호주제가 폐지되면서, 자녀가 아버지의 성을 따르는 것을 원칙으로 하되 부모가 합의한 경우 어머니의 성을 계승할 수도 있게 되었다.

초출 『동양경제일보』 2013년 6월 21일자

「빛나는 페스티벌」에 참가하고
― 한국의 빛나는 여성들

내가 살고 있는 조후시의 「남녀공동참가추진센터」에서는 매년 2월 「빛나는 페스티벌」이 열린다. 이 행사는 센터를 이용하는 단체들이 1년간의 활동 성과를 시민들에게 선보이고 교류를 도모하기 위해 마련되는 연례적인 축제이다. 올해에도 다채로운 그룹이 참가했으며, 매번 참여해 온 「다마여성학연구회」도 실행위원으로 함께했다.

「다마여성학연구회」는 2006년 9월부터 『젠더의 관점에서 보는 한일 근현대사』를 교재로 삼아, 매회 튜터를 정해 학습을 이어오고 있다. 구성원들이 배운 내용을 실제 과제와 연결하며 사회적 주제를 가지고 적극적으로 참여하는, 지적이고도 매력적인 모임이다.

이 모임의 대표 이시카와 야스코石川康子 씨의 권유로 나도 시간이 허락하는 한 참가하고 있다. 참여하면서 일본 여성들의 저력과 네트워크의 힘을 피부로 느낄 수 있었고, 나 또한 용기를 얻곤 한다. 특히 이시카와 씨의 행동력과 실행력은 놀라울 정도다.

매달 발행되는 『다마여성통신』과 「헌법광장」의 편집만으로도 엄청난 시간과 에너지가 들 텐데, 여러 행사장에서 그녀를 마주치는 일이 많으니 감탄사가 절로 나온다.

올해 「빛나는 페스티벌」에서는 「다마여성학연구회」의 기획으로 여성학 연구자 야마시타 영애 씨에게 강연을 부탁하기로 했다. 그는 지난해 『내셔널리즘의 틈새에서』를 간행했고, 한국 유학 경험과 한국정신대문제대책협의회(정대협) 활동을 통해 한국 여성운동과 사회 현실에 깊이 관여해 온 인물이다. 강연 제목은 「한국의 빛나는 여성들－그녀들의 갈등을 극복하는 에너지란」으로, 최근 호주제 폐지를 비롯한 여러 법제도의 개혁과 한국 여성들의 현황을 알리려는 기획이었다. 덧붙여, 지난해에는 송신도 씨의 기록 영화 『나의 마음은 지지 않았다』 상영과 양징자 씨의 강연을 준비해 호평을 받은 바 있다.

행사는 여러 사정으로 오전 10시 30분부터 열리게 되었다. 오사카에서 올라오는 강연자에게 다소 무리한 일정이었지만, 어쩔 수 없는 상황이었다. 「다마여성학연구회」 멤버들은 미안한 마음이 컸다. 그러나 무거운 자료(사진과 도표 130장)를 들고 온 야마시타 씨는 전혀 피곤한 기색 없이 주최자와 협의에 여념이 없었다. 도쿄 도심에서 오는 참가자들도 있었지만, 한류 열풍의 영향 덕분인지 예상보다 훨씬 많은 청중이 모여 성황을 이루었다.

강연 전반부에서는 파워포인트를 활용해 한국 드라마에 담긴 여성상을 분석했다. 예컨대 일본에서도 BS 채널을 통해 방영된

『굳세어라 금순아』에 나타난 다양한 여성 문제들ㅡ이혼 후의 친권 문제, 자녀를 데리고 재혼할 때 성씨 문제 등ㅡ을 친근한 사례로 풀어내어 청중을 사로잡았다. 그동안 단순한 멜로드라마로만 보던 나는 이후부터는 젠더의 시각으로 드라마를 보려고 마음먹었다. 남편이 드라마 보는 것을 탐탁지 않게 여기더라도, 이제는 「여성학 학습」이라 우기며 채널권을 쉽게 내어주지 않기로 했다.

후반부 강연에서는 이조 시대의 남성 중심적 가족관과 사회 질서를 다루며 귀중한 자료들이 제시되었다. 젊은 나이에 남편을 잃고도 집안을 지키기 위해 재혼하지 않은 여성을 표창하는 「열녀문」의 사진, 외출 시 여성은 얼굴을 드러내지 못해 삿갓 같은 것을 쓰고 다니던 시절의 흑백 사진 등이 소개되었다. 이를 통해 가부장제 사회에서 여성들이 겪어야 했던 질곡의 역사를 설득력 있게 보여주었다. 나는 20여 년 전, 이화여대 출판의 두툼한 『한국여성사』를 교재로 삼아 젊은 야마시타 씨 등과 함께 「조선여성사독서회」에 참석하던 시절이 떠올라, 눈앞에서 당당하게 강연하는 그녀가 눈부시고 자랑스러웠다.

이후 강연은 일제강점기의 남성 중심 가족제도와 일본식 공창제도의 도입, 일본군 「위안부」 동원, 그리고 현모양처 이데올로기 교육까지 이어졌다. 낡은 제도에 맞서 싸우던 신여성들의 갈등과 좌절이 빠르게 언급된 뒤, 해방 후 분단과 냉전 속에서 여성들이 가족법 개정 운동을 이어가 마침내 호주제 폐지에 이른 과정이 민주화운동과 어떻게 맞물려 있었는지 설명했다. 가족법 개정과 남녀고용평등법 제정은 1987년 민주화 선언으로 대통령 직선제가 도입되면서 여성 유권자의 표를 의식하지 않을 수 없었던 정치적 배경이 크게 작용했다는 것이다. 민주화운동에 참여했던 많은 여성들이 훗날 청와대 참모로 정권에 들어가, 개혁 실현 전략을 중시하며 정책 결정 과정에서 큰 영향력을 발휘하게 되었다. 특히 호주제 폐지는 1990년 이후 여성운동단체들이 하나로 힘을 모아 이룩한 가장 큰 성과라 했다.

호주제 폐지 운동의 기폭제가 된 것은 가부장적 남아 선호가 남녀 출생 비율의 불균형을 초래해 심각한 사회문제가 된 데 있었다. 이를 시정하기 위한 방법으로 부모 성 병기 운동이 일어나, 어머니의 성을 함께 사용하는 방식을 통해 민법상의 문제를 제기하게 된 것이다. 예컨대 이혼 가정의 자녀는 어머니와 살더라도 어머니의 호적에 들어갈 수 없어 단순한 동거인에 불과했다. 또한 모친이 재혼해도 친정 아버지의 호적에 입적할 수 없었기에 법적 권리를 갖지 못했고, 그로 인한 재혼가정 자녀의 복리 침해는 심각했다. 이러한 불평등을 폭로하고 가족제도의 모순을 드러내면서 운동은 점차 사회적 공감을 얻었고, 지지의 고리도 확산되었다.

이러한 흐름 속에서 여성운동단체들의 강한 열망과 지원을 업고 호주제 폐지를 공약으로 내건 노무현 대통령이 탄생했다. 결국 2005년 3월 국회 본회의에서 민법 개정안이 통과되어,

2008년 1월부터는 개인을 기준으로 가족관계를 기록하는 새로운 신분등록제가 시행되기에 이르렀다.

강연은 이어 현재 법조계에 불고 있는 「여풍」을 예시로 들며, 여성 국회의원과 지방의원 수의 추이를 보여주었다. 2003년 여성 최초의 법무부 장관과 헌법재판소 재판관이 탄생했고, 현재는 사법시험 합격자의 38%가 여성이 되었다는 점을 지적하며, 앞으로 여성 의원의 증가는 여성들의 공통된 관심사가 정책 의제로 채택되는 데 큰 힘이 될 것이라고 전망했다.

야마시타 씨의 강연은 한국 여성들의 희망과 고뇌가 어떻게 오랜 역사 속에서 사회 시스템을 바꾸고 의식의 변혁을 가져왔는지, 또 정치적·경제적 변화가 여성의 삶에 어떤 영향을 끼쳤는지를 입체적으로 보여주었다.

시종일관 상냥한 말투로 한국 여성들의 눈부신 활약상을 전해 준 그녀에게 강연장이 떠나갈 듯한 박수가 쏟아졌고, 「다시 강연을 듣고 싶다」는 목소리도 여기저기서 흘러나왔다. 참가자의 80%가 긍정적인 반응을 보인 앙케이트 결과가 전해지면서, 이번 기획은 큰 성공을 거두었다.

강연 후 조촐한 회식 자리에서, 한 참가자인 S씨는 「민주화운동 속에서 축적된 한국 여성들의 결속과 연대력이 사회 변혁으로 이어진 점이 특히 감동적이었다. 우리에게 필요한 과제는 바로 이 결속력을 어떻게 만들어 갈 것인가」라는 소감을 전했다. 그의 말은 내 생각과도 같았다. 나는 재일코리안 여성들의 전후 발자취를 되돌아보았다. 재일코리안 사회의 분단과 유교적 가치관이 뿌리 깊은 가정 풍토 속에서 필사적으로 생활고와 싸우는 것이 고작이던 시절에는, 여성의 인권이나 젠더 문제를 말할 여유조차 없었다. 1991년 동인지 『봉선화』를 창간할 무렵에도 기고자를 모집하는 일이 쉽지 않았다. 살아가는 입장이 너무나 달랐고, 여성 인권보다 정치적 입장이 앞서는 경우가 많아 여성들의 결속과 네트워크 형성은 요원한 일이었다.

비록 늦은 감은 있지만, 이제야말로 가부장제와 이데올로기에 농락당했던 과거를 여성 인권의 관점에서 다시 짚으려는 움직임이 일고 있다. 과거의 잘못을 교훈으로 삼기 위해서라도, 우선은 「재일여성사」를 발굴하고 기록하는 작업에 힘써야 한다는 생각이 간절해졌다.

▎ 초출 『땅에서 배를 저어라』 4호, 2009년

보이지 않는 벽 — 유리 천장

일본에서 우먼 리브가 선풍적으로 확산되던 시절이니, 벌써 30년이 훌쩍 지난 이야기다. 여성 해방의 기수 베티 프리던에 의해 페미니즘 운동에 불이 붙었고, 그녀의 저서 『새로운 여성의 창조』는 일본에서도 베스트셀러가 되었다. 그 책은 여성을 아내와 어머니의 역할에만 가두어 두는 「여성다움의 신화」를 비판하며, 여성에게 자립을, 사회 참여를, 그리고 인간으로서 온전히 살아갈 것을 강력히 촉구했다. 누구의 아내, 누구의 어머니로만 존재하던 의존적이고 낡은 가치관에 매여 있던 나는 그 책을 읽고 강한 충격을 받았고, 마치 한 겹씩 낡은 옷을 벗어내는 듯한 해방감을 맛보았다. 이후로 나에게 베티 프리던은 자립을 향한 분명한 이정표가 되었다.

베티 프리던을 직접 만날 수 있었던 것은 1995년, 그녀가 74세 때였다. 『늙음의 샘』 출간을 기념해 열린 「베티 프리던과 이야기하는 저녁」 행사장이었다. 다소 통통한 체구에 은빛이 감도는 머리를 한 그녀는 검은색 긴 재킷 차림으로 단상에 오르자, 가득 찬 여성 청중으로부터 뜨거운 박수갈채를 받았다. 예순이 넘으면서부터 「늙음」에 대한 연구에 몰두해 온 그녀는, 노년을 단순히 젊음의 상실로 보지 않고, 오히려 희망찬 모험의 시기이며 새로운 가능성이 열리는 시대로 규정하며 열정적으로 이야기했다. 30년 전 「여성다움의 신화」를 뒤엎었던 그녀는 이제 「늙음의 신화」마저 전복하려 하고 있었다. 그 에너지 넘치는 말투에는 세계 여성해방운동을 이끌어 온 자신감과 생명력이 가득했다.

이날 행사에는 지금 화제가 되고 있는 『여성의 품격』의 저자 반도 마리코板東真理子 씨도 참가했는데, 당시 사이타마현 부지사로 소개되며, 여성 최초의 현 부지사라는 점에서 주목을 받았다. 나는 그 자리에서 그녀와 다정히 이야기를 나누던 순간을 누군가가 찍어 준 사진을 아직도 소중히 간직하고 있다. 베티 프리던의 사인이 담긴 책과 함께 내게는 무엇보다 귀중한 추억이다. 베티 프리던은 그 후 2006년 2월 4일, 자신의 85번째 생일에 워싱턴에서 서거했다.

베티 프리던이 『늙음의 샘』으로 다시금 베스트셀러 작가가 되었던 시절, 미국에서는 힐러리 여사의 「해야 해요(You have to run)」라는 한마디가 남편 빌 클린턴이 대통령 출마를 결심하게 한 결정적 계기가 되었다는 일화가 널리 알려졌다. 신문 지면마다 퍼스트 레이디로서의 자질과 그녀의 경력을 두고 논쟁이 벌어졌고, 대선 캠페인에서도 힐러리는 남편의 가장 든든한 조언자이자 전폭적인 신뢰를 주는 파트너로 활약하며 훌륭한 콤비 플레이로 승리를 이끌었다.

만약 한국에서 부인의 말 한마디에 대선 출마를 결심했다는 기사가 났다면 어떤 반응이었을까. 클린턴처럼 대통령에 당선될 수 있었을까. 아마 「암탉이 울면 집안이 망한다」는 속담을 진지하게 받아들이는 한국 사회에서는 결코 쉽지 않았을 것이다. 물론 영어에도 같은 속담이 있지만, 한국의 「암탉」과 서양의 「암탉」은 그 상징과 맥락이 사뭇 다르다. 어찌 되었든, 「암탉」의 조언을 기꺼이 받아들이고 과감히 결단을 내린 클린턴 대통령의 용기와 선택에는 아낌없는 박수를 보낼 수밖에 없었다.

이윽고 재일 여성들 사이에도 여성사를 배우려는 독서 그룹이 생겨났고, 나 역시 한동안 그 모임에 몸담고 있었다. 이화여대를 비롯해 한국에서 출판된 여성사 관련 텍스트를 중심으로, 딸처럼 젊은 여성들과 함께 앞선 발자취를 더듬어 나간 것이다. 곧 『조선여성사독서회통신』을 발행하게 되었고, 이후 『여성통신』으로 이름을 바꾸어 30호까지 이어졌다. 1985년 8월 15일, 야마시타 영애 씨의 창간사로 시작된 창간호는, 재일 여성사에서 처음으로 여성 자신에 의해 발행된 통신이었다. 그 목적은 「재일」과 「여성」이라는 공통된 문제를 자유롭게 이야기할 수 있는 장을 마련하는 것이었다. 동시에, 현실과 맞서기 위해 반드시 짚고 넘어가야 할 조선 여성의 역사를 배우고, 그 속에서 교훈을 얻고자 하는 의도도 담겨 있었다.

1985년은 국제부인의 해 10년을 마무리하는 세계부인회의가 나이로비에서 열렸던 해였으며, 일본에서는 남녀고용기회균등

법이 통과되었다. 또 한국여성개발원에서는 해방 이후 여성 활동을 총괄하며 한국 역사상 처음으로 여성의 발자취를 체계적으로 정리한『여성백서』를 펴낸 뜻깊은 해이기도 했다.

창간호에는 아홉 명의 멤버가 글을 실었다. 그 글들을 통해 당시 재일동포 사회의 상황과, 낡은 구습에서 벗어나 새로운 재일 여성상을 모색하며「재일을 사는」삶의 모습을 확인할 수 있었다. 당시 재일 여성들의 현실은 일본 사회의 민족 차별과, 남성 중심의 유교적 성차별이라는 이중 구조 속에서 자신을 돌보지 않고 남성을 떠받들며 살아가는 것이었다.

이러한 삶의 방식에서 벗어나 자립과 자각의 길을 찾기 위해 학습의 장은 꾸준히 이어졌다.「재일코리안」으로서 적극적인 삶의 방식을 모색하는 여성들이 실로 다양한 문제에 부딪히면서,「재일」을 묻는 것은 곧 지금까지 여성의 삶의 방식을 묻는 것이기도 하다는 자각이 자리 잡아갔다. 그러나 이후 중심 멤버들의 결혼과 출산이 잇따르며 정기적인 스터디 그룹은 유지되기 어려웠고, 결국 1992년 모임은 중단되었다. 하지만 당시 멤버들 가운데 상당수가 일본군「위안부」문제와 관련해「종군 위안부 여성네트워크」를 결성했고, 현재는 페미니즘 운동의 중심에서 활약하며 재일 여성들의 오피니언 리더로 성장해 있다.

그보다 1년 앞선 1991년에는 동인지『봉선화』가 창간되었다. 이국에서의 차별과 생활고, 유교적 풍토 속에서 수많은 질곡을 겪으며 전전과 전후를 살아낸 어머니들의 삶, 조국 분단으로 둘로 갈린 재일 사회에서 겪은 고뇌와 번민을 담은 글들은 많은 여성들의 깊은 공감을 불러일으켰다. 창간 이후 17년 동안, 여성이라는 이유로 인고의 삶을 강요당했던 과거, 분단의 정치에 농락당했던 과거를 인권의 시각에서 다시 바라보려는 글들이 이어졌다. 지면에는 여전히 풀어야 할 과제도 많아 보였다. 돌이켜 보면 『봉선화』는 재일을 살아가는 보통 여성들의 생활을 있는 그대로 담아낸 여성사이자 생활사로서의 귀중한 기록이기도 하다.

그러나 이러한 흐름과는 달리, 당시 재일 사회의 주류를 이루던 것은 여성을 일정한 틀에 가두려는 낡은 가치관이었다. 남편과 함께 참석한 어느 결혼식에서, 남편의 선배와 같은 자리에 앉게 된 일이 있었다. 그 선배는 처음 만난 우리에게 아내를 소개하며 「우리집 밥쟁이」라고 말했다. 순간 어퍼컷을 맞은 듯한 현기증이 엄습했고, 마치 내가 모욕당한 듯 그의 아내 얼굴을 제대로 바라보지도 못한 채 고개를 숙이고 있었던 기억이 선명하다. 그 아내는 나보다 다섯 살가량 연상이었고, 재일 여성으로서는 드물게 대학을 졸업한 인텔리였다. 지역 사회에서도 리더 역할을 맡았고, 여성동맹 위원장으로 활약한 인물이었다는 것을 뒤늦게 알게 되었다. 물론 당시에는 남자들이 세컨드 와이프를 두어도 대수롭지 않게 여겨졌으니, 1세 남자의 허세 섞인 농담이었을지도 모른다. 그러나 나로서는 도저히 용납할 수 없었다. 입술을 몇 번이나 깨물며 그날을 간신히 버텼지만, 이후로는 그와 다시 마주하지 않았다. 내 머릿속에 각인된 「우리집 밥쟁이」라는 말이 지워지지 않았기 때문이다. 지금 다시 그런 장면을 마주했다면, 나는 어떻게 반응했을까.

세월이 흘러, 남편을 대통령으로 만든 힐러리 클린턴 상원의원이 미국 역사상 최초의 여성 대통령을 목표로 도전했다. 그러나 이번에도 유리 천장을 깨뜨리지는 못했다. 2008년 민주당 후보 지명 경선에서 물러나며 힐러리는 「여전히 여성에 대한 장벽과 편견은 존재합니다. 이번에는 가장 높고 단단한 유리 천장을 깨지 못했지만, 그 유리에는 1800만 개의 금이 가 있다.」(아사히신문 석간, 2008년 6월 9일)라고 말했다. 유리 천장이란 아래에서는 보이지 않지만, 일정한 위치에 오르면 반드시 부딪히게 되는 보이지 않는 장벽을 뜻한다. 남녀평등이 이루어졌다고 평가받는 미국조차 실제로는 여성의 승진이 얼마나 어려운지를 단적으로 드러내는 말이다.

여성의 사회진출 선진국으로 여겨지는 미국에서도 성차별은 여전히 사회 풍토와 직장 문화 속에 뿌리 깊게 존재한다는 사실이 놀라웠다. 「대통령은 남자여야 한다」는 고정관념이 아직 강력하게 작용하고 있었던 것이다. 2008년 3월 8일 「국제 여성의 날」 행사에서 한 흑인 여성은 「흑인인 오바마에게 차별적인 말을 하면 그 사람은 끝장입니다. 하지만 힐러리에게 여성을 모욕하는 말을 해도 아무도 문제 삼지 않습니다.」라고 공평함이 결여되어 있는 언론에 의문을 제기했다. 실제로 2006년 미국의 정규

직 여성 노동자 수입은 남성의 77%에 불과했고, 성별 격차 순위에서 미국은 전년도 23위에서 31위로 떨어졌다(아사히신문, 2016년 3월 17일).

힐러리를 지지한 층에는 특히 일하는 여성들이 많았다. 「힐러리가 여자라서 투표하는 건 아니다. 하지만 첫 여성 대통령이 탄생한다면 멋진 일이라고 생각한다.」, 「힐러리가 대통령이 된다면 나도 될 수 있을 것 같다.」라는 목소리에서 알 수 있듯, 그의 도전은 「보이지 않는 성차별」에 직면한 미국 여성들에게 희망을 주었고, 자신의 가능성을 믿게 했다.

민주당 경선 레이스를 통해 드러난 성차별의 현실에 많은 이들이 분노했지만, 끝까지 힐러리 곁에서 싸운 빌 클린턴 전 대통령의 모습은 역시 젠더프리 선진국다운 풍경으로 부러움을 샀다. 아쉽게도 이번에는 「유리 천장」을 깨뜨리지 못했지만, 힐러리의 도전은 결코 끝나지 않을 것이다. 14세 때 우주비행사가 되고 싶다며 미항공우주국NASA에 보낸 편지에서 「여자는 안 된다」는 답장을 받고, 「태어나 처음으로 근면과 결의만으로는 극복할 수 없는 장애가 있음을 알았다」라고 회고한 힐러리. 그가 예순의 나이에 미국 최초의 여성 대통령에 도전한 것 자체가 이미 큰 의미였다. 「유리 천장」을 깨뜨리려는 더 큰 도전은 앞으로도 계속될 것이다. 그리고 그녀의 삶 자체가 「늙음에 대한 신화」를 뒤집는 증거가 될 것이다.

그럼에도 불구하고, 결혼식에서 들었던 그 「밥쟁이」라는 말은 여전히 불쾌하게 되살아난다. 여성이 「밥쟁이」로서 순응하며 살아야 했던 시대에 과연 행복한 역사가 있었을까. 「암탉이 울면 집안이 망한다」는 속담이 있지만, 사실은 암탉이 울어야 수탉도 빛나지 않을까. 또한 용기 있는 수탉이 있어야 암탉의 실력도 발휘할 수 있는 시대였던 것이다.

▌초출『땅에서 배를 저어라』3호, 2008년

민생위원의 길을 열어라

최고재판소는 도쿄도가 외국 국적 직원의 관리직 승진시험 응시를 거부한 것을 합헌이라고 판결했다. 최근 고치현이나 가와사키시 등 여러 자치체에서 국적 조항을 폐지하고 공무원 채용이나 관리직 등용에 문호를 개방하는 흐름이 확산되고 있는 상황에서, 이러한 판결은 그 흐름에 제동을 거는 듯해 유감스럽다.

나는 일본인에게만 허용되는 민생위원이나 인권옹호위원의 길이 재일코리안에게도 열리기를 바란다. 특히 주목할 것은, 시가현滋賀県 마이하라쵸米原町가 지난해 6월 내각부 규제개혁·민간개방추진실에 국적 조항 철폐를 요구하는 요망서를 제출한 사실이다.

이 소식을 접했을 때, 나는 곧바로 재일 1세 고령자들이 요양보험 제도 등 사회적 혜택을 충분히 누리지 못하는 현실을 떠올렸다. 언어 장벽, 문맹 문제, 무연금 문제 등 일본 사회에서 마주하는 벽은 높다. 그 장벽을 낮추기 위해서라도 각 지자체가 외국 국적 주민을 민생위원이나 인권옹호위원으로 포함시키는 것이 필요하지 않을까.

「일본인의 차별 의식이나 언어, 문화의 차이가 큰 장벽이 되어, 생활과 문화에 관한 고민을 누구와도 상담하지 못해 힘들어하는 외국인들이 많다. 만약 인권옹호위원이나 민생위원 가운데 외국인이 있다면, 문제를 안고 있는 외국인도 훨씬 상담하기 쉬울 것이다.」라고 요망서는 이렇게 지적한다.

마이하라쵸는 이미 1988년에 인권 옹호의 마을을 선언했고, 2002년 지자체 합병을 둘러싼 주민투표에서는 전국 최초로 영주외국인에게 투표 자격을 부여했다. 이 선언은 큰 반향을 일으켰고, 그 후 각지로 움직임이 확산되었다. 현재 외국 국적 주민에게 주민투표권을 인정하는 조례를 마련한 자치체는 약 150곳에 이른다.

현재 재일코리안은 전국적으로 약 62만 5천 명, 그 가운데 65세 이상은 8만 4천 명을 넘는다. 재일 사회 역시 빠르게 고령화가 진행되고 있는 것이다.

올해 88세가 된 우리 어머니도 재일 1세로 문맹이시다. 평소 사용하는 말도 익숙한 사람이 아니면 이해하기 어려울 때가 많다. 실버 디케어 센터에 다니시지만, 노래하는 시간이 가장 재미없다고 하신다. 「아리랑」은 부를 수 있어도 「고향」 같은 일본의 창가는 부르지 못하기 때문이다. 어머니처럼 외롭게 살아가는 노인들에게, 같은 역사와 문화적 배경을 공유하는 재일코리안 민생위원이나 인권옹호위원이 곁에서 이야기를 들어주고 상담해 준다면 얼마나 큰 힘이 될까.

재일코리안 주민이 민생위원이나 인권옹호위원으로 활동할 수 있는 날이 오면, 서로 다른 문화와의 교류가 한층 활발해지고, 더불어 사는 지역사회를 더욱 풍요롭게 만드는 데 기여할 것이다. 그날이 하루라도 빨리 오기를 간절히 바란다.

▌ 초출 『아사히신문』 오피니언, 2005년 1월 29일자

『계간 삼천리』와 「안녕하십니까? 한글강좌」

「삼천리 세대」

「삼천리 세대」라는 말을 들어본 적이 있을 것이다. 다카야나기 도시오高柳俊男 호세이대학 교수는 대학 1학년 때 우연히 서점에서 『계간 삼천리』를 집어 들고, 그 안에 실린 「NHK에 조선어 강좌 개설을 요청하는 모임」(이하 「요청하는 모임」)의 기사를 보게 되었다. 가까운 이웃 나라인데도 NHK에 조선어 강좌가 없다는 사실이 이상하다고 생각한 그는 이 운동에 적극적으로 참여해 많은 서명을 모았다. 그것이 오늘날까지 이어지는 한국·조선과의 관계의 출발점이 되었다고 한다.

그는 「삼천리와 함께 공부하고 성장했다는 점에서 스스로를 삼천리 세대라고 칭하고 있다」고 말했다. 같은 세대로는 리쓰메이칸대학 교수인 문경수 씨, 신문과 TV 등에서 활약하는 강상중 씨 등도 「삼천리 세대」라고 할 수 있을 것이다.

올해는 『계간 삼천리』가 창간된 지 40년이 되는 해이다. 「삼천리 세대」에 해당하는 이들은 어느덧 정년을 맞이하는 시점에서 있다.

「NHK에 조선어 강좌 개설을 요청하는 모임」의 발족

본래 「요청하는 모임」이 발족하게 된 계기는 『계간 삼천리』 제4호 (1975년 11월 발행)에 실린 철학자 구노 오사무久野収 씨와 작가 김달수 씨의 대담 「상호 이해를 위한 제안」이었다. 이 자리에서 구노 씨가 「스페인어 강좌는 있는데 조선어 강좌가 없다니, 이는 전혀 말이 되지 않는다」며 조선어 강좌 개설을 요청하는 서명 운동을 제안한 것이 출발점이었다.

이 제안을 받은 뒤, 훗날 모임의 사무국장이 된 야나기 가츠미 矢作勝美 씨는 구노 오사무, 나카노 요시오中野好夫 씨 등과 논의하여 서명 운동의 호소문과 「NHK에 조선어 강좌 개설을 요청하는 모임」이라는 이름을 확정했다. 준비위원에는 구노 오사무, 이노우에 미츠사다井上光貞, 우에다 마사아키上田正昭, 오노 스스무大野晋, 기노시타 준지木下順二, 센다 고레야千田是也, 츠루미 슌스케 鶴見俊輔, 야마모토 사츠오 山本薩夫 등 저명한 문화인 40여 명이 참여했다.

해가 바뀐 뒤 얼마 지나지 않아, 야하기 가츠미 씨는 『계간 삼천리』 제5호(1976년 2월 발행)에 「NHK에 조선어 강좌를」이라는 글을 기고했다. 이 글에서는 아사히신문 「목소리」란에 실린 재일동포 고준일 씨의 투고문 「NHK에 조선어 강좌를 개설하라」(1974년 11월 26일)를 인용하며, NHK에 강좌 개설을 요청한 것은 단순한 편의 차원이 아니라 「학술·문화의 상호교류와 진정한 선린우호를 도모하기 위해서는 서로의 언어를 존중하고 통하는 것이 우선이다」라는 생각에 근거한 것임을 밝혔다. 한편 고준일 씨는 당시 재일사회의 문화·학술 발전에 공헌한 개인과 단체를 대상으로 「청구문화상」을 제정해 시상하기도 했으며, 최근에는 『시작절반始作折半』을 출간해 화제가 되기도 했다.

1976년 4월, 삼천리사를 거점으로 「요청하는 모임」이 본격적인 시민운동으로 출범하며 서명 운동이 시작되었다. 일본인들이 자발적으로 나선 이 운동은 곧 한일 양국 시민 자원봉사자들의 지지와 협력 속에 빠르게 확산되었다. 비용은 전액 개인의 힘으로 충당되었는데, 그 총액은 831,566엔에 달했다고 한다.

당시 언론의 반응은 매우 호의적이었다. 나카노 요시오 씨는 아사히신문에 「우선, 언어부터……NHK에 조선어 강좌를」(1976년 5월 24일)을 기고하며 사회적 지지와 협력을 호소했다. 아사히신문 「천성인어」, 요미우리신문 「편집수첩」, 도쿄신문 「방사선」등 주요 언론은 물론 지역 신문에서도 크게 다루면서 조선어에 대한 관심이 급속히 높아졌다. 이후 강좌의 명칭을 한국어로 할지, 조선어로 할지 논의가 오랫동안 이어졌으나, 결국 1988년 「안녕하십니까? 한글강좌」라는 이름으로 방송이 개설되었다. 이후 24년간 텔레비전과 라디오에서 동일한 제목으로 방영되었으며, 2008년부터는 어학 강좌 개편에 따라 독일어·프랑스어·스페인어·이탈리아어·중국어와 함께 「한글강좌」로 명칭이 바뀌었다.

한류 붐을 배경으로 학습자 급증

돌이켜보면, 이 시기 일본인들 사이에서 조선어를 배우려는 사람이 점차 늘어났다. 특히 나가이 미치오永井道雄 문부상이 성심여자대학 강연 「교육의 흐름은 바뀐다」에서 한 발언이 주목된다. 그는 「세계의 변화에 맞춰 일본인이 국제화하기 위해 영어는 중학교부터 배우는데, 정작 가까운 이웃 나라의 언어인 조선어는 오사카외국어대학과 덴리대학에서만 가르친다는 모순을 극복해야 한다」라고 지적했다(도쿄신문 1970년 5월 27일자). 이 구상에 힘입어 1977년 도쿄외국어대학에서 조선어과가 부활하고, 도야마대학에 조선어・조선문학과가 신설되는 등, 대학에서의 조선어(또는 한국어, 코리아어) 관련 과목 개설이 확산되기 시작했다. 그 결과 1981년에는 국공립과 사립을 합해 50개교였던 개설 대학이, 1988년에는 국공립 21개・사립 43개 합계 64개교, 1993년에는 국공립 40개・사립 75개 합계 115개교로 급속히 증가하였다.

특히 1995년도부터 2004년도까지는 143개교에서 369개교로 대폭 늘어났는데, 그 배경으로는 2001년도 대학입시센터 시험에서 한국어가 외국어 과목으로 채택된 점, 그리고 2002년 「한일 월드컵」, 2003년 NHK에서 방영된 한국 드라마 「겨울연가」 등을 계기로 한류 열풍이 확산된 점을 들 수 있다. 이러한 사회적

인기를 바탕으로 한국어 학습자는 꾸준히 증가했다. 2011년에는 개설 대학이 451개교에 이르러, 한국어 교육은 해마다 확대되는 뚜렷한 경향을 보였다.

이어서, 이 운동의 거점이 되었던 『계간 삼천리』에 대해 지면이 허락하는 범위 안에서 살펴보고자 한다.

『계간 삼천리』 창간

『계간 삼천리』가 창간된 것은 1975년 2월이었다. 편집위원은 재일 1세 지식인 김달수, 강재언, 이진희, 박경식, 김석범, 이철, 윤학준 씨 등 7명으로 구성되었다. 잡지의 재정을 뒷받침한 사주는 13년 동안 묵묵히 자금을 지원하면서도 말을 아끼던, 그릇이 큰 실업가 서채원 씨였다. 이후 재일 2세 강상중 씨와 문경수 씨가 합류해, 당시 재일 지식인들을 총결집시키며 일본 사회의 조선 인식을 바로 세우려는 문화운동으로 출발했다.

창간사에는 다음과 같은 격조 높은 글이 실렸다.

조선을 일컬어 「삼천리 금수강산」이라 한다. 이는 「아름다운 산천의 조선」이라는 뜻이다. 『계간 삼천리』에는 조선 민족의 염원인 통일의 기본 방침을 밝힌 1972년 「7·4 공동성명」에 따른 「통일된 조선」을 실현하고자 하는 간절한 바람이 담겨 있다. 비록 일의대수一衣帶水의 관계에 있다고 하나, 조선과 일본은 여전히 「가깝고도 먼 나라」의 관계에 있다. 우리는 조선과 일본 사이에 복잡하게 얽힌 매듭을 풀어내고, 상호 이해와 연대를 도모하는 하나의 다리를 놓고자 한다.

『계간 삼천리』가 쌓아올린 공적

『계간 삼천리』는 통권 50호를 끝으로 종간되었다. 잡지는 당대의 저명한 지식인들―시바 료타로司馬遼太郞, 우에다 마사아키上田正昭, 오에 겐자부로大江健三郞, 하타다 다카시旗田巍, 히다카 로쿠로日高六郞, 이누마 지로飯沼二郞 씨 등을 비롯해 이루 다 헤아릴 수 없을 만큼 많은 일본의 문학자, 연구자, 저널리스트들에게 조선을 논하게 했다. 이누마 지로 씨는 『계간 삼천리』가 13년 동안 쌓아 올린 공적을 세 가지로 정리했다. 첫째, 남북한 어느 한쪽에 치우치지 않는 자립적 입장을 일관되게 견지했다는 점. 둘째, 일본인의 시각을 복안적으로 넓혀 주었다는 점. 셋째, 재일코리안의 문제가 단지 그들만의 문제가 아니라 일본인 자신들의 문제라는 인식을 확산시켰다는 점이다. 그는 또한 재일코리안의 인권이 보장되지 않는 한, 일본의 민주주의는 진정한 의미에서 완성되지 않는다고 강조했다. 당시 『계간 삼천리』는 많은 대학에서 부교재로 채택되기도 했다. 마침 재일 사회는 세대교체가 진행되며 새로운 아이덴티티의 형성과 생활 방식을 모색해야 하는 과제에 직면해 있었다. 일본에서 태어나 자라 일본어를 모국어로 쓰는 2세, 3세들의 정주 지향을 전제로 한 재일코리안의 새로운 역사가 막 시작되던 시기였다. 그래서 신문과 잡지에서 「재일을 산다」라는 표현을 자주 접할 수 있었다. 그런 의미에서 「안녕하십니까? 한글강좌」의 개설은 재일코리안뿐 아니라 일본인들에게도 시의적절한 일이었다.

앞서 언급했듯, 현재의 「한글강좌」에는 『계간 삼천리』가 「요청하는 모임」 운동의 거점이 되어 「안녕하십니까? 한글강좌」 개설을 성사시켰고, 또 「삼천리 세대」가 그 운동의 중심을 맡아 이끌어 온 역사가 깊이 배어 있다. 이 사실을 우리는 오래오래 기억해야 한다.

(참고자료 『계간 삼천리』 4호 · 5호, 이진희 『해협』(청구문화사), 문희창 · 김미숙 공저 『일본 대학기관에서의 한국어 학습』 아이치학원대학 교양부 기요 제61권 제4호)

▌ 초출 『고려박물관 회보』 43호, 2015년

우에마츠 교잔植松峽山 선생님 작 「계간 삼천리와 계간 청구」

제3장

가교

기요사토 은하숙 단체 사진

산딸나무와 「아리랑 위령 기념비」

1985년 10월 26일, 「한일 교류 명암의 역사」라는 제목의 강연회가 헌정기념관에서 열렸다. 그날 회장에는 나카소네 총리의 부인을 비롯한 국회의원들이 대거 참석해 있었다. 나는 단순히 여성들의 모임이라는 이야기를 듣고 구경삼아 찾아갔을 뿐이었는데, 강연장의 분위기에 완전히 압도당하고 말았다.

주최자를 대표해 한일여성친선협회의 소마 유키카相馬雪香 회장이 연단에 섰다. 그녀는 「불행한 과거를 극복하기 위해, 지금 우리가 무엇을 해야 하는가」라는 화두를 던지며, 미래 지향적인 한일 친선의 필요성과 중요성을 힘주어 역설했다. 당시만 해도 1988년 서울 올림픽 이전이라 일본 사회에는 한국을 멸시하는 풍조가 짙었고, 서구 지향적 태도가 뿌리 깊었다. 그런 시대에 재일 한국인 강사를 초빙해 강연회를 열겠다는 소마 회장의 식견은 내게 큰 감동으로 다가왔다. 그날을 계기로 나는 곧바로 한일여성친선협회에 가입했다.

소마 회장을 만나면서 처음 알게 된 것이 바로 산딸나무花水木의 유래였다. 지금으로부터 벌써 25년도 더 된 이야기다. 소마 회장의 아버지는 헌정의 신으로 알려진 오자키 유키오尾崎行雄였다. 그가 도쿄시장이던 1911년, 워싱턴에 3천 그루의 벚나무 묘목을 선물했고, 미국은 답례로 산딸나무 묘목 40그루를 보냈다. 오자키 유키오와 인연 깊은 헌정기념관 경내에는 전쟁의 폐허를 딛고 훌륭히 자라난 산딸나무들이 지금도 손자 나무로 이어져 우뚝 서 있다.

매년 워싱턴 DC 포토맥 강변에서는 벚꽃 축제가 열리는데, 2012년에는 「오자키 유키오·워싱턴 벚꽃 기증 100주년 기념 포럼」도 개최되었다. 공교롭게도 그 해는 소마 유키카의 탄생 100주년이 되는 해이기도 했다. 전쟁이라는 비극의 과거를 넘어, 벚꽃과 산딸나무는 우호와 친선의 상징으로 매년 다시 피어나는 것이다.

그러나 한국과 일본 사이에는 여전히 해결되지 못한 어려운 문제들이 남아 있다. 특히 종군위안부 문제는 양국 관계를 더욱 무겁게 한다. 오바마 미국 대통령은 그것을 두고 「엄청난 인권 침해」라 지적했고, 이에 아베 총리는 「필설로 다하기 어려운 상처를 받으신 위안부 분들을 생각하면 가슴이 아프다」라고 답했다. 미국에서는 여성 인권과 존엄에 대한 인식을 높이려는 움직임 속에서, 평화의 소녀상이 캘리포니아 글렌데일에 이어 미시간주 디트로이트 외곽에도 설치될 예정이라고 한다.

일본에서도 뜻 깊은 움직임이 있었다. 1997년, 야마나시현의 「평화를 말하는 모임」은 전 종군위안부들의 넋을 위로하기 위해 오키나와현 도카시키촌에 「아리랑 위령 기념비」를 세웠다. 이는 배봉기 전 위안부의 죽음에 깊은 슬픔과 책임을 느낀 모임 대표 다치바나다 하마코橘田浜子 씨 등이 전국에 호소해, 5년의 세월 끝에 이루어낸 결실이었다. 일본인의 정성과 한국인의 염원이 하나가 되어 탄생한 이 기념비는 화해의 상징으로 오늘도 서 있다.

가해자의 양심이 느껴지는 가책의 아픔, 그것이 피해자에게도 전해질 때, 과거의 부정적 유산은 화해의 이정표로 바뀔 수 있다. 산딸나무의 유래와 「아리랑 위령 기념비」가 바로 그 증거일 것이다. 그러나 아베 수상이 말한 「가슴이 아프다」는 과연 어떤 구체적인 모습으로 나타날 수 있을까. 그 답을 찾는 일은 여전히 우리에게 남겨진 과제다.

▌초출 『동양경제일보』 2014년 5월 30일자

스시와 김치는 먹으면서 서로를 싫어하는 한일 양국

장마가 이어지던 6월 21~22일, 내가 살고 있는 조후시 문화회관 「다즈쿠리」에서는 「모두의 축제 in 다즈쿠리」가 열렸다. 이 행사는 시민과의 교류를 도모한다는 취지로, 「다즈쿠리」를 사용하는 여러 단체들이 1년간의 활동을 선보이는 자리였다. 그 가운데 조후 9조 모임인 「헌법광장」은 게이오대학의 이홍천 씨를 초빙해 「한국 사람들이 보는 지금의 일본」이라는 주제로 강연을 의뢰했다.

공교롭게도 날씨 탓인지 청중이 만석은 아니었지만, 나비 넥타이를 매고 다정한 표정으로 단상에 오른 강사를 향해 객석에서는 따뜻한 박수가 쏟아졌다. 이런 주제의 강연에서 나비 넥타이를 맨 강사는 처음이라, 순간 오페라 가수인가 착각할 정도였다. 그러나 그 순간 분위기는 무겁거나 경직된 것이 아니라, 자연스럽게 릴렉스한 쪽으로 바뀌었다. 이홍천 씨는 묵직한 주제를 청중이 편안하게 받아들일 수 있도록 특유의 말투와 유머를 곁들여 시원시원하게 풀어냈다.

그가 말한 「스시와 김치를 먹으면서도 서로를 싫어하는 한일 양국」이라는 표현에는 나도 모르게 웃음이 터져 나왔다. 참으로 묘하면서도 양국 관계의 모순을 날카롭게 지적하는 말이었다. 「한국인을 일본에서 쫓아내라」며 욕설을 퍼붓던 시위 참가자들이 막상 집으로 돌아가는 길에는 「야키니쿠 먹으러 가지 않을래?」라며 한국 음식을 찾는 모습-그 이중성을 담은 풍자는 더욱 인상 깊었다.

강연의 핵심은 단순히 웃음을 자아내는 데 있지 않았다. 그는 일본 사회가 헤이트 스피치를 방임하는 현실을 지적하는 한편, 동시에 「레이시즘은 일본의 수치」라며 이에 맞서 거리에서 플래카드를 들고 행진하는 일본인들의 존재도 함께 짚었다. 그리고 결론적으로 「싫어하는 것은 나라이지 사람이 아니다」라며, 중요한 것은 국가 정책 차원이 아니라 「당신과 나」 사이에 서로 고민과 고통을 공유하며 거리를 좁혀가는 일이라고 강조했다.

15년간 일본에 체류해온 46세의 그는, 자국과 일본을 모두 객관적으로 바라볼 수 있는, 이른바 글로벌 세대였다. 어깨에 힘을 주고 정론만을 펼치는 것이 아니라, 현실적이고 피부에 와닿는 이야기를 들려주어 청중의 마음을 풀어주었다. 그러나 「선의의 식민지가 있었는가」라는 주제로 넘어가자, 그는 멋대로 다른 나라를 침략해 피해와 고통을 주고도 근대화의 공로를 운운하는 일본 측의 망언에는 단호한 부정적 입장을 보였다. 내셔널리즘을 뛰어넘을 만큼 유연한 세대이지만, 역사적 사실을 외면하지 않는 분명한 역사 인식이 느껴졌다.

강연을 들으며, 교착 상태에 빠진 한일 관계가 언제까지 이어질지 답답한 마음이 들기도 했다. 그러나 그는 외교는 본래 국가 간의 힘겨루기이며, 지나치게 비관할 필요는 없다고 말했다. 오히려 자신처럼 유연하고 현실적인 시각을 가진 세대가 새로운 길을 열어줄 수 있을 것이라는 기대감을 심어주었다.

지금 내가 할 수 있는 일은 무엇일까. 거창한 정치나 외교가 아니라, 이 지역에서부터 시작하는 일일 것이다. 「스시와 김치를 맛있다고 함께 말할 수 있는 사람과 사람의 고리」를 끊임없이 이어가는 것, 그것이야말로 작은 실천이지만 미래로 이어질 희망일 것이다.

▌ 초출 『동양경제일보』 2014년 7월 18일자

김치는 한국어야? 아니면 일본어야?

요즘은 어느 슈퍼마켓에 가도 김치 코너가 따로 마련되어 있어, 그것이 한국에서 건너온 식품이라는 사실조차 모르는 사람도 있는 듯하다. 얼마 전에는 누군가 「김치가 한국어냐, 일본어냐?」라고 묻는 바람에 깜짝 놀란 적도 있었다.

김치뿐 아니라 파전, 비빔밥, 불고기 같은 음식은 이제 가장 대중적인 메뉴가 되었고, 최근에는 식당에서 조래기(무침)나 순두부찌개 같은 메뉴까지 볼 수 있어 두 번 놀라게 된다. 특히 한국 음식에서 빠질 수 없는 마늘 덕분에, 요즘에는 「마늘 냄새」나는 일본인도 흔히 만난다. 겉으로는 혐한, 반한을 떠들면서도 음식문화만큼은 이미 일상 깊숙이 스며들어 국경이 무너진 지 오래인 셈이다. 나는 이 현상이 참 바람직하다고 느낀다.

한국에서 건너오는 선물 중에서도 김치는 가장 좋은 평가를 받는다. 아마도 해외 수출용으로 세련되게 포장되어 있어서일 것이다. 나 역시 남편이 세상을 떠난 후로는 김치를 직접 담그지 않기에, 김치를 선물 받으면 무척 기쁘다.

어머니가 젊었을 때 담갔던 배추김치는 김치속이 푸짐하고,

오징어·새우·굴·멸치 등 직접 담근 젓갈이 들어가 깊은 감칠맛이 났다. 반면 요즘 한국에서 선물로 오는 김치는 그런 깊이는 덜하지만, 배추가 아삭하고 담백하여 또 다른 매력이 있다. 수분이 적어 아삭한 식감도 좋다. 김치에 들어가는 속 재료는 집집마다 다르지만, 고추·마늘·무·젓갈은 빠지지 않는다. 경제적 여건에 따라 오징어·굴·대구·전복 같은 해산물이나 밤·대추·감 같은 과일이 곁들여지기도 한다. 그렇게 다양한 재료가 교묘하게 블렌딩되고 발효되어, 마치 오케스트라의 심포니처럼 조화를 이룬다.

일본에서는 배추김치, 오이김치, 깍두기가 일반적이지만, 한국에는 무려 70~80가지 종류의 김치가 있다고 한다. 특히 늦가을의 김장은 이미 하나의 풍물시가 되어, 심지어 「김장 보너스」까지 나온다. 지난해 12월에는 김장이 유네스코 무형문화유산으로 등재되기도 했다.

한국에서는 음식의 간이나 완성 타이밍을 잘 맞출 줄 아는 이를 「맛깔나는」 사람이라고 하는데, 김장철은 그런 여성들이 솜씨를 겨루는 계절이기도 하다. 그러나 요즘은 한국에서도 백화점에서 산 김치를 그대로 식탁에 올리는 가정이 늘어나면서, 「맛깔나는」 손을 지닌 여성보다 사회적으로 활발히 활동하는 여성들의 치맛바람이 더 강하게 느껴진다. 일본에서도 절임 반찬을 사 먹는 것이 당연하다고 생각하는 사람이 많아진 것을 보면, 한국과 일본 모두 여성들의 삶의 방식이 변한 것이다. 이제 김치는 단순한 음식이 아니라, 사회를 비추는 하나의 거울이라고 말할 수 있지 않을까. 과장이 아니라, 정말 그렇다고 생각한다.

▎ 초출 『동양경제일보』 2014년 11월 21일자

「고향의 집·도쿄」의 착공기념식에 참가하고

　재일 고령자를 위한 양로원 「고향의 집·도쿄」 착공 기념식이 3월 17일, 유흥수 주일 한국대사와 하토야마 전 총리를 비롯한 국회의원 및 관계자들이 참석한 가운데 열렸다. 사회복지법인 「마음의 가족」 윤기 이사장의 오랜 숙원이 또 하나 이루어진 것이다. 이 희소식을 함께 기뻐하고 싶다.

　어머니가 돌아가신 지 벌써 6년이 되었지만, 원거리 간병을 하면서 나는 늘 재일 1세를 위한 양로원이 도쿄에도 생기기를 얼마나 기다렸던가. 어머니와 같은 재일 1세 고령자에게는 아무리 시설이 훌륭하고 간병인의 보살핌이 극진하다 하더라도, 역사나 민족성, 그리고 언어 문제를 생각하면 일본 시설은 마음이 편치 않다. 생활습관이나 문화의 차이를 의식하지 않고, 같은 시대를 공유하는 재일 1세 고령자들이 느긋하게 모여 정겨운 옛이야기를 꽃피우고, 민족 음악이 흐르는 가운데 김치와 빈대떡을 먹으며 편안하게 여생을 보낼 수 있다면 얼마나 좋을까. 그런 공간이 드디어 도쿄에도 들어서는 것이다.

　윤기 씨가 재일 1세를 위한 양로원을 만들고자 결심한 계기는, 신문에서 노인의 고독사와 시신 인수자가 없다는 사실을 알게 되었을 때였다. 늙어 고향을 정처 없이 외롭게 떠나야 했을 노인들을 떠올리며 그는 마음 아파했고, 재일동포 전용 양로원의 필요성을 아사히신문 지면에 제창했다. 1985년, 주한 일본대사를 지낸 가나야마 마사히데金山政英 씨를 회장으로 일본 각계 인사 451명이 발기인이 되어 「재일 한국 양로원을 만드는 모임」이 발족하였다. 이후 한일 양국의 울타리를 넘어 모금 활동이 널리 전개되었고, 민단과 한국상공회의소, 부녀회 등이 후원에 나섰다. 배우 스가와라 분타菅原文太 씨가 건설 자금 모금을 위해 진력한 것은 널리 알려진 사실이다. 그리하여 1989년, 숙원이던 「고향의 집·사카이」가 완성되어 고향처럼 마음이 편안한 공간이 마련되었다.

이후 윤기 씨는 재일 1세가 많이 거주하는 지역에 특별 양호 양로원이 필요하다고 호소하며, 첫걸음으로 한신·아와지 대지진으로 큰 피해를 입은 고베시神戸市 나가타구長田区에 「고향의 집·고베」를 열었다. 이어 「고향의 집·교토」가 세워졌고, 이제 도쿄가 네 번째 양로원이 된다.

윤기 씨의 어머니 다우치 치즈코田内千鶴子 씨는 한국의 고아 3천 명을 길러낸 「고아들의 어머니」로 추앙받았다. 그의 저서 『어머니여, 그리고 내 아이들에게』는 1995년 한일 합작 영화 『사랑의 묵시록』으로 제작되었고, 그 고난의 생애는 널리 알려졌다. 일제강점기 전도사였던 아버지 윤치호 씨와 봉사활동을 하던 일본인 어머니 다우치 치즈코 씨는 결혼했으나, 한국전쟁 와중에 남편을 잃었다. 언어도 불편하고 반일 감정이 강한 이국땅에서 홀로 극빈 속에 고아들을 지켜내며 길러냈다. 그 공로가 인정되어 문화훈장을 받았으나, 결국 1921년 목포에서 생을 마감했다. 임종 직전 어머니가 남긴 마지막 말은 「우메보시가 먹고 싶다」였다. 그 한마디는 아들의 가슴에 깊이 새겨져, 재일 1세 고령자에게는 김치를, 일본인들에게는 우메보시를 먹으며 편히 지낼 수 있는 「고향의 집」 건설로 이어졌다. 윤기의 오랜 분투의 나날은 그렇게 이어져 온 것이다. 도쿄 「고향의 집」은 2016년 10월 개설 예정이다. 따뜻한 지원의 고리가 더욱 널리 이어지기를 간절히 바란다.

초출 『동양경제일보』 2015년 4월 3일자

다우치 치즈코田内千鶴子 기념음악회, 산토리홀에서(2016년)
좌측은 윤기 「마음의 가족」 이사장, 우측은 박승유 지휘자.
뒷줄은 출연한 박계, 김미옥, 김선희 오페라 가수 여러분.

인질이 된 아들

파리에서 발생한 동시다발 테러로 아내를 잃은 저널리스트 앙투앙 레리 씨의 책『나는 너희들을 미워하지 않기로 했다』를 읽으며, 나는 19년 전의 한 사건을 떠올렸다.

1996년 12월 18일, 페루 수도 리마에 있는 일본대사 관저에서 천황의 생일을 축하하는 리셉션이 열리던 중, 무장 게릴라 조직 MRTA가 관저를 점거한「일본대사 관저 인질극」이었다. 당시 아들은 페루 M상사 사장 보좌로 주재하던 32세였다.

이 사건은 밤낮을 가리지 않고 신문과 텔레비전으로 중계되며 일본 전역의 이목을 끌었다. 나는 현지에서 생중계되는 화면에 자석처럼 빨려 들어가 눈을 뗄 수가 없었다. 그러나 보도는 관저가 무장 게릴라에게 점거당했다는 사실만 되풀이할 뿐, 인질들의 안부는 알 길이 없었다. 불안은 극에 달했다. 그러던 중 M상사를 통해 아들이 무사하다는 소식이 전해졌다. 아마 휴대전화가 몰수되기 전이었던 듯하다. 또 이원영 대사가 무사하다는 소식도 들려와, 나는 곧바로 도쿄의 한국대사관에 이 소식을 알렸다.

하루가 꼬박 지나서야 관저 내부의 모습이 조금씩 알려졌다. 무장 게릴라는 후지모리 대통령과의 직접 교섭을 요구했다. 그들은 페루 사회의 빈곤 문제를 언급하며, 복역 중인 동료 전원의 석방과 산악지대로의 안전 이송, 후지모리 정권의 경제 정책 재검토를 내걸었다. 만약 요구가 받아들여지지 않으면 일본인 외교관 한 명을 먼저 죽이겠다고 위협했다. 언제 폭발할지 모르는 위기 앞에 불안감은 더욱 커졌고, 식사조차 제대로 할 수 없었다.

이틀 뒤, 이원영 대사를 비롯한 일부 외국 대사들이 풀려났으나, 한국 국적인 아들은 일본 기업인으로 분류되어 풀려나지 못했다. 사건 발생 11일 만에야 페루 정부와 범인 간 직접 협상이 성사되었고, 말레이시아 대사 등 20명이 관서 후문을 통해 풀려났다. 혹시 그 안에 아들이 있을까 하여 숨죽여 텔레비전을 바라보는데, 화면 가득 수염이 덥수룩한 아들의 얼굴이 잡혔다. 순간, 팽팽하던 긴장이 한순간에 풀리며 안도의 눈물이 터져 나왔고, 곧 분통이 치밀어 올랐다. 그 열하루는 너무도 길고 고통스러웠다.

파리 테러 이후 프랑스는 「이슬람국가IS」에 대한 공격을 확대하며 공습을 강화하고 있다. 그러나 레리 씨는 「분노로 증오에 대응하는 것은 곧 너희와 같은 무지에 굴복하는 일」이라고 말한다. 사랑하는 아내를 잃고 어린 아들을 홀로 키워야 하는 그의 가슴은 찢어질 것이다. 그럼에도 불구하고 그는 보복과 살육의 악순환을 끊어야 한다고 다짐하고 있다.

　나 또한 아들이 인질로 붙잡혀 있던 그 악몽 같은 사건을 떠올릴 때마다, 젊은 무장대원이나 천진난만한 소녀들이 무자비하게 사살되던 영상 장면이 필름처럼 되살아난다. 그 기억은 지금도 깊은 안타까움을 자아낸다.

초출 『동양경제일보』 2015년 12월 4일자

제13회 「기요사토 은하숙」에 참가하고

야쓰가타케八ヶ岳 산기슭에 펼쳐진 기요사토淸里에서 6월 25일 부터 열린 제13회 「기요사토 은하숙」에 참가하는 행운을 얻었다. 자작나무 숲에서 솔솔 불어오는 바람과 벌레 소리, 고원의 맑은 공기를 가슴 가득 들이마시며 멋진 만남과 깊은 감동의 시간을 보냈다.

은하숙은 2006년, 하정웅 씨가 한·일 양국의 미래를 이끌 젊은 세대가 아사카와 다쿠미浅川巧의 탄생지에서 아사카와 형제의 삶과 공적을 배우고, 국제인으로서 어떤 길을 걸으며 어떻게 우호친선에 기여할 수 있을지를 고민하도록 하기 위해 시작한 사숙이다. 그 근본적인 콘셉트는 국가와 민족을 초월한 「서로 울려 퍼지는 마음」이다.

첫 프로그램은 일본 영화 『길~ 백자의 사람道~白磁の人』 감상이었다. 이 영화는 조선인의 이름과 말조차 빼앗기고 민족 자체가 부정당하던 시대, 바지저고리를 입고 조선말을 쓰며 민둥산을 푸르게 가꾸던 아사카와 다쿠미의 삶을 담았다. 그는 시대의 벽과 민족의 장벽을 넘어 우정과 신뢰를 키워간, 자애로운 삶의 주인공이었다.

둘째 날에는 「아사카와 노리타카·다쿠미 형제 자료관」의 사와야 시게코澤谷滋子 관장의 강연이 이어졌다. 아사카와 형제의 생애 궤적을 더듬으며, 「시대적 제약 속에서 어떻게 살아야 하는가」라는 주제를 깊이 배우는 자리였다. 강연이 끝난 직후, 뜻밖의 선물이 이어졌다. 한국에서 참가한 청량고등학교 학생이 직접 제작한 아사카와 형제의 DVD가 상영된 것이다. 짧은 작품이었지만 아사카와 형제의 궤적이 잘 정리되어 있었고, 학생들의 이해와 공감이 고스란히 전해졌다. 감동한 나머지 사와야 관장은 「이 DVD를 자료관에 기증해 달라」고 요청했을 정도였다. 오랜 세월 동안 차세대에 「서로 울려 퍼지는 마음」의 씨앗을 뿌려온 은하숙의 뜻이, 한 장의 DVD를 통해 강하게 공명한 순간이었다.

점심 식사 후에는 현지 명문으로 알려진 고료고등학교甲陵高等学校 문화제를 방문했다. 그 자리에는 고료고 학생들과 한국 학생들의 교류의 장이 마련되어 있었다. 「한국 학생들은 몇 시간 동안 공부하니?」 같은 친근한 질문도 이어졌지만, 특히 기억에 남은 것은 「아사카와 다쿠미에게서 배운 것을 어떻게 내 삶에 살려야 할까?」라고 자문자답하던 고료고 학생의 말이었다.

내가 아사카와 다쿠미를 처음 알게 된 것은 남편이 근무하던 대학의 학생들을 통해서였다. 그들은 서울에 도착하면 가장 먼저 망우리 언덕에 있는 아사카와 다쿠미의 묘를 찾아 풀을 뽑고,

일본에서 가져온 술을 올린 뒤 한국식으로 큰절을 하고, 이후 다쿠미에 관한 연구 발표를 하는 것이 세미나의 관례라고 했다. 그 이야기를 들은 이후 나는 아사카와 다쿠미의 책을 읽고, 연고지를 찾아다니며 점점 깊은 경외심을 품게 되었다.

그 감동의 시작으로부터 20년이 넘는 세월이 흘러, 나는 마침내 아사카와 다쿠미의 연고지에 초대되었고, 「말의 교차점을 목표로 하라」는 연제로 큰 교훈을 얻을 수 있었다. 「기요사토 은하숙」에 모인 이들에게 나의 이러한 체험담은 어떻게 전해졌을까?

초출 『동양경제일보』 2016년 7월 1일자

미즈사키 린타로와 소다 가이치

식민지 시대, 대구의 치수 사업에 큰 공헌을 한 미즈사키 린타로水崎林太郎에 대해 알게 된 것은 「기요사토 은하숙」에서 만난 마츠모토松本 거주 작가 하라 겐이치로原健一郎 씨를 통해서였다. 아사카와 다쿠미의 정신을 배우기 위해 참가한 자리에서, 뜻밖에도 또 다른 일본인의 공적을 알게 될 줄은 몰랐다. 훗날 하라 씨가 보내준 잡지 『군봉群峰』(2015년, 제35호)을 통해, 미즈사키 린타로를 기리는 추모식이 한국 대구에서 열렸다는 사실을 알았다. 현지인들이 오래도록 그의 묘소를 지켜왔고, 그곳에서 참가자들이 한일 유대의 중요성을 되새겼다는 내용은 텔레비전 뉴스에서도 보도되었다고 한다.

미즈사키 린타로는 기후岐阜 시장을 지낸 뒤, 1915년 중의원 의원 선거에 출마했으나 낙선했다. 그 후 한국으로 건너가 화초 재배를 시작했는데, 그곳에서 가뭄과 홍수로 고통받는 농민들을 보고 치수 사업을 결심한다. 그는 직접 조선총독에게 지원을 요청했으나 거절당했고, 이후에도 끈질기게 설득하며 10년 동안 온갖 어려움을 견뎌냈다. 결국 그는 수성저수지를 완성했고, 황량하던 들판은 무려 250만 평 - 도쿄돔 180개에 해당하는 면적 - 의 기름진 논으로 변모했다. 오늘날에도 그 저수지는 대구 시민들의 휴식처로 사랑받고 있다.

미즈사키 린타로는 결국 대구에서 생을 마감했다. 그러나 그는 「수성저수지가 내려다보이는 곳에 묻히고 싶다」는 유언을 남겼고, 실제로 언덕 위에 그의 묘가 마련되었다. 그 묘는 오랜 세월 동안 현지의 서창교 씨 일가가 지켜왔다고 한다.

지난 7월 23일, 산토리홀에서는 한국의 광주여성필하모닉오케스트라가 「다우치 치즈코 기념음악회」를 열었다. 음악은 다우치 여사의 자애로운 생애를 담아, 듣는 이의 마음 깊이 스며들었다. 다우치 치즈코는 한국의 고아를 돌보며 평생을 바친 자애로운 어머니로 기억된다. 마찬가지로 한국의 유아·미아 보육 사업에 일생을 바친 일본인 소다 가이치曾田嘉伊智도 있다. 그는 해방 전까지 수많은 고아를 돌봤고, 아이들로부터 천상의 할아버지로 존경과 사랑을 받았다. 그러나 정작 그의 이름은 널리 알려져 있지 않다. 그의 장례식은 국장에 준하는 사회장으로 치러졌으며, 배웅하는 연도에는 2천 명이 넘는 사람들이 모여 진심으로 애도했다고 한다. 그의 묘는 한강이 내려다보이는 양화동 외인묘지에 있다. 검은 비석에는 「고아의 자부慈父 소다 가이치 선생의 묘」라는 글귀가 새겨져 있는데, 이는 한국 서예 1인자로 꼽히는 김기승 교수의 글씨다. 시인 주휘한은 그의 장례에서 다음과 같은 조사를 낭독했다고 전한다.

뻣뻣한 손을/가슴에 품고 따뜻하게 해주고/아픈 가슴을/쓰다
듬어 주고/평생을 멀리하지 않고/고귀한 길을 걸어왔다/고향이
라는 것은/특별히 있는 것이 아니다/마음을 간직한 곳이야말로/
진정한 고향이다.

소다 가이치, 미즈사키 린타로, 다우치 치즈코, 아사카와 다쿠
미 등은 한국인들로부터 존경을 받고 있다. 한국의 흙이 된 이들
은, 식민지 지배라는 어려운 시기에 국경과 민족을 초월해 억압
받는 사람들에게 다가가 그 아픔을 함께 나눈 일본인들이었다.
그 시대에도 이와 같은 일본인이 존재했음을 올바르게 평가해
야 하며, 식민지 시대를 지나치게 한쪽 면만으로 바라보아서는
안 될 것이다.

▮ 초출 『동양경제일보』 2016년 8월 5일자

인천을 여행하며

힐러리의 패배로 온 세상이 트럼프 쇼크에 당혹해하던 11월 10일, 나는 인천으로 여행을 떠났다. 인천에서는 90년 전 일본인 가옥을 재생한 「인천 관동 갤러리」게스트하우스에 머물며, 주인 도다 이쿠코戸田郁子 씨의 안내로 인천 근대화의 흔적들을 둘러보게 되었다.

도다 이쿠코 씨는 「인천 관동 갤러리」와 출판사 「토향」을 거점으로 작가이자 번역가로 활약하고 있으며, 한국인 사진작가인 남편과 함께 사람과 사람을 잇는 다양한 행사를 기획하고 발신하는 분이다.

인천은 쇄국정책을 고수하던 조선이 일본의 군사적 압력에 의해 1883년 개항하면서 근대사의 흔적이 짙게 남은 항구도시다. 항구에 면한 개항장 일대에는 영국, 미국, 러시아, 독일, 일본, 청나라의 조계가 설치되어 이국적인 분위기를 풍겼다고 한다. 그러나 한일병합 이후 조계 제도는 1941년 폐지되었고, 외국 조계지의 많은 시설들은 일본이 접수하여 일본인 주택이 밀집하게 되었다.

1934년에는 시부사와 에이이치澁沢栄一가 창립한 일본 최초의 방직 회사인 동양방적이 인천에서 본격적으로 조업을 시작했다. 당시 여성들에게는 임금을 받으며 근대식 기숙사에서 생활할 수 있는, 누구나 동경하는 직장이었다고 한다. 그 터 주변에는 일본인 간부들의 호화로운 저택과 직원 사택들이 흩어져 있어, 왕년의 번영했던 모습이 생생히 떠올려졌다.

「인천근대박물관」에는 개항 직후 외국인들이 가져온 성냥, 바느질 도구 등 당시 사람들에게 큰 놀라움과 기쁨을 안겨준 생활용품들이 가득 전시되어 있었다. 부싯돌로 불을 붙이던 시절, 성냥은 여성들에게 그야말로 문명개화의 상징이자 귀중품이었다. 황량한 어촌마을이 어느새 외제품으로 가득한 항구도시가 되고, 철도가 놓이며 인적·물적 교류가 왕성해진 곳이 바로 인천이라는 점에서, 도다 씨는 인천의 역사는 한국 근대화의 축소판이라고 설명했다.

하지만 내 눈을 의심케 한 풍경도 있었다. 당장 무너져 내릴 듯한 낡은 가옥을 물려받아 살아가는 달동네였다. 이름만큼 낭만적이지 않은 이 빈민가는 지금도 공동 화장실을 사용하고 있었고, 취사에 연탄을 사용하고 있었다. 시대에 뒤처진 듯한 그 모습은 한국전쟁 이후 피난민들의 고된 삶을 떠올리게 했다.

도다 씨는 학창시절, 김소운의 강연에서 들은 「인간은 태어난 나라의 짐을 짊어지고 살아가는 것이다」라는 말을 가슴에 새기고 한국 유학을 결심했다고 한다. 일제 강점기의 흔적을 찾아다니며, 인천에서 운명처럼 일본식 가옥들을 만났다. 그녀는 이 집에서 살아가는 것이 곧 역사의 흔적을 지켜내는 일이라 믿으며, 지금도 기둥과 대들보가 당시 그대로 남아 있는 집에서 뿌리를 내리고 있다.

기복이 심한 인천의 골목길을 숨 가쁘게 걸으며 열정적으로 설명하는 도다 씨의 모습에서, 역사를 배운 사람의 사명감이 전해졌다. 인천 여행은 현재의 평온한 삶이 과거의 무겁고도 힘들었던 역사 위에 놓여 있음을 다시금 일깨워주는 소중한 체험이었다.

▌초출 『동양경제일보』 2016년 12월 2일자

김 베니사 씨한테서 온 메일

『봉선화』 27호에 기고된 산타모니카(캘리포니아) 거주 김 베니사 씨로부터 한 통의 메일이 도착했다. 지난 2월, 부군 김광한 씨와의 슬픈 이별을 겪은 직후 느꼈던 고독과 상실감이 절절하게 기록되어 있었다.

베니사 씨의 아버지는 학창 시절, 대한민국 상하이 임시정부에서 김구, 안창호 등과 함께 민족 독립운동에 참여한 뒤 일본으로 망명했다. 부모님은 일본에서 만나 결혼했으며, 신혼 시절은 비밀경찰의 눈을 피해 지하 활동을 이어가야 했으니 마치 영화 카사블랑카를 방불케 했다고 한다. 1944년 12월, 결사의 각오로 부관연락선을 타고 무사히 귀국했지만, 서울에서는 방랑 생활이 이어졌다. 이어 한국전쟁이 발발하자 아버지는 북한 인민군에 의해 납치되었다. 피난민으로서 생지옥 같은 삶을 견디던 중, 케어 미션이라는 자선단체를 통해 미국인 부부와 인연을 맺게 되면서, 어머니는 직장을 얻었고 베니사 씨 역시 매달 20달러의 원조금과 물품을 지원받으며 미국에 대한 동경을 키워갔다. 1960년, 이승만 정권 붕괴 직후 베니사 씨는 미국으로 건너갔다. 당시 헬리

콥터 강습을 위해 미국에 와 있던 김광한 씨를 만나 결혼했고, 그 후 반세기에 걸친 미국 생활이 이어졌다.

부군 김광한 씨는 젊은 시절 전전戰前 체공 일본 신기록을 수립한 인물이다. 그의 자서전 『창공만리蒼空萬里』(1986년 출간)는 많은 이들에게 꿈과 희망을 안겨 주었다. 1933년, 18세의 나이로 비행사의 꿈을 안고 일본 사카이수상비행학교堺水上飛行学校에 입교해 3년간 훈련을 받고 2등 비행사와 2급 활공사 자격을 취득했다. 그러나 여객기 조종사는 일본 국적이 아니면 될 수 없다는 벽 앞에서 좌절을 맛보았다. 그는 단념하지 않고 글라이더로 세계 신기록을 세우기로 결심했고, 마침내 1941년 체공 11시간 40분의 신기록을 달성했다. 이후의 삶은 더욱 파란만장했다. 한국전쟁 때는 공군 조종사로 종군했고, 1960년대에는 대한항공 조종사로 활약하며 그토록 동경하던 하늘을 마음껏 날았다.

부부는 일본, 한국, 미국을 오가며 전전·전중·전후의 격동기를 온몸으로 살아냈다. 미국으로 이주한 뒤의 생활 또한 고난의 연속이었고, 흘린 눈물의 무게는 헤아릴 수 없을 것이다. 그러나 지난날의 한 많은 삶을 견뎌낸 지금, 산타모니카는 베니사 씨에게 더없이 소중한 「고향」이 되었다. 올해 여든셋을 맞은 그녀는 캘리포니아 바닷가의 한적한 주택가에서, 부군과 함께했던 기구한 삶을 기억의 잔상 속에서 되새기며 평온하게 여생을 보내고 있다.

지난 6월에 받은 베니사 씨의 메일에는 이런 근황이 적혀 있었다.

「아들 부부(함께 의사)는 10년 동안의 콜로라도 생활을 마치고 다음 달부터 서부 워싱턴 주로 이주합니다. 며느리 산드라와 교대로 아들은 당분간 휴가를 보낼 예정입니다. 유유자적한 생활을 하고 있습니다.」

▌ 초출 『동양경제일보』 2015년 8월 7일자

「이통신회」 이야기

「기일에 분향하러 가도 될까요?」라는 메일이 「이통신회」 간사 엔도 가즈히로遠藤和弘 씨한테서 도착했다. 「이통신회」는 남편의 강의를 들었던 M대학 학생들이 중심이 되어 만들어진 모임이다. 이들은 260년간 선린우호 관계를 이어온 에도막부와 조선왕조의 상징인 「조선통신사」에 남편의 성을 붙여 모임 이름을 정했다.

「이통신회」는 쓰시마번에서 조선 외교를 담당했던 진문역真文役 아메노모리 호슈雨森芳洲의 정신, 곧 「성신교린誠信交隣」(서로 속이지 않고, 다투지 않고, 진실되게 어울린다)를 모토로 삼았다. 졸업 이후에도 20년 넘게 이어지고 있는 이 모임은, 해마다 한국과 일본의 사적지나 사찰, 박물관을 함께 돌아보며 마치 역사 세미나이자 이동 교실 같은 여행을 이어가고 있다.

쓰시마를 방문할 때면 늘 이즈하라嚴原의 쵸쥬인長寿院에 있는 아메노모리 호슈의 묘소에 참배하며, 다카쓰키쵸高月町의 호슈암芳洲庵에도 빠짐없이 들른다. 호슈암은 그의 사상과 업적을 기리는 동시에 동아시아 교류와 우호의 거점으로 1984년 생가 터에 세워졌다. 이곳에서는 조선통신사와 호수에 관한 강좌뿐 아니라 국제교류, 인권, 지역 만들기 등 다양한 강연이 열린다.

남편의 기일 당일은 하필 악천후였다. 그럼에도 「이통신회」 멤버들은 꽃다발, 남편이 좋아하던 위스키와 과일을 들고 찾아왔다. 모두가 차례로 향을 피우고 위스키를 따른 뒤, 눈을 감고 손을 모으거나 한국식으로 큰절을 올렸다. 이어 영정 앞에서 함께 헌배했다. 영정은 매번 달랐는데, 그날은 웃음을 머금은 40대 후반의 흑백 사진이었다.

이윽고 이어진 「이버」 시간. 남편의 추억담은 끝도 없이 이어졌고, 모임은 밤 늦도록 계속되었다. 「이버An Evening Evaluation Meeting」 란 여행을 마친 뒤 호텔 방에 모여 저녁 식사 후 남편을 둘러싸고 유적에 대한 보충 설명과 복습을 나누는 자리로, 동시에 멤버들의 친목을 다지는 시간이기도 했다. 이 작은 강의는 「이통신회」 여행의 핵심 이벤트이기도 했다.

생전에는 매년 여름과 연말이면 우리 집에서 「이통신회」의 모임이 성대히 열리곤 했다. 그러나 남편이 세상을 떠난 뒤, 해외 부임한 장남의 딸(당시 수험생 손녀)을 맡게 되면서 한동안 모임을 중단했다. 다행히 지난해 손녀가 대학생이 되어 독립하면서 다시 모임을 재개했고, 오랜만에 집안이 웃음과 이야기로 가득 찼다.

「이통신회」 멤버들은 교수, 도쿄도청 직원, 세무사, 1급 건축사 등 각계각층에서 활약하고 있는 사람들이며, 모두 「기업 전사戰士」라 불릴 만큼 열정적인 이들이다. 이 모임이 지금까지 지속될 수 있었던 것은 엔도 씨의 유쾌한 성격과 멤버들의 적극성이 있었기 때문이다.

이제 올해로 5년째가 된 「이통신회」의 한국 묘소 참배 여행. 마침 숙원이었던 「조선통신사」의 유네스코 세계기록유산 등재가 올가을에는 성사될 전망이다. 조선통신사 연구의 선구자로 평가받는 남편에게 더없이 기쁜 소식일 것이다.

오늘날 한일 간 협력해야 할 과제가 산적한 지금, 우리가 「조선통신사」에서 배워야 할 것은 무엇일까. 그것은 바로 아메노모리 호슈의 정신, 「성신교린」. 서로에게 성의를 다하며 마주한 문제들을 함께 해결해 나가는 자세일 것이다.

초출 『동양경제일보』 2017년 6월 9일자

KBS 해외동포상 수상식에서 (2001년 3월)

어느 재일코리안 여성의 기억의 조각을 찾아서

어린 시절을 추억하면서

「계속 이야기하자『재일』」을 주제로 한 민단 문화상이 올해로 제10회를 맞이했다.

이 상은 본래 「효도」 에세이 경연대회로 시작되었으나, 이후 논문, 논단, 시가, 사진, 회화, 우리말 보급 등 다양한 부문이 추가되어 점차 그 폭을 넓혀왔다.

나는 「효도」 에세이 부문 심사에 참여한 지 올해로 벌써 4년째가 된다. 매년 응모작들을 읽을 때마다 느끼는 것은, 학생들이 문화상에 응모하기 위해 효도라는 주제를 진지하게 탐구하고, 그 속에서 자신의 생활을 성찰하며 열심히 글을 쓰고 있다는 점이다. 그 과정에서 글쓴이들은 부모와 가족에 대한 사랑을 다시금 확인하고, 어떻게 하면 그 사랑과 감사의 마음을 전하며 효도를 실천할 수 있을지를 고민한다. 나 또한 심사를 하며 어린 시절을 되돌아보고, 이 세상에 계시지 않는 부모님께 과연 충분히 효심을 다했는지를 스스로 묻는 소중한 시간을 갖게 된다.

요즈음 사회에서는 가정폭력이나 부모와 자식 간의 비극적인 사건이 연일 보도되어 안타까움을 자아낸다. 그러나 「효도」 에

세이를 읽을 때만큼은, 효도가 민단 문화상 창설의 취지대로 꾸준히 확산되어 결실을 맺고 있음을 믿게 된다. 그 좋은 예 중 하나가 초등학교 5학년 정주영 군의 작품 「효도」이다.

주영 군의 글은 「나는 네 살까지 중국에서 살았습니다. 그때는 효도를 몰랐는데 일본에 돌아와서 일곱 살 때부터 조금씩 효도를 하게 되었습니다」라는 문장으로 시작한다. 그는 목욕이나 화장실 청소, 빨래, 설거지, 요리, 심지어 단추 달기까지 척척 해내며, 그중 가장 자신 있는 일은 쓰레기 버리기라고 쓴다. 엄마가 「고마워!」라고 말해 줄 때마다 뿌듯함을 느낀다는 것이다.

겨울방학에 아빠와 함께 중국에 있는 할머니를 만나러 갔을 때의 이야기는 특히 감동적이다. 영하 15도의 혹한 속에서 할머니는 공항으로 마중을 나오셨다. 언 몸을 녹여 드리기 위해 목욕탕에서 따뜻한 물을 대야에 받아놓은 아빠는, 수줍어하는 할머니의 주름진 다리를 조심스레 주물러 드리며 「지금까지 키워주셔서 고맙습니다」라고 말씀드렸다. 그러자 할머니의 눈가에는 뜨거운 눈물이 흘러내렸다. 그 모습을 본 주영 군은 똑같이 대야에 물을 받아 아빠의 다리를 주물러 드렸다. 그제야 그는 아버지의 다리를 처음으로 똑바로 바라볼 수 있었다. 다리는 이미 쭈글쭈글해져 있었고, 중국에서 일본으로 건너와 겪은 고생의 흔적이 고스란히 새겨져 있었다.

글자 수의 제한으로 작품 전체를 옮기지는 못하지만, 아빠가 보여 준 할머니에 대한 효심을 통해 주영 군도 효도가 무엇인지

깨닫고, 자신도 아빠처럼 살고 싶다고 다짐하는 이야기였다. 이는 곧 아빠에 대한 깊은 찬사이기도 하다. 「이런 부모 밑에 이런 아이가 있다」는 말처럼, 아빠의 효심을 보고 배운 아들은 몸과 마음으로 그것을 이어가고 있었다. 작품 속 풍부한 감성과 따뜻한 마음, 가족에 대한 깊은 사랑은 읽는 이의 가슴을 뜨겁게 했다.

이것은 하나의 예에 지나지 않는다. 그러나 이렇듯 다양한 「효도」 에세이가 초등학생에서부터 사회인에 이르기까지 꾸준히 응모되고 있다. 「효도」 에세이는 단순히 가족관계를 넘어, 급격히 변모하는 재일 사회 속 가정 풍경을 비추는 거울과도 같다.

▌ 초출 『동양경제일보』 2016년 11월 4일자

제4장

혼을 깨우는 소리, 춤

판소리보존연구회 관동지부 발족. 앞줄 가운데 김복실 여사. 그 오른쪽 대각선 뒤에 조상현 씨.
맨 뒷줄 오른쪽 끝에 김수연 여사.

판소리에 매료되어

지금도 그날의 사랑방에서의 광경이 눈에 선하다. 봄안개가 자욱이 낀 한국의 야산이 연분홍빛으로 물들 무렵, 우리 모녀는 아버지와 함께 한국 여행길에 오르게 되었다. 딸 경순이가 대학에 합격한 기념으로, 아버지가 정성껏 마련해 주신 선물이었다. 여행은 불국사, 통도사, 화엄사, 송광사 등 이름난 사찰을 둘러보는 것으로 시작되었다. 아버지의 해설을 들으며 고즈넉한 절집을 거닐던 기억은 지금도 마음 깊은 곳에 남아 있다. 남원에서는 광한루에 들러 『춘향전』 속 이몽룡과 처음 만났던 춘향이가 탔다는 그네에 몸을 맡겨 보았다. 월매가에서는 빈대떡을 안주 삼아 동동주로 목을 축이기도 했다. 부여에서는 낙화암에서 몸을 던진 궁녀들의 비극적 이야기를 들었고, 이어 백마강에서 유람선을 타는 다소 무리한 일정까지 이어졌다. 그때마다 아버지의 걱정은 끊이지 않았지만, 우리 모녀는 들뜬 마음으로 한국의 역사와 풍광을 만끽했다.

그중에서도 잊히지 않는 것은 첫 고향 방문을 기념해 친척과 친구들을 초대해 열린 사랑방 판소리 잔치였다. 가볍게 화장한 나이든 기생이 부채를 펴고 접으며 창을 이어갔다. 손짓과 아니리, 때때로 곁들인 즉흥적인 애드리브는 관객을 즐겁게도 하고 놀라게도 했다. 고수의 북장단과 절묘한 타이밍의 추임새ー「얼씨구」, 「좋지」ー가 더해지자 소리꾼의 기분은 한껏 고조되었고 장내는 흥으로 들썩였다. 기생이 목이 쉬어 힘겨워하자, 맞은편 손님들이 「얼씨구」, 「절씨구」를 외치며 격려해 주었고, 소리꾼과 청중은 어느새 하나가 되어 자리를 빛냈다.

삼십여 년 전, 아버지 고향에서의 그 소박하면서도 벅찬 추억은 지금도 내 마음속에 선명히 남아 있다. 그날 이후 나는 판소리에 매료되었다. 일본에서 열리는 공연은 거의 놓치지 않고 찾아다녔다. 인간문화재 고 김소희 여사의 무대도 보았고, 안숙선 여사가 주연한 판소리 창극『춘향전』과『심청전』도 관람했다. 특히 1990년 외무부와 문화청이 후원한『심청전』공연은 나의 마음을 완전히 사로잡았다. 그때 심봉사 역을 맡은 이는 조상현 씨였다. 그는 한국 중요무형문화재 제5호 보유자로, 한국판소리보존연구회 이사장이기도 했다. 심봉사는 그야말로 그의 대표작이었다.

이후 도쿄에서는 판소리보존연구회 관동지부가 발족되었다. 김복실국악연구소의 대표 김복실 여사가 지부장으로 임명되었고, 임명식에는 조상현 씨와 여러 재일 예술가들도 함께해 축하를 보냈다. 그렇게 해서 일본에서도 비로소 판소리 보급의 거점이 마련되었고, 올해로 창립 15주년을 맞이한다. 나 역시 이사의 한 사람으로 이름을 올릴 수 있었음이 무척 기쁘다.

지난해 한국문화원 한마당홀에서는 「혼을 깨우는 『소리』－비파·신나이·판소리」라는 공연이 열렸다. 그 자리에서 김복실 여사가 「심청가」의 한 대목을 연창했는데, 소리가 시작되자 객석에서 「얼씨구」, 「절씨구」라는 추임새가 터져 나왔다. 흥은 더욱 무르익었고, 그제야 일본에서도 판소리의 묘미가 제대로 전해지고 있음을 느낄 수 있었다.

얼씨구, 좋다! 그날의 울림은 여전히 내 가슴속에서 메아리치고 있다.

▍ 초출 『동양경제일보』 2012년 3월 30일자

「혼을 깨우는『소리』···비파·신나이·판소리」
공연을 마치고

「혼을 깨우는『소리』···비파·신나이·판소리」 공연은 1월 21일 한국문화원 한마당홀에서 성황리에 개최되었다. 매서운 찬바람 속에서도 홀은 가득 찼고, 전통 예능 각계의 인간문화재 선생님들을 비롯하여 여배우 아와시마 치카게淡島千景 등 영화·연극계의 중진 인사들이 임석하여 공연은 호평 속에 막을 내렸다.

이번 공연은 동인지『봉선화』, 「이문화를 즐기는 모임」, 「판소리보존연구회 관동지부」가 중심이 되어 실행위원회를 구성하고 기획되었다. 공교롭게도『봉선화』는 창간 20주년, 「이문화를 즐기는 모임」은 10주년, 「판소리보존연구회 관동지부」는 15주년을 맞는 해였다.

이들 세 단체는 넓은 의미에서 한일 문화 교류와 상호 이해를 위해 활동해 온 만큼, 같은 목표를 향해 긴밀히 협력하여 이번 공연을 성공적으로 이끌어낼 수 있었다.

한국문화원의 적극적인 협조로 리허설도 순조롭게 진행되었고, 실행위원들은 긴장된 마음으로 만반의 준비를 갖추었다. 이미 다양한 장르에서 협연과 세션을 이어온 한일 전통예능 교류의 흐름 속에서, 이번 비파·신나이·판소리의 협업은 유사하면서도 서로 다른 「소리」의 매력을 경연처럼 보여줄 무대라는 점에서 큰 기대를 모았다.

후나미즈 교코船水京子 씨의 비파 공연 「오타아 줄리아」는 임진 왜란을 소재로 하여, 부모와 육친을 모두 잃은 조선 귀족 딸의 비극적인 삶을 비파의 유현한 음색으로 담아내 감동과 공감을 자아냈다.

신나이 미치하루新內光千春 씨의 「히다카가와 도비코미日高川 飛込み」는 도조지道成寺 전설을 바탕으로 한 작품으로, 기요히메淸姬가 강에 몸을 던져 뱀으로 변해 화염을 뿜으며 건너는 장면은 서정성과 긴장감을 함께 전해주었다. 에도의 서민 정서를 대표하는 신나이 특유의 서정적인 음악은 남녀 간의 비극적인 사랑 이야기를 담아내며 깊은 울림을 남겼다.

김복실 씨의 판소리 「심청가」는 심청과 심봉사의 효도를 다룬 한국의 대표적 판소리로, 어머니의 장례 장면부터 심청을 잃은 아버지의 탄식, 궁궐 연회, 뺑덕 어미와의 갈등, 목욕 중 옷을 도난당하는 장면까지 다양한 대목을 선보였다. 창과 아니리, 추임새가 어우러진 판소리는 서민들의 애환과 풍자, 해학을 담아 혼을 깨우는 무형 예술로서, 2004년 유네스코 세계무형유산에 등재되기도 했다.

이번 비파·신나이·판소리의 협연은 서로 다른 전통예능이 만나 독특한 「소리」의 세계를 보여주었고, 그 매력을 새롭게 발견하는 계기가 되었다. 앞으로 이러한 전통예능 교류가 더욱 확산되어, 한일 간의 문화적 유대와 우호 관계가 한층 깊어지기를 기대한다.

초출 『동양경제일보』 2002년 2월 4일자

「은파리」와 구미코 씨의 「INORI」

금년 8월에도 신문과 텔레비전은 마치 전쟁 메모리얼 월간이라도 된 듯, 전쟁의 끔찍함과 피폭자들의 부조리한 삶을 집중적으로 다루었다. 전쟁의 참화를 기억하고, 그 기억이 바람에 풍화되지 않도록 하는 일은 어느새 여름의 풍물시가 되어 버린 듯하다.이 계절이 되면 나는 어김없이 가수 다카하시 구미코高橋久美子의 노래 「INORI」가 듣고 싶어진다. 이 곡은 히로시마의 「원폭의 아이 동상」 모델이 된 소녀 사사키 사다코佐々木禎子의 짧고 슬픈 생애를 노래한 것이다. 사사키는 피폭 후 병마에 시달리다 열두 살의 나이로 세상을 떠났는데, 마지막까지도 「더 살고 싶다」는 마음을 담아 약 봉지와 과자 포장지로 작은 종이학을 접어 올렸다.

그 애절한 모습을 기억하며, 조카이자 싱어송라이터인 사사키 유지佐々木裕滋가 곡으로 만들어 세상에 전했고, 그것을 다카하시 구미코가 불러 더욱 깊은 울림을 주고 있다.

♪ 울고 울며 울다가 지쳐서
♪ 빌고 빌며 계속해서 빌다가

이 노래의 후렴구에는 사사키 사다코 씨의 깊은 슬픔, 그리고 생명의 소중함과 평화를 향한 기원이 절절하게 담겨 있다.

내가 처음 구미코 씨의 노래를 들었던 곳은 「은파리」 무대였다. 1980년대 후반, 나는 매달 긴자 7초메에 있는 샹소니에 「은파리」를 자주 찾곤 했다. 녹색 간판에 「chambre de chanson 은파리」라고 적힌 문을 열고, 어둑한 계단을 따라 오른쪽으로 내려가면 안쪽에 계산대가 있고 정면에 작은 무대가 있었다. 120명 정도면 가득 차는 아담한 공간. 1951년에 문을 열어 샹송의 전당으로 사랑받았던 이곳은 안타깝게도 1990년에 문을 닫았다. 미와 아키히로美輪明宏의 「ME-QUE ME-QUE」와 「요이토마케의 노래」가 대히트하면서 「은파리」의 존재를 세상에 널리 알렸다는 이야기도 전해진다.

그 시절 무대 위의 구미코 씨는 매우 독특한 존재감으로 눈에 띄었다. 가냘픈 체구에 다소 모난 듯한 얼굴, 살짝 처진 큰 눈, 그리고 간사이 연예인 못지않게 빠른 말솜씨. 대가들이 노래를 부르는 무대에서 그녀는 마치 말하듯, 혹은 속삭이듯 가사를 전하며 온몸으로 노래를 표현했다. 어떤 면에서는 기교파 가수였고, 그래서 더욱 강렬하게 기억에 남았다. 아마 그때가 내 나이 아직 20대에서 30대로 접어들 무렵이었을 것이다.

「INORI」가 크게 히트했던 재작년, 한 프로그램에서 구미코 씨가 했던 말이 아직도 내 기억 속에 남아 있다. 그는 과거에 적대하고 증오했던 미국과의 관계조차 피해와 가해라는 단순한 도식을 넘어, 미래지향적으로 발전시킬 수 있다고 했다. 국경을 넘어 손을 잡고, 분노와 증오가 아닌 사랑의 사슬로 이어가고 싶다는 메시지를 담아 「INORI」를 부른다고 했다.

한일 관계는 지금도 독도다, 다케시마다 하며 섬 영유권을 둘러싸고 험악하게 부딪히는 경우가 많다. 「미래지향적 관계」라는 구호는 사건이 터질 때마다 원점으로 되돌아가는 듯하다. 그러나 언제까지 과거에만 얽매여 있을 것인가. 과연 우리는 미래를 향해, 사랑의 사슬로 이어갈 수 없을까. 올해도 광복절을 맞으며 나는 구미코 씨의 「INORI」를 들었다. 그리고 그 노래 속에 담긴 기도와 소망을 따라, 한일 관계의 새로운 길을 그려보고 싶었다.

▌초출 『동양경제일보』 2013년 9월 13일자

라이브 카페 「SSONGER」에서

　작년 추석을 전후하여 나는 한국에서 일주일 정도를 지냈다. 쇼핑객들로 붐비는 번화가의 혼잡함을 벗어나, 서울 근교 미사리에 자리한 라이브 카페 「SSONGER」로 향했다. 싱어송라이터 송창식 씨를 만나기 위해서였다.

　내가 처음 한국을 찾았던 것은 1997년. 그 무렵 송창식 씨는 이미 국민적인 싱어송라이터로서 열광적인 지지를 받고 있었다. 영화 주제곡으로 쓰였던 「고래사냥」은 인생에 대한 응원가가 되어, 70~80년대 한국 음악계에서 독자적인 새로운 경지를 개척했다고 한다. 원작은 베스트셀러 작가 최인호 씨의 작품이다. 촬영 때문이었는지, 취재 때문이었는지 기억은 희미하지만, 그는 카메라맨 일행을 데리고 우리 집에 찾아온 적도 있었다. 그때 선물 받은 저서 『타인의 방』은 지금도 내 책장에 고이 꽂혀 있다.

　송창식 씨는 군사독재에서 민주화로 이어지는 격동의 사회 속에서, 열광적인 청중과 함께 자유를 갈망하며 자신만의 세계관을 키워왔다. 「아침이슬」, 노무현 전 대통령의 애창곡이었던 「상록수」 등을 만든 작사가 김민기 씨와 더불어, 1980년대 민주화 운동을 상징하는 음악의 선두에 섰던 인물로도 알려져 있다. 그들의 노래는 한때 군사정권하에서 금지곡 처분을 받았으나, 1987년 민주화 선언 이후 대부분 해제되었다.

　내가 그와 특별한 인연을 느낀 것은, 딸을 떠나보낸 뒤였다. 시간이 멈춘 듯한 나날을 견디며 딸의 유품을 정리하던 중, 우연히 손에 들어온 것은 송창식 씨의 테이프였다. 그것들은 대부분 「은파리」 무대에서 녹음한 것이었다. 당시 그의 악보는 일본에서 시판되지 않아, 나는 카세트 테이프를 들으며 직접 악보를 옮겨 적었고, 그것을 「은파리」 밴드 멤버들에게 건네주곤 했다. 「사랑이야」, 「애인」, 「딩동댕 지난 여름」 — 이 세 곡은 생전에 딸이 즐겨 부르던 노래이자, 내게도 잊을 수 없는 곡이 되었다. 나는 그 세 곡을 포함해 열다섯 곡을 골라 CD에 담았고, 딸의 시집과 함께 1주기 답례품으로 지인들에게 나누어 주었다.

　그날 「SSONGER」 앞에 도착했을 때, 송창식 씨의 차량이 현관 옆 주차장으로 미끄러지듯 들어왔다. 차에서 내린 그는 마고자 차림의 통통한 중년의 모습이었지만, 다정한 눈빛만큼은 변함이 없었다. 나는 잠시 망설이다가 다가가, 딸의 사연을 전하며 CD와 시집, 그리고 한국에서 출간된 내 졸저를 건넸다. 무단으로 그의 곡을 수록해 죄송하다는 말을 15년이 지나서야 전할 수 있었고, 뜻밖에도 그의 CD에 사인까지 받을 수 있었다.

　「SSONGER」는 2층석까지 갖춘 넓고 여유로운 공간으로, 고급스러운 분위기가 느껴졌다. 커피를 주문해 잠시 쉬고 있는데,

송창식 씨가 기타리스트와 함께 무대에 올랐다. 그는 애틋한 사랑을 정서 깊게, 때로는 경쾌하게, 또 격렬하게 열창했다. 그 심오한 노래의 혼이 내 가슴을 강하게 떨리게 했다. ♪딩동댕, 딩동댕… 그 멜로디가 흘러나오는 순간, 문득 딸이 무대에서 노래하던 모습이 떠올라, 나도 모르게 가슴이 북받쳐 눈물이 터져 나올 것만 같았다.

┃ 초출『동양경제일보』 2015년 11월 6일자

오페라 가수 전월선 데뷔 30주년

전월선 씨에 대한 반가운 소식이 들려왔다. 제14회 「한일문화 교류기금상」을 수상했다는 것이다. 재일코리안으로서는 최초 의 단독 수상이라고 한다. 이 상은 학술·문화 분야에서 한일 양 국 간 문화 교류에 크게 기여한 한국인의 공적을 기리기 위해 마 련된 상이다. 데뷔 30주년을 맞는 해에 받은 이 수상은 그녀에게 무엇보다 큰 기쁨이자 격려가 될 것이다. 그리고 초등학생 시절 부터 대학, 그리고 이후 30년간의 음악 활동을 곁에서 지켜본 나 에게도 더없이 감개무량한 일이다.

1994년 10월 7일, 나는 예술의전당 오페라하우스에서 열린 서울 천도 600년 기념 공연 오페라 「카르멘」을 보았다. 화려한 무대, 그리고 관객의 열기는 대단했다. 커튼콜은 오페라 팬들의 큰 즐거움 가운데 하나인데, 에스카밀리오, 미카엘라, 돈 호세가 차례로 무대 인사를 하고 마지막으로 오늘의 주인공 전월선이 카르멘 분장을 한 채 무대에 서자, 폭풍 같은 박수의 소용돌이가 일었다. 그녀의 모국 무대 첫 데뷔!

관객들의 환호에 기쁨을 주체하지 못하던 그녀의 모습을 나는 지금도 잊을 수 없다.

기억을 더듬으면, 그녀에게는 녹록지 않았던 시절도 있었다. 음대 입시를 앞두고 아버지의 회사가 파산해 정든 집을 잃고 길거리를 헤매야 했던 날들…. 풍족하게 자라온 그녀에게는 첫 시련의 시간이었으나, 음악만은 포기할 수 없었다. 아르바이트로 생활을 이어가며 꿈을 붙잡았고, 마침내 음대생이 되었다. 각별한 노력 끝에 우수한 성적을 거둔 그녀는 졸업 연주 무대에도 발탁되었다.

당시 도호음대 근처에 살던 우리 가족은 꽃다발을 들고 그녀의 화려한 졸업 무대를 축하하러 갔었다. 그때 이미 그녀는 학원의 꽃, 무대의 주인공다운 풍모를 갖추고 있었다.

졸업 이후 그녀의 행보는 더 눈부셨다. 오페라『살로메』,『나비부인』등에서 주연을 맡았고, 2002년 한일 월드컵 공동개최 당시에는 고이즈미 총리가 주최한 김대중 대통령 환영 공연에 솔리스트로 초청되었다. 일본·한국·북한 정상 앞에서 노래한 유일한 오페라 가수가 된 것이다. 2004년에는 그녀의 반생이 NHK 다큐멘터리『해협을 넘은 가왕』으로 소개되었고, 올해 4월에는 한국 KBS 스페셜『해협의 아리아 전월선의 30년 기록』이 방영되어 많은 이들에게 깊은 감동을 주었다.

저술 활동도 이어졌다. 첫 저서『해협의 아리아』로 쇼가쿠칸 논픽션 부문 대상 우수상을 수상했으며,『금지된 노래 한반도 음악 백년사』,『K-POP 아득한 기억』등을 출간해 화제를 모았다. 금지된 노래의 역사를 조명하고, **K-POP** 열풍의 저변에 놓인 한일 음악 교류사를 정리한 점에서 큰 의미가 있었다.

기쁨도 슬픔도 노래에 실어, 노래에 이끌리며 걸어온 30년. 전월선 씨의 한결같은 삶의 방식에 뜨거운 공감과 응원을 보낸다.

부라보! 재일코리안의 주역, 전월선.

┃ 초출 『동양경제일보』 2013년 10월 11일자

어느 파티장에서. 왼쪽부터 마츠다 미츠에松田みつ枝 씨, 필자, 전월선 씨와 친구.

「난파음악상」에 대한 생각

『봉선화 평전 홍난파』의 저자 엔도 기미코遠藤喜美子 선생님에게서 「한국에서 번역되었습니다」라는 반가운 전화를 받은 것은 입춘이 임박했을 무렵이었다. 이전부터 번역 이야기가 있었는데, 이번에 단국대학교의 조성금에 의해 출판이 결정되었다는 소식이었다. 홍난파는 근대 음악의 원조로 불리며, 대표작 「봉선화」와 「고향의 봄」을 비롯해 『조선동요 100곡집』에 담긴 주옥같은 명곡들이 지금도 널리 애창되고 있다.

엔도 선생님은 홍난파가 다녔던 국립음대를 졸업한 뒤 세이가쿠인대학聖学院大学에서 교편을 잡았고, 정년퇴직 후 평전을 집필해 출판했다. 일본 유학 시절, 소중한 바이올린을 전당포에 맡기면서까지 3.1 독립선언문을 인쇄·배포한 일 등, 홍난파의 생애를 극명하게 다룬 본격적인 평전이라 국내 연구자들에게도 반가운 소식이 될 것이다.

매년 4월에는 홍난파 기념사업으로 음악제가 열리고 「난파음악상」이 수여된다. 그러나 최근에는 「친일파 음악가의 이름을 딴 상을 받을 수 없다」며 수상을 사퇴하는 음악가도 있어 논란이 일고 있다. 하지만 에델바이스가 끊임없이 나치 저항의 노래였듯이, 「봉선화」 또한 민족의 아픔과 저항을 담은 불후의 명곡이다. 음악가로서의 홍난파의 업적은 누구도 부정할 수 없을 것이다.

난파는 3.1운동 이후 미국에 체류하던 중 1937년 독립운동 조직인 흥사단에 연루되어 불온분자로 수감되었고, 심한 고문을 당했다. 경찰서에서 돌아왔을 때의 모습은 몸 전체가 부풀어 오르고 옷조차 보이지 않을 정도로 피투성이였다고 한다. 그 후 「전향」한 것으로 알려진 이광수, 최남선 등이 쓴 세 편의 시에 곡을 붙인 것이, 지금까지 그를 친일파로 규정하는 근거가 되어 왔다.

수상을 사퇴한 한 음악가는 이렇게 말했다.

「사람들이 내게 바그너는 반유대주의자였고 나치가 그를 이용했다. 그렇다고 바그너의 위대한 음악을 버려야 하는가? 라고 묻습니다. 저도 바그너의 반유대주의는 당시 사회가 낳은 부작용이라고 생각합니다. 난파의 친일 행위도 같은 맥락에서 볼 수 있을지 모릅니다. 하지만 나치가 그것을 이용해 인간을 농락한 것은 매우 위험한 일이었지요.」

분명 난파가 발표한 그 세 편은 강요에 못 이겨 어쩔 수 없었던 작품일 것이다. 일제 치하에서 그것이 이용당한 상황은 충분히 상상할 수 있다. 중요한 것은 난파가 얼마나 민족을 사랑했고, 식민지에서 벗어나기를 염원하며 투쟁했는지, 그런데도 왜 반

민족적 행위에 이르게 되었는지를 돌아보는 일이다. 그것이 얼마나 견디기 어려운 굴욕이었는지를 생각해 보며, 그 시대에 내가 그 자리에 있었다면 과연 달랐을까 하는 질문도 던져야 하지 않을까. 「봉선화」의 애절한 선율에 귀를 기울이면서 말이다.

문학도 음악도 시대의 산물이다. 그리고 이후 시대가 그것을 평가할 때에는 언제나 어려움이 따른다. 기타하라 하쿠슈北原白秋가 작사하고 야마다 고사쿠山田耕筰가 작곡한 「이 길」 역시 다양한 시대적 배경이 깔려 있음을 나카노 도시오中野敏男의 저서 『시가와 전쟁詩歌と戦争』을 통해 알게 되었다.

▌초출 『동양경제일보』 2017년 3월 3일자

사물놀이와 산조무 ― 「한일 전통 소리의 향연」

사물놀이를 처음 접한 것은 서울올림픽 4, 5년 전이니 벌써 25년이 넘는다. 사물놀이가 무엇인지도 모른 채, 친구의 권유로 나간 콘서트였다. 북, 징, 꽹과리, 장고 네 악기가 만들어내는 강렬한 퍼커션의 리듬, 그리고 풍요로운 소리의 향연 속에서 「이것이 바로 우리 민족의 가락이구나」 하고 느끼며 온몸과 마음이 흔들렸다. 그때 이후로 야외에서 다시 들어보고 싶다는 생각을 늘 품고 있었는데, 다치카와 기지가 쇼와 기념공원으로 바뀌고 얼마 지나지 않아, 마침내 그 기회가 찾아왔다. 드넓은 잔디 위에서 김덕수 그룹의 사물놀이 공연이 열린 것이다.

공연장에는 티셔츠에 청바지를 입은 자유로운 차림의 젊은이들이 눈에 띄었고, 연인들이 있었으며 부모와 자녀가 함께 온 모습도 보였다. 공연이 시작되기도 전부터 현장은 뜨겁게 달아올라 있었다. 그 열기에 호응이라도 하듯 변주가 자유로운 리듬과 힘 있는 비트가 울려 퍼지자, 여기저기서 사람들이 몸을 흔들며 리듬을 타거나 일어나 춤을 추었다. 마치 모두가 최면에라도 걸린 듯했다. 나 또한 어느새 손과 발, 아니 온몸으로 박자를 맞추며 완전히 분위기에 푹 빠져 있었다. 만약 고지식한 남편이 곁에 있었다면 「미쳤구나!」라고 했을 정도로, 그 순간만큼은 온전히 발산하고 있었다.

공연이 끝난 뒤, 김덕수 그룹의 스텝들과 함께 찍은 기념사진에는 훗날 김덕수 씨의 아내가 된, 젊은 시절의 활기 넘치는 김리혜 씨가 환하게 웃고 있었다.

그로부터 세월이 흘러, 지난해 12월, 연말이 임박했을 무렵 호텔 라포레 도쿄 고텐야마홀에서 열린 김덕수 그룹의 사물놀이 콘서트에 다시 발걸음을 옮겼다. 오랜만에 즐기게 될 사물놀이 공연이라 들뜬 마음으로 지도를 보며 찾아간 공연장은 이미 거의 만석이었다. 이날은 김덕수가 리더로 나선 새로운 편성의 퍼커션 앙상블이 무대에 오르는 특별한 자리였다.

공연장 입구에서 받은 프로그램에는 2008년 한일관광교류의 해 프리 이벤트로 기획된 「한일 전통 소리의 향연」이라는 제목 아래 사물놀이, 쓰가루 샤미센, 판소리, 산조무 등 다채로운 공연이 준비되어 있었다. 특히 김덕수 씨의 아내 김리혜 씨가 펼칠 산조무가 가장 기대되었다. 아마도 2년 전쯤 친구에게서 받은 전단지의 인상이 강하게 남아 있었기 때문일 것이다. 빨간 바탕에 흰 글씨로 한무韓舞―「하얀 도성사」라고 적힌 전단지에는 순백의 치마저고리에 붉은 안감이 드러나는 도성사 의상을 입고 있는 김리혜 씨의 모습이 담겨 있었는데, 그 모습이 참으로 인상적이었다. 그 공연은 우리 집에서 멀지 않은 신국립극장에서 열렸지만 아쉽게도 가지 못했었다. 그래서 이번 프로그램에서 김리혜 씨의 이름을 발견했을 때, 더욱 가슴이 벅차올랐는지도 모른다.

연주에 앞서 「문굿~비나리」 의식이 시작되었다. 프로그램 해설에 따르면, 「문굿」이란 객석을 지나 무대로 오르는 일종의 통과의례로, 공연장에 모인 사람들과 같은 공간의 「기」를 나누는 것이라 한다. 또 「비나리」는 사물놀이의 축원과 고사덕담을 담아내는 의식으로, 제의적인 성격이 매우 강하다고 했다.

정식 절차에 따르면 「무대 중앙에 고사상을 차리고, 떡과 명태, 과일, 쌀과 함께 맨 앞에는 찐 돼지머리를 올린다」고 한다. 비나리가 시작되면 연주자들이 촛불을 밝히고 향을 피운 뒤 술을 올리고, 돼지 앞에서 무릎을 꿇는다. 이어 절을 한 뒤 공덕을 빌며, 활짝 입을 벌린 돼지의 이빨 사이에 지폐를 물려 넣는다. 절을 하는 사람이 많은 날이면, 돼지 입에서 지폐가 쏟아져 나온다고 한다. 그날은 과연 몇 명이나 무대에 올랐을까 하는 생각이 스쳤다.

돼지 얼굴의 모양도 중요한 요소라 한다. 피를 깨끗이 뽑아내고, 얼굴이 일그러지지 않게 삶는 기술이 필요하다. 귀를 쫑긋 세우고 옅게 입을 다문 얼굴, 소리 내 웃는 듯 입을 활짝 벌린 얼굴, 송곳니를 드러내 무섭게 보이는 얼굴도 있다. 때로는 뿌리 부분이 거무스름해 충치처럼 보이기도 하고, 마치 화가 난 듯한 표정을 띠기도 한다.

그러고 보니 정확히 언제였는지는 기억나지 않지만, 산토리 홀에서 비나리 의식을 본 적이 있다. 돼지의 모습은 잘 떠오르지 않지만, 여러 사람이 무대에 올라 절을 올리던 장면이 아직도 기억에 남아 있다. 해외 공연 때는 실제 돼지 대신 모조품을 사용한다고 한다.

이어진 무대는 「삼도농악가락」이었다. 북, 징, 꽹과리, 장고의 연주가 서로 척척 맞아 떨어지며 무대를 가득 채우는 순간, 숨이 막힐 정도로 압권이었다. 연속되는 다채로운 리듬과 강렬한 타음에 압도되어 가만히 앉아 있기가 아까울 정도였다. 특히 생동감 넘치는 설장고의 울림은 남달랐고, 비록 작은 무대였지만 그 순간만큼은 쇼와기념공원에서의 야외 공연을 방불케 했다. 사물놀이의 꽃이라 불리는 「삼도농악가락」이라는 이름이 결코 헛되지 않았다.

리더 김덕수 씨는 다섯 살에 떠돌이 집단인 남사당에 입단해, 전국농악경연대회에서 최연소로 대통령상을 수상하며 장고의 신동으로 이름을 알렸다. 훗날 그는 농악을 무대예술로 재해석해 「사물놀이」를 전통음악의 한 장르로 자리매김했다. 그리고 2007년, 오랜 시간 전통예능의 대중화와 세계화에 공헌한 공적을 인정받아 은관문화훈장을 수훈했다.

다음 무대는 특별 게스트 기노시타 신이치木乃下真市의 쓰가루 샤미센과 김덕수의 장고가 펼친 즉흥 듀오였다. 그 세션에서는 우리 민족의 토속 가락과 일본 전통 음악의 차이가 뚜렷이 드러났으나, 동시에 그 차이가 아름다운 화합으로 이어질 수 있다는 가능성도 보여주었다. 호쾌하게 줄을 내리치듯 연주하는 샤미센, 완만한 템포에서 숨 막히게 빠른 장단으로 전환되는 장고. 두 연주자가 즉흥적으로 애드리브를 주고받으며 만들어낸 무대는 공연장의 열기를 최고조로 끌어올렸고, 관객 모두가 흥분의 도가니 속에 빠져들었다.

프로그램은 마침내 김리혜 씨의 산조무로 이어졌다. 아쟁의 낮고 굵은 선율이 무대를 감싸며 울려 퍼지는 가운데, 그녀는 순백의 치마저고리에 붉은 고름을 맨 단아한 차림으로 등장했다. 진양조의 느린 장단에서 중모리로, 다시 자진모리의 빠른 템포로 이어지는 변화무쌍한 리듬 속에서, 그녀는 흰 수건을 손끝에 들고 허공에 원을 그리며 사계절을 살아내듯 춤을 펼쳐냈다. 봄, 여름, 가을, 겨울 — 여심의 사계를 담은 듯한 춤사위였다. 관중에게 아첨하지 않는 고고한 기품, 흔들림 없는 신념을 가진 강인한 여성의 춤처럼 다가왔고, 빛나는 안광 속에는 속세와는 다른 선을 긋는 듯한, 가까이하기 어려운 아우라마저 느껴졌다. 젊은 시절의 순수하고 발랄했던 모습에서는 상상하기조차 힘들 만큼, 오랜 수행과 수련이 녹아든 무대였다.

그녀는 자신의 춤에 대해서, 「한 걸음, 발을 내딛고, 호흡을 느끼며, 손을 들고, 허공에 호를 그리며, 건져 올리고, 풀고, 날린다……, 숨을 모으고, 숨을 죽이고, 억제하고, 풀어낸다. 그것이 기에 모아져 몸이 반응하며 춤이 됩니다」라고 말한 바 있다.

도쿄에서 태어나고 자란 그녀가 처음 한국을 찾은 것은 재일 교포 여름학교에 참가했을 때였다. 그곳에서 우연히 접한 한국 무용의 강렬한 울림이 계기가 되어, 1981년 한국 유학길에 올랐다. 이후 중요무형문화재 이매방 선생 문하에서 혹독한 수행을 거듭했고, 마침내 삼성재단·KBS 주최 제3회 서울국악경연대회 무용 부문에서 금상을 수상했다. 1994년에는 중요무형문화재 제97호 「살풀이춤」의 이수자로, 1998년에는 제27호 「승무」의 이수자로 인정받았다.

그 과정에서 모국의 청년, 김덕수 씨와 인연을 맺어 가정을 이루며, 말하자면 이국과도 같은 「모국」에서의 새로운 생활을 시작했다. 스무 살까지 자라난 일본은 그녀에게 또 다른 모국이었을 것이다. 한국에서의 삶은 문화 충격과 혼란, 불안, 좌절의 연속이었을지 모른다. 그러나 그 고난 속에서도 그녀는 한국문화를 받아들이고, 자신을 길러준 일본의 뿌리와 융합시켜 자기만의 무용세계를 구축해 나갔다.

내가 쇼와기념공원에서 그들을 처음 만난 지 벌써 25년이 흘렀다.

이번 공연이 끝난 뒤 열린 파티 자리에서 부부와 잠시 담소를 나눌 기회가 있었다. 대화는 자연스레 그날의 공연 이야기로 이어졌다. 세월이 흘러 서로의 얼굴에 주름이 더해졌지만, 김덕수 씨의 따뜻한 미소는 여전히 예전 그대로였다. 그러나 김리혜 씨에게서는 당시의 청초한 모습 대신, 오랜 세월의 수행과 시련을 견뎌온 흔적이 느껴졌다.

재외 교포 출신으로서, 그리고 여성 무용가로서 중요무형문화재 계승자로 인정받기까지의 길은 얼마나 험난했을까. 그 고된 시간을 견뎌내고, 다시 태어난 듯 무대 위에서 사계절을 춤으로 그려낸 그녀에게서, 나는 무용가로서의 자존과 한국 여성으로서의 긍지를 동시에 보았다. 그것은 잊을 수 없는, 가슴 벅찬 감동의 밤이었다.

▌초출 『봉선화』 22호, 2008년

제5장

만남, 교류, 공명

「이문화를 즐기는 모임」 오프닝에서 게스트인 임 마리林満里 씨와 함께

1대1 교류야말로

지도 위에 / 조선국을 검게 검게 / 먹으로 덧칠하며 가을바람 소리를 듣네

이 노래는 한일합방을 비판하며 분노와 슬픔을 토해낸 이시카와 다쿠보쿠石川啄木의 작품으로, 특히 재일코리안 사회에서 널리 불려온 노래다. 그런데 이 노래비가 홋카이도 마쓰마에쵸松前町의 센넨지專念寺 경내에 세워졌다는 사실을 알게 된 것은 불과 재작년, 친구가 보내준 『쓰레즈레의 기徒然の記』 제12집을 통해서였다. 왜 하필 센넨지였을까. 그 배경에는 아픈 역사가 있었다. 아시아·태평양 전쟁 당시, 군수 산업 노선으로 정비가 추진된 옛 국철 마쓰마에선 부설 공사에는 조선과 중국에서 강제로 끌려온 사람들이 동원되었고, 많은 희생자가 발생했다. 전후에 그들을 기리기 위해 위령비가 세워졌고, 1985년부터는 매년 5월, 센넨지에서 위령 법요가 이어져 내려오고 있다고 한다. 얼마나 따뜻하고 가슴 벅찬 이야기인가. 배외주의와 혐오 발언이 난무하는 시대에 이 노래비가 건립되었다는 소식은 내게 놀라움과

함께 큰 위안과 구원의 감정을 안겨주었다.

이 글을 읽은 직후, 나는 우연히 스가와라 분타菅原文太 씨의 인생을 다룬 기사를 접했다. 말년의 그는 자연농업에 종사하며, 반(反)원전 운동과 전쟁 반대, 오키나와 기지 문제에도 적극적으로 목소리를 내왔던 것으로 잘 알려져 있다. 그런데 기사에 따르면 그는 한국 목포의 고아원「공생원」을 여러 차례 찾아 두 아이의 양부가 되어 지원을 아끼지 않았다고 한다.

또한 오랜 세월 재일코리안 인권 문제에도 깊은 관심을 가져, 오사카에 재일한국인을 위한 양로원「고향의 집」을 짓는 운동에 참여하고, 건설 기금 모금에도 앞장섰다는 사실을 처음 알게 되었다. 사회적 약자의 편에 서서 변화를 위해 힘쓴 분타 씨와 같은 인물이 있었다는 것을 우리는 잊지 말아야 할 것이다.

그러나 이런 흐뭇한 마음은 오래가지 않았다. 12월 10일자 아사히신문에서, 가가와현 미토요시三豊市의「헨로코야遍路小屋」에 관한 기사를 접하면서였다. 순례에 매료된 한국인 여성이 일본과 한국의 순례자들에게서 기부금을 모아 열 명 남짓 앉을 수 있는 작은 쉼터를 지었다. 그곳에 한국어 길안내 스티커를 붙였다는 이유로,「예의 없는 조선인들이 시코쿠에 스티커를 도배한다」,「일본을 한국으로 만들 셈이냐」는 악담이 온라인 게시판을 가득 메웠다고 한다. 세계유산 등재를 목표로 하는 시코쿠 88개소 순례길이라면, 그 첫걸음은 배외주의와 차별의 극복이 되어야 하지 않을까.

물론 헨로코야 사건에서 드러난 일부의 편견과 차별이 일본 사회 전체를 대변하는 것은 아니다. 오히려 나는 스가와라 분타 씨처럼 사회적 약자와 함께하는 양식 있는 사람들, 그리고 센넨지에서 노래비와 위령비 건립을 위해 애쓴 이들의 진심을 믿고 싶다.

뒤늦게나마 교토지방재판소와 오사카고등재판소가 헤이트 스피치를 인권침해로 인정한 판결을 내린 것은 참으로 반가운 소식이었다. 그것은 일본 사법이 세계 보편의 가치를 공유하기 시작했다는 증거이자, 작지만 분명한 희망의 빛이었다.

올해는 한일 국교 정상화 50주년이 되는 해였다. 지난 반세기 동안 쌓아온 양국 관계의 진정한 가치가 시험대에 오른 해이기도 하다. 서울 한복판에서 프리 허그를 외치던 일본 청년의 모습에 많은 한국인들이 감동의 메시지를 전했다는 이야기를 들었다. 국가라는 벽을 넘어, 사람과 사람이 직접 이어지는 1대1의 교류야말로 화해와 희망을 연결하는 열쇠가 아닐까. 새해는 그런 희망의 막을 여는 한 해가 되기를 간절히 바란다.

초출 『동양경제일보』 2015년 1월 16일자

일본민예관을 다녀와서

메구로目黒 고마바駒場에 자리한 일본민예관이 창립 80주년을 맞이했다. 이 뜻깊은 해에, 나는 창립자 야나기 무네요시의 아내, 야나기 가네코의 생애를 담은 DVD『다큐멘터리 가네코』를 통해 그녀의 삶을 돌아볼 기회를 얻었다.

가네코는 1892년에 태어나 1989년, 92세의 나이로 생을 마쳤다. 그녀는 일본 근대 성악법을 확립했다고 평가받는 불멸의 알토 가수였다. 육체의 쇠약과 한계에 맞서며 85세까지 현역 무대에서 노래한 독특한 성악가였다. 특히 식민지 조선과의 관계에서도 많은 업적을 남겼다. 조선에서 여러 차례 리사이틀을 열어 얻은 수익을 서울 경복궁 뒤편에 세워진「조선민족미술관」의 개설 자금으로 보탰으며, 남편의 민예 운동을 물심양면으로 뒷받침한 일은 널리 알려져 있다.

그녀는 또한 남편과 함께 조선의 탄압과 동화 정책을 매섭게 비판했다. 군가 부르기를 완강히 거부한 탓에 전시 중에는 무대에서 배제되었고, 전후에도 정당한 평가를 받지 못했다고 한다.

그러나 85세에 열었던 리사이틀 음반 속에서 들려온 일본 가곡들은 왜 그녀의 노래가 「영혼의 외침魂の叫び」이라 불렸는지를 잘 보여주었다. 학창 시절 즐겨 불렀던 「헤이세이잔」, 「황성의 달」, 「조춘부」는 물론, 스기야마 하세오杉山長谷夫의 「모종이나 모종」, 「금붕어야」 같은 노래에서는 풍경이 눈앞에 펼쳐지는 듯한 현장감이 살아나, 노련한 시인의 감성을 더해 많은 감동을 주었다.

「이문화를 즐기는 모임」의 멤버들이 일본민예관을 찾은 것은 새잎이 막 돋기 시작한 계절이었다. 이노카시라선井の頭線을 타고 도쿄대 코마바 캠퍼스 앞에서 내려 은행나무 가로수를 지나 학생 식당에서 점심을 먹으니, 잠시나마 나도 도쿄대생이 된 듯한 기분이 들었다. 오랜만에 학생 시절의 마음으로 예술적 분위기의 골목길을 6~7분쯤 걸으니, 일본민예관이 모습을 드러냈다. 목조 기와집 2층 구조의 곳간을 연상시키는 본관은 전쟁 피해도 입지 않았고, 전후에도 민예 운동의 거점으로 꿋꿋이 자리했다. 지금은 일본근대문학관과 옛 마에다 후작 저택 등이 있는 한적한 분쿄 지구文敎地区에 속하지만, 개관 당시만 해도 논과 대나무 숲으로 둘러싸인 도쿄 교외였다고 한다.

마침 「창설 80주년 특별전」이 열리고 있었다. 우리는 입구에서 신발을 슬리퍼로 갈아 신고 2층 전시실로 올라갔다. 나무 진열장에는 400여 점의 조선 공예품이 전시되어 있었다. 자개와 화각으로 장식된 상자와 실타래의 고운 빛깔은 눈길을 사로잡앉고, 화조화와 원근법을 무시한 민화 속 호랑이의 유머러스한 표정, 유교 덕목을 도안화한 그림들은 한때 삶 속에 회화가 자연스럽게 녹아 있던 시절을 떠올리게 했다.

전시실을 천천히 돌다 보니 야나기 무네요시의 말, 「예술은 국경을 넘어 우리의 마음을 윤택하게 해준다」가 떠올랐다. 그리고 조선의 공예품 앞에서 「무슨 인연인지 조선과는 떨어질 수 없는 것 같다」라며 담소를 나누던 가족의 모습이 눈에 그려졌다. 이웃 나라의 문화를 친근하게 받아들이고, 그 문화를 일군 사람들을 존경했던 부부의 마음이 충만히 깃든 곳, 일본민예관. 이곳에 올 때마다 마치 고향에 온 듯 마음이 편안해진다.

▌ 초출 『동양경제일보』 2016년 4월 29일자

『정조문의 하얀 항아리』 상영회를 마치고

이 영화의 PD인 최선일 문화재청 문화재위원에게서 『정조문鄭詔文의 하얀 항아리』 상영회를 열 수 없겠느냐는 메일을 받은 것은 불과 한 달 남짓 전이었다. 짧은 준비 기간이었지만, 상영회 당일 영상극장은 자리가 꽉 차 입장을 거절해야 할 정도로 많은 사람이 찾아왔다.

영화의 주인공 성조문 씨는 일본에 흩어져 있던 1,700점이나 되는 조국의 문화재를 수집해 1988년, 염원하던 고려미술관을 교토에 세운 인물이다. 그러나 그 이듬해, 불과 70세의 나이로 세상을 떠났다. 그는 일제강점기 조선에서 일본으로 반출된 고려청자와 이조백자를 비롯해 민화, 자개장롱 등 수많은 미술·공예품을 한 점 한 점 구입하며 오랜 꿈을 이루어냈다.

상영에 앞서 최선일 씨는 영화 완성까지의 과정과 함께, 재일 1세가 걸어온 발자취를 정조문이라는 인물을 통해 보여주고 싶었다고 말했다. 당시 시대적 상황과 1세들의 고뇌를 그의 삶 속에서 표현하고자 했다는 것이다. 그는 또 정조문 씨와 같은 1세들을 경계인이라 부르며, 그 많은 경계인의 고뇌 위에 오늘날 재일 3세, 4세가 일본에서 살아가고 있다고 조용히 덧붙였다. 영화의 동시통역은 고려미술관 학예사이자 정조문 씨의 손녀인 이수혜 씨가 맡았다.

내가 이 영화 상영의 실행위원으로 참여하게 된 것은 정조문 씨와의 인연 때문이었다. 그는 1969년부터 계간지『일본 속의 조선문화』를 발행했는데, 고문으로 참여한 우에다 마사아키上田正昭 씨와 함께 작가 김달수 씨, 그리고 내 남편이 오랫동안 편집위원으로 관여했다. 나 또한 취재 당시의 사진과 자료를 제공하며 함께했던 기억이 있다.

영화 속에 담긴 시바 료타로司馬遼太郎, 우에다 마사아키, 김달수, 강재언, 이진희 씨 등의 정겨운 영상은『일본 속의 조선문화』가 어떤 과정을 거쳐 창간되었는지, 그리고 정조문 씨가 그 중심에서 얼마나 활발하게 교류를 이끌었는지를 다시금 떠올리게 했다. 그 교류가 꽃을 피운 곳이 바로 고려미술관이었다. 고려미술관의 간판 글씨는 시바 료타로 씨의 휘호였고, 개관 당시 관장은 교토대 명예교수 하야시야 다츠사부로林屋辰三郎였으며, 후에는 우에다 마사아키 교수가 생을 마치기 전까지 관장을 맡았다. 특히 우에다 관장은 한반도에서 일본으로 건너온 고대인들을 야마토 조정을 지탱한 테크노크라트로 규정하며, 「귀화인」이라는 표현 대신 「도래인」이라 불러야 한다고 주장했던 분이었다.

이 영화에는 정조문 씨가 왜 그토록 문화재 수집에 집착했는지, 고려미술관에 응축된 그의 간절한 소망이 무엇이었는지를 탐구하는 과정이 담겨 있다. 특히 망향의 그리움에 가슴을 졸이면서도, 통일이 될 때까지는 고향 땅을 밟지 않겠다고 결심한 그의 장면이 깊이 남았다. 쓰시마 북단 산기슭을 단숨에 뛰어올라 억새 풀밭에 서서 저 멀리 고향 산맥을 바라보던 순간, 「저기 고향이 보인다!」는 그의 목소리가 나에게도 들려오는 듯했다. 이 분화된 재일코리안 사회 속에서 어쩔 수 없이 고뇌의 선택을 해야 했던 그의 삶이 내게로 전해지며, 북받쳐 오르는 감정을 억누를 수 없었다.

▌ 초출『동양경제일보』2016년 6월 3일자

역사 영상 심포지엄을 참석하고
─ 영화 『족보』에 담긴 메시지

얼마 전 「영화로 말하는 한일관계의 심층 Ⅱ─동화정책과 창씨개명」 행사가 동북아역사재단과 재일한인역사자료관의 공동 주최로 한국문화원 한마당홀에서 열렸다.

이 행사의 소식을 전해 준 사람은 재일 50년사를 다룬 기록영화 『재일』의 감독 오덕수 씨였다. 오 감독에게서 「일본 영화에 그려진 재일」이라는 주제로 강연을 들은 이래, 나는 때때로 그의 소식을 받아왔다. 이번에도 그 인연으로 행사에 관심을 갖게 되었다.

당일 상영작은 『족보』였다. 가지야마 도시유키梶山季之의 원작을 바탕으로 한 이 작품은 거장 임권택 감독이 「대종상」 감독상을 수상할 정도로 높이 평가받은 영화라, 어떻게 창씨개명이라는 주제를 담아냈을지 더욱 기대되었다.

이 영화는 「내선일체」라는 명분 아래 조선총독부가 강행한 창씨개명 정책 속에서, 700년 이어온 족보의 명맥을 지키려는 양반 설진영 일가의 긍지와 좌절을 그린 1997년 작품이다. 결말에서 가족들은 어쩔 수 없이 창씨개명을 받아들이지만, 설진영은 끝내 굴복하지 않는다. 그는 다음과 같은 유서를 남기고 목숨을 끊는다.

「1941년 9월 29일 일본 지사에게 창씨개명을 강요당해 이곳에 와서 설씨의 계보가 끊어진다. 종가의 후손으로서 설진영은 이를 치욕으로 여기고 족보와 함께 목숨을 끊는다.」

이 장면은 영화 전체의 메시지를 가장 강렬하게 전하는 순간이다. 영화 전편에 흐르는 테마곡 「한오백년」은 낮고 잔잔하게 이어지다가, 이 장면에서만큼은 영혼의 외침처럼 애절한 판소리로 터져 나온다. 「한 많은 이 세상…」이라는 구절이 대음향으로 울려 퍼지며, 자신의 명예와 긍지를 지켜냈지만 가족을 위해 타협할 수밖에 없었던 한(恨)이 절절히 전해진다. 거대한 힘 앞에서 내릴 수밖에 없었던 굴욕적 결단의 허탈감과 감당하기 힘든 좌절감이 뼛속 깊이 스며든다.

그렇다면, 이 영화는 재일코리안인 우리에게 무엇을 묻고 있는 것일까. 시대의 흐름 속에서 재일코리안의 상황은 급격히 변해왔다. 이미 10년 넘게 매년 1만 명이 귀화하는 시대를 맞이하고 있다. 그렇다면 재일코리안은 국적과 성명, 그리고 민족 문제에 대해 일본 사회와 어떻게 맞설 것인가. 그것이 바로 『족보』가 던지는 물음일지도 모른다.

예를 들어, 「자연에너지재단」을 설립한 손정의 씨와 같은 인물은 미증유의 재앙 속에서 고통받는 일본 사회에 희망을 보여

준 드문 재일코리안의 사례라 할 수 있다.

각자의 길에서 다른 입장을 지닌 재일코리안들이 공생의 길을 모색하고 있는 것이다.

재일 1세기가 지난 지금, 그날 영화 속 『족보』의 메시지를 관람자들은 어떻게 받아들였을까.

┃ 초출 『땅에서 배를 저어라』 6호, 2011년

아동문학가 야마하나 이쿠코 씨와 함께

7월 18일, 『아시아·어린이 책 기행』을 출판한 지 얼마 되지 않은 아동문학가 야마하나 이쿠코山花郁子 씨를 모시고 이야기를 듣는 자리를 가졌다. 이 모임을 주최한 곳은 조후시를 거점으로 활동해 온 「이문화를 즐기는 모임」으로, 올해로 13년째를 맞이한다. 야마하나 씨는 오랫동안 「어린아이에서 노인까지」를 대상으로 노래와 이야기가 어우러진 북토크 활동을 이어오며 많은 팬을 얻어온 분이다.

82세라는 나이가 믿기지 않을 만큼 힘 있고 맑게 울려 퍼지는 목소리로 들려주는 여행담은 신선하고도 흥미로웠다. 손녀와 함께 찾은 캄보디아와 베트남에서의 체험이 주제였는데, 캄보디아에서는 앙코르와트 탑 위로 떠오르는 아침 해가 보라색, 핑크색, 하늘색, 회색으로 물드는 장관을 「선라이즈 앙코르」라 부르며 환호했던 이야기, 베트남에서는 전통 예능을 즐기고 베트남 특유의 원뿔 모자 논non을 쓰고 메콩강을 크루즈하며 시클로를 타고 뒷골목을 돌아본 이야기가 이어졌다. 여행길에서 만난 사람들의 이야기는 내 마음 속 이국 여행에 대한 동경을 한층 자극했다.

그러나 즐겁기만 했던 것은 아니다. 베트남전 당시 고엽제 피해로 하반신이 붙은 채 태어난 쌍둥이 형제 베트와 도끄를 그리워하며, 고엽제 피해자를 돕는 가게에서 샌들이며 접시를 팔고, 불편한 손으로 옷감에 수놓는 아이들을 바라보며 가슴이 아팠다고 한다. 그 이야기를 들으면서 나는 『지뢰 대신에 꽃을 주세요』를 번역한 소마 유키카相馬雪香 선생님이 떠올라 만감이 교차했다.

당시 「난민을 돕는 모임」을 이끌었던 소마 선생은 한일여성친선협회 회장의 중책도 맡고 계셨다. 내가 주재하던 잡지 『봉선화』에도 글을 보내주셨고, 「한국을 알려면 『봉선화』를 읽으라」며 주위에 구독을 권해 주셨는데, 그 가운데 한 분이 바로 야마하나 씨였다. 그런데 이 자리에서 야마하나 씨의 입을 통해 『지뢰 대신에 꽃을 주세요』 이야기를 듣게 되다니, 이것이야말로 우연인 듯 필연 같은 만남이 아닐까 싶었다.

후반부에는 여행의 추억담을 마무리하고, 준비해온 그림책을 펼쳐 노래와 이야기를 곁들였다. 아름다운 그림책이 눈을 즐겁게 하고, 그 속의 말과 가락은 듣는 이의 상상력을 자극했다. 마지막에는 한국어와 일본어 자장가를 나란히 들려주었는데, 한국에서 온 지 얼마 안 된 이수경 씨가 먼저 한국의 대표적인 「자장가」를 부르자 모두가 함께 부르기 시작했다. 아득한 옛 시절의 그리운 기억이 떠올라, 마치 요람 속으로 돌아간 듯 마음이 따뜻해졌다.

  이번에도 새로운 만남이 많았다. 이렇게 한일의 교류가 이어
진다면, 「이문화를 즐기는 모임」이 꿈꾸어온 것처럼 서로의 문
화와 생활 습관의 차이를 이해하고 즐기며, 진정으로 신뢰할 수
있는 이웃이 되어 함께 손잡고 나아갈 힘을 키워갈 수 있으리라
믿는다.

▎초출 『동양경제일보』 2013년 7월 26일자

이즈伊豆를 여행하며
왼쪽부터 이군자 씨, 장순추 씨, 야마하나 이쿠코 씨, 리쿠 구미코 씨, 필자.

파주 북시티 「지혜의 숲」에서 김언호 이사장과 함께

벚꽃이 거리를 화려하게 수놓던 4월 10일, 나는 성균관대 대학원생 김은숙 씨의 안내로 경기도 파주의 북시티를 찾았다. 지인이 기증한 장서를 보고 싶어 「지혜의 숲」을 둘러보던 중, 뜻밖에도 큰 카메라를 멘 김언호 이사장을 만나는 행운을 얻었다. 마치 기연奇緣이 있는 듯했다. 그는 한국 중견 출판사 한길사의 창립자로, 출판계의 리더와 같은 존재이자 현재 파주 북소리 축제 조직위원장과 출판도시문화재단 이사장을 맡고 있다. 바쁜 일정 속에서도 우리를 사장실로 안내해 주었는데, 입구에는 묵서로 된 대형 병풍이 걸려 있었고, 실내에는 그의 사진과 함께 동서고금의 책들이 벽면을 빼곡히 채우고 있었다.

비록 짧은 시간이었지만 그는 1976년 군사정권 시절 한길사를 창립한 경위, 그리고 재일 역사학자 강재언 선생님과의 추억 등을 들려주며 출판계에서 걸어온 발자취를 일부나마 보여주었다. 기념으로 받은 저서 『책으로 만드는 유토피아』의 띠에는 「신념대로 책을 만들어 온 한국 출판인의 격동의 반생」이라는 문구가 적혀 있었다. 「책벌레」 그 자체처럼 보이는 그의 모습을 방금 보고 난 터라, 「지혜의 숲」을 배경으로 한 첫 페이지의 사진은 그의 뜨거운 열정을 상징하는 듯 느껴졌다. 한길사의 창립 역사는 곧 한국 민주화 투쟁의 역사와도 맞닿아 있었고, 책 속에는 한국 현대사의 한 단면과 일본에 대한 시선도 담겨 있었다. 시오노 나나미塩野七生의 『로마인 이야기』를 비롯해 일본 문학의 출판에 관한 언급도 많았다. 책 말미의 「들의 어머니를 그리워하다」는 고향과 어머니에 대한 절절한 그리움이 주옥같은 단편으로 그려져 있어 깊은 감동을 주었다.

북시티는 군사분계선 인근 48만 평의 부지 위에 2004년 문을 열었다. 출판 기획과 편집, 인쇄, 물류, 유통까지 전 과정을 한곳에서 수행하는 거대한 출판단지다. 단지 안에는 북카페와 레스토랑, 현대적이고 예술적인 건물들이 어우러져 있으며, 한국 드라마 『반짝반짝 빛나는』의 촬영지로도 알려져 있다. 인근에는 헤이리 예술마을이 있어 미술, 영화, 건축, 음악 등 다양한 분야의 예술가들이 모여 독특한 예술 공간을 이루고 있다. 김언호 이사장은 무기가 아닌 문화와 예술의 힘으로 한반도 평화와 통일에 기여하고자 하는 구상을 펼치며, 반생을 출판문화와 예술 지키기에 바쳐왔다. 북시티와 헤이리는 그의 꿈이 빚어낸 유토피아라 할 만하다. 이번 우연한 만남은, 남편의 묘소를 참배하기 위해 방한한 나에게 저 세상에 있는 남편이 건네준 세련된 놀림 같은 선물이라고 믿기로 했다. 남편이 떠난 지 어느덧 4년, 또다시 봄이 저물어가고 있다.

초출 『동양경제일보』 2015년 5월 1일자

오타케 기요미 씨와 한국의 그림책

작년 10월, 나는 그림책 작가 오타케 기요미大竹聖美 씨를 초청하는 기회를 얻었다. 「한국 그림책 작가와 10년간의 교류를 통해」라는 제목의 강연에서 그녀는 교류 과정에서 찍은 사진들과 함께 다채롭고 아름다운 한국 그림책들을 소개해 주었다.

이 모임을 주최한 곳은 2001년부터 조후시를 거점으로 활동해온 「이문화를 즐기는 모임」이다. 지역 주민과 재일코리안들이 1대1 교류를 통해 서로의 문화와 생활 습관을 이해하고, 그 차이를 즐기면서 신뢰할 수 있는 이웃으로 함께 어울리고자 발족한 모임이다. 발족 10주년을 맞아 특별 기획으로 마련된 자리가 바로 이날의 강연이었다.

당일 강연장에는 그림책 읽어주기 활동을 오랫동안 이어온 아동문학가 야마하나 이쿠코 씨와 재일코리안 그림책 작가 윤정숙 씨도 함께했다. 그림책과 인연이 깊은 이들의 참석 덕분인지, 강연장은 어느 때보다 화목하고 밝은 분위기로 가득했다.

그림책을 접할 기회가 적었던 나에게 한국 그림책은 큰 놀라움이었다. 책의 장정이 얼마나 훌륭한지 깜짝 놀랄 정도였다. 표지는 아직 펼쳐지지 않은 이야기를 예고하는 시작에 불과했다. 특히 『십장생을 찾아서』는 한눈에 시선을 사로잡는 빛깔로, 손에 들자마자 만져보고 싶은 유혹을 불러일으켰다. 책장을 넘기면 불로장생을 상징하는 태양, 소나무, 학, 사슴, 불로초, 바위, 물, 거북, 산, 구름이 차례로 등장하며 꿈과 환상의 세계로 안내했다. 그림책을 좋아하는 손녀의 환한 얼굴이 떠올라, 한국 여행 선물로는 망설임 없이 이 책을 선택했다.

오타케 기요미 씨가 한국 아동문학에 관심을 갖게 된 것은 초등학교 5학년 무렵이었다. 도서관에서 한국 민화를 접하면서 호랑이, 도깨비, 김치독 등이 등장하는 이야기에 매료되었고, 그 신기한 매력 속에 깊이 빠져들었다.

대학 4학년 세미나에서는 아동문학 수상 작품을 읽게 되었는데, 그녀는 이상금의 『반쪽의 고향』을 선택했다. 당시 세미나 과제는 자신이 선택한 작품의 작가나 편집자를 직접 찾아가 취재하는 것이었기에, 서울 이화여대를 방문해 이상금 교수의 이야기를 직접 들을 수 있었다고 한다. 그 후 대학원생이었던 1997년에는 서울에서 열린 아시아아동문학대회에 참가했고, 석사과정을 마친 뒤에는 한국으로 유학을 떠나게 된다.

마침 김대중 대통령 취임과 함께 한국 사회는 민주화 운동의 전성기를 맞고 있었으며, 출판운동 또한 민주화의 흐름과 함께 활발히 전개되었다. 이러한 시대적 배경 속에서 「어린이도서연구회」가 정식 출범했고, 기존의 그림동화나 안데르센 동화 일변

도의 흐름에서 벗어나 민족 고유의 문화를 바탕으로 한 창작동화를 권장하기 시작했다.

1960년대에 태어나 1980년대 민주화운동의 시대에 대학에 입학했던 이른바 「386세대」. 그들은 독재정치의 억압 속에서 분출된 민주화운동과 학생운동을 경험하며, 동시에 경제발전과 개발이 불러온 급격한 삶의 변화를 겪어야 했다. 그런 세대가 1990년대 중반 육아에 직면하면서, 그림책뿐 아니라 영화·드라마·음악 등 한국 현대 문화 전반에 새로운 변화를 가져왔다고 한다.

국내 최초의 어린이책 전문점 「초방」이 문을 연 것도 바로 1990년이있다. 사장 신경숙 씨는 미국에서 배운 그림책 지식과 공립도서관 코너의 공간 연출법을 도입하여 『만희네 집』, 『솔이의 추석 이야기』, 『사물놀이 이야기』 등 한국 문화의 뿌리를 담은 뛰어난 그림책들을 기획했다. 그녀는 한국국제아동도서평의회KBBY 회장을 지내고, 2005년에는 볼로냐 국제 그림책전 심사위원으로도 활동하며 한국 그림책의 발전에 크게 기여했다.

「초방」의 기획은 아니지만, 내가 특히 좋아하는 그림책으로는 『자장가』가 있다. 이런 작품들을 읽고 있노라면 따뜻하고 행복한 기분이 들고, 한국 문화에 대한 자부심 또한 새삼 느끼게 된다. 더불어 문화의 다양성을 존중하는 아이로 자라기를 바라는 메시지도 전해지는 듯하다.

『만희네 집』은 서울에 살던 만희가 조부모가 사는 교외로 이사하며, 전통문화와 옛 생활이 살아 숨 쉬는 집과 만나게 되는 이야기를 담았다.

『솔이의 추석 이야기』는 조상의 묘소를 참배하고 제사를 지내기 위해 가족이 귀성길에 올라 시골 조부모 댁으로 돌아가는 과정을 그렸다. 전통 한옥에 친척들이 모여 보름달을 맞이하고 송편과 햅쌀밥을 차려 조상님께 감사의 마음을 전하는 모습이 정겹다. 여담이지만, 차례상에는 송편과 햅쌀밥 외에도 갓 수확한 밤과 대추, 나물, 고기, 생선 등이 오르는데, 이는 풍년을 축하하고 내년의 풍요를 기원하는 뜻이 담겨 있다.

『사물놀이 이야기』는 신화적 색채가 짙은 그림책이다. 어느 날 백두산 기슭의 한 나라에 재앙이 닥치자, 왕이 신에게 기도한다. 그러자 신은 동서남북에서 구해온 네 가지 악기―징, 북, 장구, 꽹과리―를 한꺼번에 치라고 말한다. 징은 바람을, 북은 구름을, 장구는 비를, 꽹과리는 천둥을 상징하며, 네 악기가 함께 울릴 때 천지와 우주가 완성된다. 금속제 악기는 하늘을, 나무와 가죽제 악기는 땅을 뜻한다는 설명은 흥미롭다. 한국 고유의 음악인 사물놀이에 담긴 의미와 기원을 신화적 이야기 형식을 통해 쉽고 재미있게 전하고 있다.

『자장가』는 오랜 세월 우리 민족이 전승해온 자장가를 바탕으로 한 그림책이다. 일본의 대표적 자장가『자장자장 우리 아기ねんねんころり』에 해당하는 노래이기도 하다. 새 생명의 탄생에서부터 성장 과정, 그리고 가족의 삶을 사계절의 변화와 함께 그려낸 이

책은 한국의 자연관과 우주관을 엿볼 수 있게 한다. 나아가 어느 민족, 어느 문화에서나 공통적으로 느낄 수 있는 새로운 생명의 기쁨과 생명력의 원천을 담고 있다.

이외에도 지난해 큰 화제가 된 『비무장지대에 봄이 오면』을 비롯해 감동을 불러일으키는 그림책들이 다수 출간되었다. 이 작품은 분단의 상징인 비무장지대를 배경으로, 긴 철조망 너머 사람의 손길이 닿지 않는 곳에서 생생히 살아가는 동물들의 모습을 통해 조국 통일과 평화에 대한 염원을 그려낸다.

이 책은 한국·일본·중국을 대표하는 그림책 작가들이 평화를 주제로 오리지널 그림책을 제작해 각국에서 공동 출판한, 그림책 역사상 최초의 시도로서 시리즈의 첫 번째 작품이다. 일본에서는 하마다 게이코浜田桂子의 『평화가 뭐야?』, 중국에서는 『경극이 사라진 날』이 출간되었으며, 모두 미래 세대를 이끌어갈 아이들에게 간절한 평화의 메시지를 전하고 있다.

돌이켜보면 내가 그림책을 본격적으로 만난 것은 어린 시절이 아니라 아이를 키우던 시기였다. 특히 큰딸과는 곁잠을 자며 자주 책을 읽곤 했는데, 몇 번이고 읽어주다 보니 딸이 내용을 완전히 외워 나에게 읽어주던 일도 있었다. 또렷하지 않은 발음으로 읊조리던 그 울림과 환하게 웃던 딸의 표정이 지금도 눈앞에 선하다.

한국 그림책이 일본에서 널리 주목받기 시작한 것은 2000년에 열린 한국 그림책 원화전 「어린이의 세계에서」였다. 내가 딸을 키우던 무렵에는 한국 그림책이 드물어 민화를 바탕으로 한 몇 권이 있을 뿐이었고, 그래서 주로 안데르센 동화나 세계 명작집 같은 외국 작품을 읽어줄 수밖에 없었다. 딸이 중학생이 된 뒤에도 여전히 『빨간 머리 앤』 시리즈가 책장을 장식하고 있었으니 말이다.

이번 강연에서 오타케 씨는 한국 작가들과의 교류 에피소드와 다양한 그림책 소개를 파워포인트와 함께 들려주었는데, 시간이 어떻게 지나갔는지 모를 정도로 흥미로웠다. 마지막으로 그는 「한국 창작 그림책에서는 민족의 독창성을 표현하는 기쁨과 고유 문화에 뿌리를 둔 강인함이 느껴진다. 이웃 나라의 풍부한 문화가 널리 소개되고 공유된다면 일본 어린이들의 문화에도 새로운 가능성이 열릴 것이다」라며 두 시간 가까운 강연을 마무리했다.

이야기를 들으며 나는 번역가가 단순히 언어를 옮기는 사람이 아니라, 작가와의 긴밀한 교류를 통해 한국 사회와 생활문화를 깊이 이해하고, 번역을 통해 한일 간 가교 역할을 하고 있다는 사실을 새삼 느꼈다. 역사 인식의 차이로 어려움도 많지만, 서로의 아픔을 공유하며 이해하려는 긍정적인 태도에 깊은 감명을 받았다. 앞으로도 오타케 씨의 활약을 계속 주목하고 싶다.

참고로 「초방」은 한국 명문 이화여대 뒤편에 위치해 있다고 한다. 기회가 된다면 꼭 한번 방문해 보고 싶다. 또한 우에노의 국립국회도서관 국제어린이도서관에는 한국 출판 그림책도 다

수 소장되어 있다고 한다. 언젠가 아이들과 함께 이웃 나라 그림
책의 세계를 활짝 열고, 그 속에 담긴 다양한 꿈과 상상의 세계
를 함께 누려보고 싶다.

▌ 초출 『땅에서 배를 저어라』 7호, 2012년

제6장

보고, 듣고, 느끼고

한국「예술의 전당」오페라 하우스에서(2015년).
뮤지컬「명성황후」포스터를 배경으로 기념사진.

영화『길~ 백자의 사람』

수국이 형형색색으로 선명하게 물들던 무렵, 나는 신주쿠 발트9에서 영화『길~ 백자의 사람道~白磁の人』을 감상했다. 이 영화는 아사카와 다쿠미浅川巧의 탄생 120주년을 기념하여 무려 8년에 걸쳐 제작된 작품이라고 한다. 제작 과정은 제작위원회 사무국장 오자와 류이치小澤龍一의 저서『백자의 사람, 아사카와 다쿠미의 생애』에 상세히 기록되어 있다. 무엇보다 이 영화는 한일 공동으로 제작위원회를 결성하여 만든 작품이며, 한국영화진흥위원회가 외국 영화에 처음으로 지원금을 출자했다는 점, 그리고 일본 영화가 한국에서 처음으로 로드쇼 형식으로 개봉되었다는 점에서 화제를 모았다.

영화는 아사카와 다쿠미와 그의 동료 이청림이 한국의 민둥산을 푸르게 만들기 위해 분주히 뛰어다니는 모습을 중심으로, 신뢰를 쌓아가며 민족의 벽과 시대의 벽을 뛰어넘어 피어난 우정과 아사카와 다쿠미의 자애로운 생애를 그린다.『백자의 사람』이라는 제목은 그가 단순히 백자를 사랑했기 때문이 아니라, 편견과 어둠이 없는 맑은 마음과 따스한 덕을 백자에 비유한 것이리라 생각된다.

일제강점기, 조선총독부 임업시험장에서 기수로 근무하던 아사카와 다쿠미는 대부분의 일본인과 달리 조선인에 대한 차별의식을 갖지 않았다. 오히려 적극적으로 조선어를 배우고 바지저고리를 입으며 조선인들과 친하게 지냈다. 그의 편견 없는 자유로운 발상과 동료 이청림의 조언과 협력 덕분에 그는 산림 녹화에 크게 공헌했고, 연구 성과도 남길 수 있었다. 이러한 성품은 조선인들의 사랑을 받게 했으며, 영화 속에서 억수 같은 빗속에서 조선 사람들이 그의 죽음을 슬퍼하며 통곡하는 장면은 다쿠미의 인품을 가장 잘 드러낸 장면으로 다가왔다.

아사카와 다쿠미 역을 맡은 요시자와 히사시吉沢悠는 민둥산을 걱정하며 나무가 자라는 것을 기뻐하는 모습, 또 녹화 사업을 위해 동분서주하는 모습 등을 설득력 있게 표현했다. 조선어 교사이자 동료인 이청림 역은 배수빈이 맡아, 때로는 교만하게 보이면서도 다쿠미와 끊임없이 부딪히고 협력하며 결국 끈끈한 유대감으로 이어져 가는 모습을 깊이 있게 연기했다.

급성 폐렴으로 삶의 시간이 얼마 남지 않았음을 알게 된 다쿠미는 병상에서 가족에게 두 가지 소원을 남긴다. 그중 하나는, 조선민족미술관 폭파 사건 연루 혐의로 서대문형무소에 수감되어 있던 이청림을 면회하는 것이었다. 이 장면은 특히 인상적이었다. 수난의 시대를 조선인으로 살아야 했던 청림이 민족의 아픔과 일본인 벗과의 우정 사이에서 갈등하는 모습, 그리고 다쿠미의 「감사합니다」라는 짧은 말에 청림의 마음속 응어리가 풀리는 듯한 순간은 깊은 울림을 주었다. 이 장면이야말로 내가 이 영화에서 가장 강하게 마음에 남은 순간이었다.

그리고 또 하나, 다쿠미가 마지막으로 남긴 소원은 이청림의 뜰에 자신이 심은 소나무를 다시 보고 싶다는 것이었다. 그 소나무는 수많은 시행착오 끝에 다쿠미가 조선 잣나무 양묘에 성공하고, 그 결실로 이청림의 뜰에 정성스레 심어 둔 나무였다. 병상에서 소나무를 사랑스럽게 올려다보는 그의 눈길은 마치 자신의 아이를 바라보는 아버지의 자애로운 모습과도 같아 보는 이의 마음을 뭉클하게 했다. 영화의 첫머리, 멀리 후지산을 바라보며 아름다운 고후 분지甲府盆地의 봉우리들을 배경으로, 드넓은 초원에서 흙을 만지며 행복하게 뛰노는 다쿠미의 모습은 한없이 평화롭다. 그리고 마지막에 소나무 아래에서 보여주는 편안한 표정은, 그가 평생 「그래도 계속해서 나무를 심어 온 사람」임을 상징적으로 보여준다. 산야를 초록으로 물들이는 나무, 그리고 우정의 나무를 평생 심어 온 이가 바로 아사카와 다쿠미였다.

다쿠미는 1914년, 스물세 살의 나이에 조선으로 건너와 조선총독부 산림과 임업시험장에서 근무했다. 불과 3년 후에는 조선 잣나무 양묘에 성공했고, 이어 민둥산에는 싸리나무가 적합하다는 사실을 밝혀내어 산림 녹화에 크게 공헌했다. 또 각지를 다니며 민둥산을 조사하는 과정에서, 조선 민중들의 일상에서 사용되던 도자기와 밥상에 매료되었고, 이는 훗날 야나기 무네요시가 조선의 공예미를 발견하는 계기가 되기도 했다.

특히 다쿠미는 화려한 장식이 없어도 따뜻하고 아름다운 백자에 깊이 끌렸다. 당시 백자는 특별한 것이 아닌 서민들의 생활용품이었다. 장아찌를 담는 항아리, 밥그릇이나 찻잔으로 흔히 쓰였고, 고물상 한쪽에 값싸게 쌓여 있던, 그야말로 일상의 잡기였다. 그러나 영화 속에서 다쿠미가 말한 것처럼, 그에게 백자는 「눈으로 들어오는 음악」 같은 존재였다. 그리고 그 백자는 결국 다쿠미의 인품 그 자체를 닮아 있었다.

이 영화를 보면서 나는 문득 「아사카와 다쿠미의 탄생지를 찾아가는 여행」을 떠올렸다.

사실 내가 그에 대해 처음 알게 된 것은 그로부터 20년쯤 지난 뒤였다. W대 학생들이 과외 세미나로 한국에 스케치 여행을 갔을 때 들었던 이야기 덕분이었다. 그들은 서울에 도착하면 제일 먼저 서울시와 경기도의 경계에 있는 망우리 언덕으로 향했다. 그곳에는 일본인 아사카와 다쿠미의 무덤이 있었고, 학생들은 흙무덤 주위를 손수 정리하며 풀을 뽑았다. 이어 일본에서 가져온 술을 올려 한국식으로 큰절을 하고, 큰절이 끝나면 한국 땅의 흙이 되어 여전히 사랑받고 있는 다쿠미에 대한 연구 발표를 하는 것이 그들의 세미나 여행의 관례가 되어 있었다.

말과 이름을 빼앗기고, 민족 자체가 부정당하려 했던 그 암울한 시대에, 바지저고리를 입고 조선말을 쓰며 진심으로 조선을 사랑한 일본인이 있었다는 사실은 내게 큰 놀라움이자 감동이었다. 그때부터 나는 아사카와 다쿠미와 그의 형 아사카와 노리타카에 관한 책들을 찾아 읽었고, 언젠가 반드시 그의 고향과 묘지를 직접 방문하고 싶다는 염원을 품게 되었다. 그리고 마침내, 하정웅 씨(당시 재일교포문화예술협회 회장)가 주최한「아사카와 다쿠미의 탄생지를 찾아가는 여행」에서 그 소망을 이루었다. 1998년 가을의 일이었다.

찾아간 다카네쵸高根町는 야쓰가타케八ヶ岳 남쪽 기슭에 자리한 마을이었다. 민가의 마당 끝에는 감나무에 주렁주렁 감이 달려 있었고, 군데군데 자작나무가 울창하게 서 있는 자연스러운 풍경이 펼쳐져 있었다. 영화의 첫머리, 스크린에 비친 야쓰가타케 장면에서는 한 그루의 나무가 크게 잡히고, 풀밭 위에 누워 행복하게 미소 짓는 다쿠미의 얼굴이 클로즈업되었다. 그 표정은 마치 흙과 풀 냄새까지 전해져 오는 듯했으며,「그래도 나무를 심는」다쿠미의 영혼을 전하기 위한 영화의 프롤로그로서 드넓고 푸르른 풍경은 어떤 중요한 의미를 담고 있는 듯 보였다. 이어 영화의 장면은 곧 조선의 무참히 황폐해진 민둥산 줄기와 경성역의 혼잡한 인파 속으로 옮겨간다.

다카네쵸에 도착한 우리는「아사카와 노리타카·다쿠미 형제를 추모하는 모임」회원들의 안내를 받아 먼저 아사카와 가문의 보리사인 센류지泉龍寺를 찾았다. 향과 꽃을 올리고 합장하며 참배를 했다. 아사카와 가문의 무덤은 소박하면서도 정갈했고, 묘지석에는 십자가 표시가 새겨져 있었다. 반면 망우리 언덕에 묻혀 있는 다쿠미의 무덤은 흙으로 덮인 고분처럼 꾸며져 있었고, 그 주위에는 푸른 잔디가 깔려 있었다.

묘소 참배를 마치고 하천을 따라 한참을 걷다 보니, 터 한쪽에 「사적 아사카와 노리타카·다쿠미 형제 탄생지」라는 비석이 덩그러니 서 있었다. 다쿠미는 생전에 친구에게 보낸 편지에서 「나는 항상 어디에 가든 그곳의 산야와 나무와 풀, 물과 벌레를 친구로 삼아 살고 싶다」라고 쓴 적이 있다. 그 말처럼 그의 탄생지는 풍부한 자연에 둘러싸여 있었다. 비석의 뒷면에는 「그들이 찾아간 곳에서 형제의 활동은 시종일관 인도주의적이었으며, 동시에 조선의 미에 대한 연구에도 몰두했다. 그들은 민예운동의 선구자로서도 사람들에게 깊은 감명을 주었다」라는 글이 새겨져 있었다.

아사카와 다쿠미와의 인연으로 시작된 「아사카와 다쿠미의 탄생지를 찾아가는 여행」은 그 후 새로운 결실로 이어졌다. 3년 뒤인 2001년, 「아사카와 노리타카·다쿠미 형제 자료관」이 호쿠토시北杜市 다카네생애학습센터에 개관했고, 2003년에는 경기도 포천시와 호쿠토시가 자매도시로 맺어졌다. 다쿠미의 존재조차 잘 알려지지 않았던 작은 마을 다카네쵸가 이제는 우호와 친선의 거점으로 자리하게 된 것이다.

다쿠미는 자신에게도, 타인에게도 지위나 명예를 따지지 않았던 고결한 사람이었다. 그는 묵묵히 자신에게 주어진 양묘 기술 개발에 전념하며 조선의 산과 들을 두루 다니며 자생하는 나무들의 종자를 채집해 묘목으로 기르는 시도를 거듭했고, 마침내 조선 잣나무 양묘에 성공하였다. 이는 세계 최초의 획기적인 양묘법인 「노천매장법」 개발로도 이어졌다. 그는 18년간의 근무를 통해 수많은 업적을 남겼지만, 죽음을 앞두고도 직위는 판임관判任官의 기수에 머물러 있었다. 지위나 명예를 중시하지 않았던 그의 태도는 소박하고 따뜻한 아름다움을 간직한 백자와 같은 인품 그대로였다.

아베 요시시게阿倍能成는 「아사카와 다쿠미 씨를 애도하다」에서 이렇게 회고한다.

「유해에 흰 조선옷을 입히고, (…) 조선인 공동묘지에 매장한 것은 이 사람에게 어울리는 마지막 배려였다. (…) 평생 다쿠미 씨와 가까이 지냈던 이들이 30명이나 관을 메겠다고 신청했으나, 이장은 그 가운데서 10명을 선정했다.」

또한 임업시험장 직원들이 세운 묘소의 추모비에는 이렇게 한글로 새겨져 있다.

「한국의 산과 민예를 사랑하며 한국인의 마음속에 살았던 일본인, 여기 한국의 흙이 되었다.」

이 글귀는 지금도 서울 사람들에 의해 극진히 모셔지고 있으며, 조선의 풍토와 더불어 조선 민중의 고통과 함께 살아간 다쿠미에 대한 경외와 추모의 징표로 남아 있다.

책이나 강연 등을 통해 알게 된 아사카와 다쿠미의 삶이 내

안에서 깊은 경외심을 불러일으킨 만큼, 영화에는 다소 아쉬움도 남았다. 다쿠미의 죽음을 애도하며 억수같이 쏟아지는 빗속에서 통곡하고, 앞다투어 관을 메려는 장면은 좀 더 감동적으로 그려졌더라면 어땠을까 하는 아쉬움이다. 특히 3.1 독립운동과 관동대지진 이후 반일 투쟁 속에서 고조된 민족감정이 강하게 드러난 시대적 배경을 고려한다면, 그동안 다쿠미가 조선인과 나눈 교류와 조선인에게 받았던 깊은 사랑이 좀 더 섬세하고 진하게 묘사되었더라면, 그 통곡의 장면은 어색하지 않고 더욱 설득력 있게 다가왔을 것이다. 조선인과 고통을 함께 나누었던 다쿠미의 모습이 떠오르는 장면이 더 많았더라면 하는 아쉬움이 남는다.

그러나 그럼에도 불구하고, 이 영화는 국가와 민족을 초월해 공생한다는 것의 의미, 그리고 인간의 진정한 가치가 무엇인지를 다시금 묻는 기회를 주었다. 「그래도 나무를 심겠다」는 다쿠미의 외침은 충분히 가슴 깊이 전해져 왔다.

감독 다카하시 반메이高橋伴明

배우 요시자와 히사시吉沢悠・배수빈

원작 에미야 다카유키江宮隆之

각본 하야시 다미오林民男

후일담이지만, 친구 이소가이 히로코磯貝ひろ子 씨에게서 도착

한 메일의 일부를 아래에 남겨 두고 싶다.

　『길~ 백자의 사람』을 보고 왔습니다. 다쿠미 씨의 딸 소노에 씨는 제 다도 스승인 구로다 선생님의 친구였기에, 예전부터 자주 이야기를 들을 수 있었습니다. 또, 소노에 씨가 만든 다도구 주머니를 사용하며 다도 연습을 했던 기억도 떠올랐습니다. 제 첫 저서 『아버지에게 보내는 러브레터』에도 쓴 적이 있습니다만, 구로다 선생님은 젊은 시절 인천에서 지내셨던 것 같습니다. 이도다완井戸茶碗도 몇 개 소장하고 계셨고, 도자기에 대해 여러 가지 가르침을 주셨습니다.

　소노에 씨는 손재주가 뛰어난 분이었던 듯합니다. 한때 센케짓쇼쿠千家十職, 즉 다도구를 만드는 장인의 가문에서 일을 하셨다고 들었습니다. 센케짓쇼쿠란 다도에 필요한 다양한 도구를 제작해 온 장인 집안을 가리키는데, 그중 대사袋師는 다도에 쓰이는 주머니를 만드는 가문입니다. 이들이 만든 물건은 작고 섬세하면서도 아름다운 것이 많습니다.

　제가 직접 본 소노에 씨의 다도구 주머니는 진한 홍색 바탕에 여러 색의 실이 화살깃 모양으로 짜여 있는 「태자간도太子間道」 무늬의 직물이었고, 끈은 짙은 녹색이었습니다.

　다도회는 단순히 다도를 즐기는 자리가 아니라, 도구의 아름다움과 장인의 기술을 감상하고 사랑하는 자리이기도 합니다. 그래서 예로부터 장인들의 집안을 귀하게 여겨 온 것이지요. 지금은 다소 속세를 떠난 듯한 느낌이 들기도 하지만, 그래도 반드시 지켜나가야 한다고 생각합니다.

구로다 선생님은 다화茶花의 명인이기도 하셨습니다. 살아 계셨다면 올해로 110세가 되셨을 텐데, 세련되고 멋진 분이셨습니다.

▎ 초출 『봉선화』 26호, 2012년

『해협을 건너는 바이올린』
― 이남이 씨를 맞이하며

「이문화를 즐기는 모임」 출범 15주년 특별기획으로, 동양의 스트라디바리라 불린 진창현 씨의 부인 이남이 씨를 초청하여 드라마『해협을 건너는 바이올린』을 감상했다. 이 작품은 같은 제목의 자서전을 바탕으로 제작된 후지TV 개국 45주년 기념 기획·문화예술제 참가작으로, 2004년 방영 당시 수많은 상을 휩쓴 바 있다.

드라마는 식민지 시대 조선 농촌을 배경으로, 열네 살에 고향을 떠나 일본에서 홀로 고학하며 차별과 빈곤을 극복하고 세계적인 명장으로 성장하기까지의 파란만장한 반생을 감동적으로 그려낸다.

진창현은 1929년 일제강점기 경상북도 김천군 이천리에서 태어났다. 13세 때 부친을 여의고, 이듬해 어머니를 고향에 남겨둔 채 홀로 일본으로 건너갔다. 구제 중학교 야간부를 마친 뒤 일용직 노동과 자전거 인력거꾼으로 학비를 마련하며 메이지대학에 진학, 교사가 되기 위해 면학에 매진했다. 그러나 국적의 벽에 가로막혀 교사의 꿈을 이루지 못하고 절망 속에 방황하던 어느 날, 일본 로켓 개발의 개척자 이토카와 히데오糸川英夫 박사의 강연 「명기 스트라디바리의 연구논문 발표」를 듣게 된다. 스트라디바리의 음색 재현은 영원히 불가능하다는 말에 오히려 자극을 받아, 그 불가능에 도전하듯 바이올린 제작의 길을 운명으로 받아들였다.

그러나 한반도 출신이라는 이유로 제자가 되는 것을 거부당하자, 그는 가상의 스트라디바리를 스승으로 삼고, 마음속으로 스트라디바리를 그리며 끝없는 시행착오와 실패, 좌절의 나날을 견뎌냈다. 결국 기소후쿠시마木曾福島에 정착해, 내벽도 천장도 없는 통나무집에 자력으로 공방을 세우고, 오랫동안 마음에 두었던 이남이 씨와 결혼했다. 그렇게 두 사람의 로빈슨 크루소 같은 생활이 시작되었다.

남편의 꿈을 위해 자갈을 채취하며 극빈의 삶을 버텨낸 헌신적인 아내, 그리고 바이올린의 가치는 소리와 니스의 색에 있다며, 말린 지렁이 가루에서부터 장남의 배설물까지 닥치는 대로 재료를 시험해 보며 궁극의 음색과 빛깔을 찾아 몰두한 남편. 그들의 숨 막히는 고군분투 속에서 사계절의 아름다운 풍경이 화면을 수놓고, 「봉선화」와 「황성의 달」의 애잔한 바이올린 선율이 이야기에 한층 깊은 감동을 더한다.

결국 그는 1976년 국제 바이올린·비올라·첼로 제작자 콩쿠르에서 여섯 종목 중 다섯 종목 금상을 휩쓸었고, 1984년에는 미국 바이올린 제작자 협회로부터 무감사 제작가 특별 인정과 마스터 메이커 칭호를 부여받으며 마침내 꿈을 이루었다.

최선을 다해 궁극의 소리와 색을 추구한 그의 열정은 물론, 헌신적인 반려자 이남이 씨의 뒷받침이 있었기에 가능한 일이었다. 더불어 인생의 전기를 마련해 준 아이카와 선생과 시노자키 선생, 따뜻하게 지켜봐 준 마루야마 의사와의 인연이 있었기에 동양의 스트라디바리가 탄생할 수 있었다. 이 모든 과정은 사람과 사람 사이의 인연이 지닌 기묘한 힘을 다시금 느끼게 해주었다.

초출 『동양경제일보』 2015년 7월 3일자

영화『꽃, 향기나는 노래』
― 여성 최초의 판소리 명창 진채선

이 영화를 보면서 예전에 남원을 여행하며 겪었던「춘향제」의 여러 장면이 떠올랐다.

순백의 아카시아 꽃 향기 가득한 5월, 춘향의 고장 남원을 찾은 것은 일본에서 영화『서편제』가 히트하며 판소리가 주목받던 시절이었다. 사방이 산으로 둘러싸인 산수화 같은 남원은 온통「춘향제」의 열기로 물들어 있었다.

거리에는 판소리가 울려 퍼지고, 춘향과 이도령으로 분장한 남녀를 태운 꽃마차가 줄지어 행렬을 이루었다. 파란 눈의 춘향과 도령도 있었는데, 그들이 날리는 입맞춤과 과장된 제스처에 곳곳에서 환호가 터져 나왔다.

첫날의 퍼레이드에 이어 광한루 일대에서는 판소리 명창 콩쿠르와「미스 춘향」선발대회 등 다채로운 행사가 열리고 있었고, 나는 욕심을 내어 여러 장소를 오가며 구경했다.

한국 드라마에서 본 듯 갓을 쓰고 두루마기를 입은 멋스러운 어른들도 있었고, 절묘한 타이밍에「얼씨구 좋다!」하는 추임새를 넣어 흥을 돋우었다. 부채를 펴고 접으며 몸짓과 손짓을 섞어 부르는 소리, 아니리로 이야기를 전개하다가 즉흥적인 애드리브가 더해지니 분위기는 한껏 달아올랐다. 그때 나는 이것이 바로 판소리의 진수구나 하고 전율을 느꼈던 기억이 난다.

　이야기가 잠시 옆길로 샜지만, 다시 영화를 되돌아보자. 조선 말기, 고종의 아버지 흥선대원군(명성황후의 장인)이 권세를 휘두르던 시대에는 여성이 판소리를 하는 것이 엄격히 금지되어 있었다. 이 영화는 바로 그 가혹한 시대에 맞서 판소리 소리꾼이 되고자 한 진채선과, 그녀의 꿈을 이루기 위해 목숨을 걸었던 스승 신재효의 파란만장한 이야기를 그리고 있다.

　역경 속에서도 꺾이지 않고 희망의 불씨를 지켜낸 진채선의 인내와 수련, 애틋한 사랑은 관객의 가슴을 깊이 울린다. 마치 내가 그녀가 된 듯 감정이입되고 만다. 특히 낙성연에서의 선상 연창 장면은 압권으로, 판소리 팬이라면 누구나 숨을 죽이고 빠져들 수밖에 없다.

　또 「여자도 목이 있는데 왜 창을 하면 안 되는가」, 「남자가 치마를 입지 못하듯 여자에게 상투가 묶일 수 있겠는가」라는 대사에서 드러나듯, 불합리한 남존여비의 시대에 쌓이고 쌓인 여성들의 한이 판소리를 통해 듣는 이의 영혼을 뒤흔든다.

　여담이지만, 낙성연에서 진채선이 부른 『성조가成造歌』는 스승 신재효의 창작이며, 훗날 그녀는 여성 최초의 국창이자 명창으로 칭송받으며 향기로운 판소리 도리화桃李花가 되었다.

▌ 초출 『동양경제일보』 2016년 3월 4일자

영화 『요코하마 메리』
─ 시대가 버린 한 여성 이야기

「이세자키쵸伊勢佐木町 블루스」가 흐느끼듯 한층 큰 볼륨으로 흘러나오고, 이어 비행장과 가마보코 막사, 헌병과 미군의 모습들이 차례차례 스크린에 비쳤다. 마치 점령하의 요코하마를 그대로 보고 있는 듯한 장면들은 내 안에서 점차 풍화되어 가던 전쟁의 기억을 단번에 되살려 주었다.

이 영화는 하마 메리라는 이름으로 미군을 상대로 창녀로 살아야 했던 그녀의 반생을, 그리고 그녀와 얽힌 사람들의 회상을 바탕으로 그려낸 다큐멘터리다. 메리 씨는 흰 드레스와 짙은 흰 화장으로 맨 얼굴을 감추고, 빌딩 복도를 근거지 삼아 이세자키쵸 한켠에 서서 지나는 이들의 시선을 받으며, 전설적 창녀로 남았다.

그런 메리를 말기암과 싸우는 동안에도 따뜻하게 지켜보고 끝까지 곁을 지켜준 인물이 바로 나가토 간지로永登元次郎 씨였다. 간지로 씨의 삶 역시 메리 못지않게 눈물과 굴욕의 궤적을 따라가며, 때로는 주인공을 넘어서는 드라마를 보여주었다. 화면 속

메리를 따라가면서, 나는 부의 역사의 증인이기도 했던 간지로 씨의 인생과 나를 함께 보게 되었다.

간지로 씨 또한 전후에는 「창녀」로서 밤거리에 서야 했던 사람이다. 그 굴욕의 체험 때문에 그는 「나는 메리 씨를 보고 있으면 남의 일이라고 생각되지 않는다. 어쩌면 내 모습일지도 모른다. 사람이 시대의 일회용품으로 쓰일 수 있는가?」라는 분노 어린 메시지를 던질 수 있었고, 그것은 보는 이들의 마음에 절절한 공감을 불러일으켰다.

내가 처음 간지로 씨를 만난 것은 1987년 여름이었다. 「은파리」 무대에도 섰던 딸 경순이는 일주일에 두 번씩 카페 샤누아르에서 연주 무대를 가졌다. 그런 인연으로 간지로 씨가 기획한 리사이틀에 초대받았던 것이다.

공연장은 영화 속에도 등장하는 보랏빛 피아노, 개성적인 그림, 아름다운 꽃송이들로 장식된 화려한 분위기의 샤누아르였다. 간지로 씨가 정성스럽게 손본 메이크업 덕분에 경순이는 몰라볼 정도로 빛나는 여가수로 변신해 있었다. 그녀는 모국의 노래와 샹송, 칸초네, 재즈 등을 각 나라 언어로 불러 관객들의 큰 박수 갈채를 받았다.

그러나 곧 찾아온 경순이와의 슬픈 이별은 나를 망연자실하게 했다. 그런 나에게 간지로 씨는 경순이의 목소리를 담아 CD를 만들자고 권해주었다. 「작별회」에서 CD에서 흘러나오는 노랫소리와 무대에서 열창하던 경순이의 모습이 나오자, 차마 눈물을 참을 수 없었다. 간지로 씨가 손수 준비해준 정성 어린 요리도 손대지 못한 채였다. 그 기억들은 지금도 어제 일처럼 생생해, 사람 사이의 정과 만남의 우연과 필연이 뒤섞인 기묘한 인연의 힘을 다시금 느끼게 한다.

　메리 씨와 간지로 씨의 만남 역시 겉으로는 우연처럼 보이지만, 사실은 시대의 희생양으로 내몰린 사람들이 맺을 수밖에 없었던 필연 같은 인연처럼 다가왔다. 영화의 클라이맥스는 메리 씨의 고향 히로시마의 양로원에서 간지로 씨가 그녀를 찾아가 재회하는 장면이다. 이때 처음으로 맨얼굴의 메리가 화면에 나타난다. 눈물과 굴욕으로 얼룩진 삶을 전혀 느낄 수 없게 하는 온화한 표정 앞에서, 나도 모르게 가슴을 쓸어내렸다.

▌ 초출 『땅에서 배를 저어라』 창간호, 2006년

영화 『어머니들의 마을』
― 여자 할례 폐지에 나선 어머니들의 이야기

이 영화는 서아프리카의 한 작은 마을에서 오랜 관습인 여자 할례를 폐지하기 위해 일어선 어머니들의 투쟁을 담고 있다. 현대 사회에서도 할례라는 야만적이고 잔혹한 행위가 「이슬람의 가르침」이라는 이름 아래 태연히 자행되고 있다는 사실을 떠올리니, 등골이 오싹해지며 무심결에 하반신이 경직될 정도였다.

주인공 코레는 과거 할례를 받았기 때문에 두 번이나 사산을 겪었고, 셋째 딸은 제왕절개로 간신히 출산할 수 있었다. 그래서 그녀는 딸에게만큼은 절대로 할례를 받게 하지 않겠다고 결심한다. 그 사실을 알게 된 네 명의 소녀들이 코레의 집으로 도망쳐 숨어들자, 코레는 이 아이들을 지키기 위해 집 앞에 줄을 쳐 성역을 만들고, 시술자와 마을 장로, 그리고 다른 어머니들의 압력에도 굴하지 않고 끝내 아이들을 보호해낸다. 완고하게 전통을 지키려는 자들과, 할례를 폐지하고 새로운 미래를 열어가려는 자들. 이 두 가치관의 충돌 속에서 아프리카 사회가 안고 있는 심각한 문제가 고스란히 드러난다.

여자 할례는 남성의 처녀 숭배, 여성기 지배, 심지어 여성의 성감을 **빼앗기** 위한 수단 등으로 여성을 남성에게 종속시키기 위한 의식이자 결혼의 조건이 되는 통과의례였다. 지금도 아프리카 사회 깊숙이 뿌리내린 전통적 관습으로, 이를 거부하거나 저항하는 것은 곧 마을 추방이나 채찍질과 같은 가혹한 벌을 각오해야 하는 일이다. 특히 코레가 채찍질을 당하는 장면은 보는 이로 하여금 마치 자신이 대신 신음하고 싶을 만큼의 강한 압박감을 주었다. 피투성이가 되면서도 끝내 굴하지 않고 버티는 그녀의 모습에는, 결사의 각오와 동시에 「딸들에게만큼은 같은 고통을 물려줄 수 없다」는 어머니의 강렬한 메시지가 담겨 있었다.

이윽고 코레를 반대하던 여성들이 하나둘 그녀에게 「힘내라, 쓰러지지 말라」는 성원을 보내는 장면은 마치 찬송가를 합창하는 듯한 장엄한 기도처럼 느껴졌다. 이는 곧 낡은 껍질을 깨고 새로운 가치관으로 나아가는 여성들의 강한 연대를 예감케 하는 순간이었다. 가슴 뭉클한 감정이 온몸을 휘감으며, 오랜 억압과 순종을 강요당해온 여성들이 질곡에서 벗어나 해방을 맞이하는 순간, 그것은 곧 어머니들에 대한 찬가임을 깨닫게 되었다. 감동의 눈물이 하염없이 흘러내렸다.

할례에는 세 가지 형태가 있다고 한다. 첫째는 클리토리스만 절제하는 경우, 둘째는 소음순이나 음부 주변까지 도려내는 경우, 마지막은 클리토리스, 소음순, 대음순까지 모두 절제한 뒤

외음부를 봉합해 붙여버리는 가장 잔혹한 형태이다. 이로 인한 폐해는 심각하다. 출산 때는 절제 후의 경질화나 봉합으로 산도가 막혀 아기가 나오지 못해 질식사하는 경우가 있고, 배설이나 성교 시에도 극심한 고통을 겪는다. 심지어 분만 중 과다출혈로 산모가 사망하기도 한다.

여성 할례FGM는 2천 년 이상 이어져 내려온 관습으로, 현재도 아프리카 28개국에서 시술되고 있다고 한다. 오랫동안 이슬람의 가르침으로 여겨졌지만, 사실은 토착 관습임이 종교인 회의의 선언 등을 통해 밝혀졌다. 영화 속에서도 「이슬람은 그 의식을 원하지 않는다」라는 대사가 이를 분명히 하고 있다.

이 작품은 감독의 열정에 현지인들이 협력하여 제작된 영화로, 주인공 코레 역을 맡은 배우 또한 실제 할례를 경험한 말리 방송국 소속의 여성이라고 한다. 한편, 할례 철폐 운동단체IAC는 할례를 「여성 성기 절제」라고 명명함으로써, 이 행위가 단순한 전통이 아니라 폭력임을 세상에 드러냈다.

▌초출 『땅에서 배를 저어라』 2호, 2007년

영화『크로싱』
─ 살기 위해 헤어질 수밖에 었던 가족의 비극

친구가 건네준 한 장의 전단지─끝없이 펼쳐진 사막 한가운데, 영문 글자가 적힌 보드를 목에 건 소년이 의지하듯 서 있었다. 그 앞에는 철조망이 둘러쳐져 있었고, 「살기 위해 헤어질 수밖에 없었다」라는 붉은 글씨의 카피가 강렬하게 다가왔다. 왜, 살기 위해서 헤어져야만 했을까. 언뜻 모순되는 듯한 그 문구의 이유를 알고 싶어 나는 시부야의 유로 스페이스로 향했다. 꽃놀이가 한창인 토요일 오후, 평소라면 한산했을 객석이 이날은 만석이었고, 그중에는 안면이 있는 사람들도 눈에 띄었다.

이 영화는 2002년 탈북자 25명이 베이징 스페인 대사관에 진입해 한국으로 망명한 사건을 모티브로 한다. 제작진은 100명 이상의 탈북자를 인터뷰하고 3년간의 취재 끝에, 무려 4년에 걸쳐 작품을 완성했다고 한다. 메인 스태프 중에는 탈북자도 있었으며, 한국·중국·몽골에 이르기까지 비밀리에 촬영이 진행되었다.

영화는 북한 함경남도의 외딴 탄광 마을에서 가난하지만 평범하고 행복하게 살아가는 전 축구선수 영수 가족의 모습으로 시작된다. 이웃 상철 일가와도 각별한 사이였는데, 상철은 정부의 허가를 받아 중국과 무역을 하며 생계를 꾸리고 있었다. 그러나 어느 날 영수의 아내 영하가 폐결핵으로 쓰러진다. 약 한 알 구하기 힘든 북한의 현실 속에서 영수는 상철에게 도움을 청하지만, 정부에서 금지한 물품을 반입했다는 이유로 상철 일가는 연행되어 행방불명이 되고 만다. 영수는 치료약을 찾아 전국을 떠돌지만 끝내 구하지 못한다. 결국 가족과의 이별을 감수한 채 목숨을 걸고 두만강을 건너 중국으로 향한다. 그러나 그곳에서도 불법 취업이 발각되어 경찰에 쫓기는 신세가 된다. 아내의 약값을 벌기 위해 벌목장에서 고된 노동을 이어가지만, 단속을 피해 달아나는 과정에서 손가방을 잃어버리고 빈털터리가 되고 만다.

이후 한국 NGO의 도움으로 독일 대사관으로 피신하지만, 예상치 못하게 한국으로 망명하게 되면서 가족과의 거리는 더욱 멀어진다.

한편 북한에 남은 아내 영하는 결국 숨을 거두고, 고아가 된 외아들 준희는 아버지를 찾아 중국으로 향한다. 그러나 탈북이 발각되어 강제수용소에 끌려가게 되고, 그곳에서 뜻밖에도 어린 시절 친구이자 상철의 딸인 미선과 재회한다. 하지만 미선은 굶주림과 피부병에 시달리다 끝내 목숨을 잃는다. 수용소 계원이 미선의 시신을 마치 물건처럼 질질 끌고 가자, 준희는 「끌고 가지 마!」라며 절규한다. 미선을 향한 소년의 애틋한 연정과 억울함이 고스란히 전해져 보는 이의 가슴을 미어지게 한다. 영화 속 수용소의 참상은 참혹했다. 인명은 무시되고, 피부병이 악화되어 구더기가 들끓어도 약조차 주지 않은 채 방치하다 죽음으로 내몰리는 현실. 그 생생한 모습 앞에 눈을 가리고 싶어질 만큼 고통스러웠다.

한국에 들어온 영수는 곧바로 아들을 찾아달라고 의뢰한다. 중개자의 도움으로 준희는 중국 국경을 넘어 몽골 사막으로 탈출할 계획을 세운다. 어렵게 서울에 있는 아버지와 휴대전화로 연결된 준희는 「엄마를 지켜내지 못했다」며 울먹이며 사과한다. 아내의 죽음을 알게 된 영수는 「하나님도 잘 사는 나라에만 계신 건 아니잖아요! 그렇지 않다면 왜 북한은 저렇게 내버려 두십니까!」라며 하늘을 원망하며 통곡한다. 이 장면에서 감독이 전하고자 한 메시지는, 가혹한 현실의 불합리함과 인간 존엄에 대한 절절한 호소가 고스란히 전해진다.

이윽고 비행기 탑승 시간이 다가오고, 몽골에서의 재회를 약속한 채 전화는 끊어진다. 그러나 무정하게도 아버지와의 재회는 이루어지지 못한다. 준희는 광활한 몽골 고비 사막을 홀로 헤매다 결국 탈진한다. 만천의 별빛 아래 몽롱한 의식 속에서 아버지와 함께 축구하던 행복한 기억이 스쳐 지나가고, 준희는 조용히 숨을 거둔다. 환상적인 영상과 아름답고도 애잔한 음악이 어우러진 클라이맥스, 너무나 비극적인 결말 앞에서 마음이 떨리고, 「어떻게 좀 해줘!」, 「어떻게 하면 좋아!」라며 외치고 싶은 충동을 억누를 수 없었다. 객석 곳곳에서 흐느낌이 흘러나왔고, 옆자리 여성은 손수건으로 눈물을 연신 훔치고 있었다.

이 영화는 단순히 체제를 비판하거나 탈북자들의 안타까움만을 전달하는 것이 아니다. 사느냐 죽느냐의 벼랑 끝 상황에서도 가족과 고향을 그리워하며 인간답게 살고자 하는 사랑의 이야기를 담아내고 있다. 그리고 지금 이 순간에도 굶주림으로 죽어가는 북녘 사람들과 탈북자들이 처한 현실을 직시해야 한다는 강한 메시지가 현장감 넘치는 영상으로 전해진다. 살기 위해 필사적으로 택한 선택이 가족과의 이별이나 죽음으로 이어져 비극이 되는 현실 ─ 그 무거운 질문을 어떻게 받아들이고 마주할 것인지를 깊이 생각하게 한다.

김태균 감독은 제작 동기를 십 년 전에 본 다큐멘터리에서 받았다고 한다. 그 영상에는 꽃제비들이 길가에 버려진 우동을 주워 더러운 하수구 물에 헹궈 먹는 참혹한 모습이 담겨 있었다. 그는 그 장면에 큰 충격을 받았고, 그러한 고난을 견뎌내고 있는 현실을 알고 스스로가 정말 부끄러웠다고 고백한다. 감독은 인터뷰에서 「살기 위해 헤어질 수밖에 없었던 가족의 비극을 통해, 그 땅에 사는 사람들의 눈물과 그 이유를 알고 싶었다」고 밝힌 바 있다. 면밀한 준비와 감독의 진지한 태도는 가족의 유대와 정을 사실적으로 담아내며, 이 영화를 한층 가치 있게 만들었다.

영수 역을 맡은 차인표는 인터뷰에서 이렇게 말했다. 「물에 빠진 사람을 도우려는 사람에게 당신은 좌파냐 우파냐 묻는 것만큼 어리석은 일은 없다」라며, 아이들의 미래를 위해서라도 남북문제가 하루빨리 해결돼야 한다고 덧붙였다.

심양의 일본 영사관으로 도망쳐 한국으로 망명한 한미 양 가족은 그 후 어떻게 지내고 있을까. 절망적인 현실 속에서 삶의 희망을 찾고자, 한미 양 일행은 필사적으로 국경을 넘었다. 그어린 한미의 겁먹은 모습은 영화 속 준희의 모습과 다름없어 보였다. 낙원을 믿고 귀국했던 내 친구들은 지금 어떻게 되었을까, 아직 살아 있을까…….

영화가 끝나고 자막이 흐르는 어둠 속에서 나는 서둘러 영화관을 빠져나왔다. 안면이 있는 그녀들과 눈을 마주칠 수 없었다. 대부분이 귀국자와 깊은 인연을 가진 사람들이었기 때문이다. 영화에서 보았던 것처럼, 들이닥친 현실은 너무 답답했고, 그들의 심정을 떠올리면 도저히 견딜 수 없었다. 가시지 않는 무거운 마음을 안고, 나는 내게 스스로 물었다. 내가 할 수 있는 일은 과연 무엇일까…….

▎ 초출 『땅에서 배를 저어라』 5호, 2010년

영화『더 테너 리리코 스핀토』
―국경을 초월한 끈끈한 유대

한일 합작 영화『더 테너 리리코 스핀토』를 보았다. 이 작품은 아시아 역사상 최고의 테너로 불리는 한국인 오페라 가수 배재철 씨와, 그의 노랫소리에 매료된 일본인 프로듀서 와지마 도타로輪嶋東太郎 씨가 나눈 국경을 초월한 우정을 그린 실화다.

배재철 씨는 한양대 성악과를 졸업한 뒤 이탈리아로 유학, 베르디 음악원에서 공부했다. 이후 유럽 각지의 콩쿠르에서 입상하며 테너의 리리코 스핀토빛나고 강인한 목소리의 소유자라는 찬사를 받았고, 탁월한 실력을 인정받았다. 주인공으로 발탁되어 유럽 무대에서 왕성하게 활동하던 2005년, 돌연 갑상선암 선고라는 비극을 맞는다. 수술을 받았지만, 적출 과정에서 성대와 횡격막 신경이 모두 절단되었고, 오른쪽 폐 기능마저 잃어 가수에게 가장 치명적인 세 가지 신경을 모두 잃고 만다.

이 비극적인 상황 속에서 와지마 씨는 포기하지 않았다. 그는 분투 끝에 성대 기능 회복 수술의 권위자인 교토대학 잇시키 노부히코一色信彦 명예교수를 찾아내어, 그의 집도로 갑상선 연골 형성 수술을 받게 한다. 그러나 수술 후에도 원래의 목소리를 되찾기까지는 험난한 길이 기다리고 있었다. 끝없는 재활에도 좀처럼 회복되지 않아 절망과 고통 속에서 신음을 이어가던 그를, 와지마 씨는 헌신적인 격려와 믿음으로 지탱했다. 결국 배재철 씨는 극심한 시련을 이겨내고 마침내 믿을 수 없는 기적 같은 무대 복귀를 이루어낸다.

이 영화의 또 다른 매력은, 극 중 배재철 씨의 노랫소리가 그의 전성기 시절의 실제 목소리로 더빙되어 테너 리리코 스핀토의 진면목을 마음껏 느낄 수 있다는 점이다. 특히 절망에 잠긴 장면에서 울려 퍼지는 「오셀로」의 아리아는 압권이었다. 그 순간 나는 극장에 있다는 사실조차 잊고 스탠딩 오베이션을 하고 싶을 정도로 영혼이 뒤흔들렸다. 또한 무대 복귀 후 감사와 기도를 담아 부르는 「어메이징 그레이스」 장면에서는, 신앙이 없는 나조차도 경건히 기도하고 싶을 만큼 깊은 감동을 받았다. 유지태 씨의 박진감 넘치는 연기와 더불어 아름다운 오페라 명곡들이 어우러져, 마치 한 편의 시네마 오페라를 감상하는 듯한 착각마저 들게 했다.

음악을 통해 만난 두 사람은 국경을 넘어 끈끈한 유대와 신뢰를 키웠다. 그 우정을 토대로 혹독한 시련을 이겨내고 기적의 무대 복귀를 실현하는 모습은 용기와 감동 그 자체였다. 한일 관계가 삐걱거리는 지금, 정치적 긴장을 풀 수 있는 힘은 어쩌면 이런 영화나 음악이 아닐까. 「너와 나」, 「당신과 저」가 국적과 민족을 넘어 연결되는 순간, 진정한 이해가 시작되는 것일지도 모른다.

　조금 오래된 이야기이지만, 한 콘서트 종료 후의 파티장에서 나는 오페라 보급 활동에 힘쓰고 계셨던 기시다 교코岸田今日子 씨, 후지 마나미富士真奈美 씨, 요시유키 가즈코吉行和子 씨, 그리고 와지마 도타로 씨를 만난 적이 있다. 그때의 인상도 매우 훌륭했지만, 이번 영화를 보고 난 뒤 나는 완전히 와지마 도타로 씨의 열렬한 팬이 되고 말았다. 부라보!!

▌ 초출『동양경제일보』2014년 10월 24일자

뮤지컬『빨래』
─ 인간의 마음의 때를 씻어 내고 내일을 향하다

　도쿄에서는 좀처럼 보기 힘든 폭설이 눈보라처럼 몰아치던 1월 30일 오후, 나는 롱 다운 코트로 몸을 감싸고 뮤지컬『빨래』를 보기 위해 긴자의 하쿠힌칸博品館 극장을 찾았다. 극장 로비에 들어서자 저명 인사들이 보낸 화려한 화환이 가득 놓여 있었고, 그윽한 꽃향기가 가득 퍼져 있었다. 그중에서도 유독 눈길을 끈 것은「가와시마 나오미川島なお美 씨에게」라고 쓰인 대형 화환이었다.

　무대는 별빛이 쏟아질 듯한 밤하늘 아래, 도심 뒷골목의 낡은 연립주택으로 나영이 이사 오는 장면으로 시작된다. 그곳에는 장애인 딸의 미래를 걱정하는 고령의 집주인 아줌마와, 불법 체류 신분으로 일하는 몽골·필리핀 출신의 외국인 이주노동자들이 함께 어깨를 맞대고 살아가고 있었다.

　어느 날, 나영은 근무하던 서점에서 사장의 폭언과 횡포를 참지 못해 칼을 들이댄 사건으로 먼 곳의 창고 근무를 명령받는다. 부당한 처사에 분노하고 절망하는 나영을 따뜻하게 위로해 준

것은 몽골 출신 이주노동자 솔롱고였다. 이윽고 두 사람 사이에는 사랑이 싹트고, 이야기는 그들의 사랑을 중심으로 서울의 뒷골목을 배경 삼아 상처 입고도 꿋꿋하게 살아가는 사회적 약자들─외국인 노동자를 포함한─의 인간 군상을 담아낸다. 뮤지컬의 제목처럼, 억울하고 힘들고 도저히 용서할 수 없는 어제의 부조리를 「빨래」하듯 씻어내고, 새로운 마음으로 내일을 향해 살아가자는 메시지가 깊은 감동으로 다가왔다.

주인공인 나영 역의 히라타 아즈사平田愛咲 씨는 일본인 아버지와 재일한국인 어머니 사이에서 태어난 더블이고, 솔롱고 역의 야마구치 겐키山口賢貴 씨는 일본인 아버지와 필리핀 어머니 사이에서 태어난 더블이다. 이는 다민족·다문화 공생이라는 작품의 주제와도 묘하게 맞닿아 있었다. 무겁게 느껴질 수 있는 소재를 재치 있는 풍자와 따뜻한 감성으로 풀어내며, 웃음과 눈물이 교차하는 감동적인 무대로 완성되었다. 음악 또한 록, 탱고, 블루스, 엔카 등 다채롭게 어우러져 민족색이 한층 풍부하게 표현되었다.

특히 기대 이상이었던 것은 가와시마 나오미 씨였다. 『실락원』의 이미지가 강했던 그녀가 이처럼 사회성을 담은 뮤지컬에서, 그것도 주인공에 버금가는 노래와 연기로 무대를 압도하는 모습을 보니 친근감과 놀라움이 동시에 밀려왔다. 또 미나미 도요카즈三波豊和 씨는 도입부의 특유의 말투부터 커튼콜에서의 애드리브까지 관객과 뜨거운 일체감을 형성하며 무대를 빛냈다. 주인공을 제외한 여섯 명의 배우가 1인 다역을 맡아 연기하는 것도 관전 포인트였다. 역시 오페라든 뮤지컬이든 마지막 커튼콜은 늘 내 마음을 설레게 한다.

『빨래』는 이미 2010년 한국에서 뮤지컬 어워드 최우수 작품상을 수상하며 주목을 받았고, 2005년부터 서울 대학로에서 롱런을 이어오며 한국뮤지컬대상을 비롯한 수많은 상을 거머쥐었다. 다음에는 꼭 한국 무대에서, 한국어로 공연되는『빨래』를 보고 싶다. 역시 한국의 정서는 한국어로 느끼는 것이 가장 진하게 느낄 수 있다.

▍ 초출『동양경제일보』 2015년 2월 6일자

『봉선화 ─ 고요히 들려오는 노랫소리』
─ 노래는 역사의 증인

후쿠오카에 거주하는 옛 친구 이타이 씨로부터 『봉선화─고요히 들려오는 노랫소리』(RKB 마이니치 방송 제작)의 DVD가 도착했다. 일본과 한반도의 근현대 관계사를 노래를 통해 풀어낸 다큐멘터리 작품이다. 제목이 된 『봉선화』는 한국 근대 음악의 시조로 불리는 홍난파가 작곡한 곡으로, 「고향의 봄」과 함께 한국에서 모르는 이가 없을 정도로 사랑받는 애창가이다. 애절한 선율이 흐르는 가운데, 작품은 식민지 시기의 노래 역사를 다양한 증언자들의 목소리와 함께 따라가며 감동을 자아낸다. 영상에는 일본에 협력할 수밖에 없었던 박춘석, 손목인, 황문평 등의 작곡가들, 그리고 지일파 시인 김소운, 훗날 초대 문화부 장관이 된 이어령, 재일 작가 김달수, 이회성 씨 등이 등장한다. 특히 35년 전의 귀중한 영상 자료는 이 다큐멘터리를 한층 더 중후하고 빼어난 작품으로 만들어 주었다.

그 가운데 요시오카 시노부吉岡忍 씨가 「노래는 역사의 변화를 지켜본 증인」이라 말한 부분이 특히 와 닿았다. 다시금, 노래는 시대를 비추는 거울임을 확인할 수 있었다.

조선 근대문학의 선구자로, 3·1 독립선언서를 기초하고 『독립신문』 편집을 맡았던 이광수는 결국 일본에 협력하며 민족의 배신자로 낙인찍힌 인물이다. 이에 대해 아쿠타가와상 수상 작가 이회성 씨는 「민족을 배신한 그는 용서할 수 없다! 그러나 그것은 그 시대 민족의 한계였다」라고 말했다. 이는 이광수를 단순히 비난하기 위한 말이 아니었다. 오히려 독립운동에 깊이 관여했던 그가 끝내 절개를 지키지 못한 채 변절할 수밖에 없었던 고통을 함께 느끼며 전한 말이었다. 이광수의 삶은 당시의 제약 속에서 절개를 고수하는 일이 얼마나 어려운 것이었는지를 여실히 보여준다. 또한 야나기 무네요시의 글 「조선인을 생각하다」에서 「일본은 많은 돈과 군대와 정치를 보냈을지언정, 마음의 사랑을 보낸 적이 있었는가」라는 구절은 일본에도 이런 성찰을 가진 이가 있었음을 일깨운다. 근현대사를 돌아볼 때, 무엇이 옳고 그른지를 일률적으로 단정할 수 없는 이유가 여기에 있을 것이다.

김소운은 「상극의 역사의 벽을 허물려면 따뜻한 감정이 필요하다」라고 말했다. 제암리 사건에서 홀로 살아남은 전동례 할머니는 「성경에는 네 원수를 사랑하라고 하지 않습니까」라며 안타까운 삶에도 불구하고 영상 속에서 평온한 얼굴을 보여주었다. 이 두 사람의 증언은 결국, 노래의 역사를 따라가며 과거를 극복하기 위해서는 화해와 용서가 필요하다는 메시지를 전하고 있었다.

엔딩에 가까워지며 길옥윤이 기타를 치며 노래하는 「울밑에 선 봉선화야/네 모양이 처량하다」를 들으니, 들떠 있던 마음이 차츰 고요함을 되찾는 듯했다. 과거를 극복한다는 것은 결국 잃어버린 고요함과 따뜻함을 되찾는 것일지도 모른다. 그렇다 해도 「타향살이」나 「목포의 눈물」 같은 곡들은 왜 그토록 슬픈 선율을 띠고 있을까. 역시 노래는 시대와 함께, 아니 민중의 삶과 더불어 살아 숨 쉬어온 증거임을 다시금 느끼게 된다.

초출 『동양경제일보』 2015년 6월 5일자

뮤지컬 『명성황후』
— 일본군에 살해된 국모 이야기

중국 전승 군사 퍼레이드에 참가한 박근혜 대통령을 산케이 신문이 민비(명성황후)에 비유해 논란이 일던 시절, 한국 정부가 이를 격렬히 규탄하고 있을 때 나는 서울에 있었다. 마침 뮤지컬 『명성황후』 20주년 기념 공연이 한창이었다. 작년에 뮤지컬 『레베카』를 본 이후 한국 뮤지컬에 푹 빠져 있었던 터라, 화제작인 『명성황후』를 꼭 보고 싶어 게스트하우스 근처 안국역에서 지하철을 탔다. 약 30분쯤 지나 남부터미널역에 도착해 한참을 걸으니, 서울이 자랑하는 예술 복합시설인 예술의전당 오페라하우스가 도로 건너편으로 눈에 들어왔다. 1994년, 서울 천도 600년 기념 공연으로 전월선이 주연을 맡은 오페라 『카르멘』을 본 이후 21년 만의 방문이었다.

뮤지컬 『명성황후』는 소설가 이문열의 『여우사냥』을 원작으로, 명성황후 사후 100년이 되는 1995년에 초연되었다. 이듬해 한국뮤지컬대상을 비롯해 여러 상을 휩쓸며 한국 뮤지컬을 대표하는 작품으로 자리 잡았다.

작품은 조선 왕조의 마지막 임금이었던 고종의 정실이자 민비로 불렸던 명성황후가, 대한제국으로 국호가 바뀌기 전인 1895년 을미사변에서 비극적으로 살해된 사건을 다루고 있다. 일본에서는 쓰노다 후사코角田房子의 저서『민비암살』을 통해 널리 알려졌는데, 당시 민비가 배일·친러 정책을 취하자 일본 공사 미우라 고로三浦梧樓는 그녀의 정적 대원군과 손을 잡고 친일 정권 수립을 꾀했다. 결국 1895년 10월 8일 새벽, 일본군 수비대와 경찰이 경복궁을 습격해 국모를 참살하는 이 전대미문의 사건이 일어났던 것이다. 세계사에서도 유례를 찾기 힘든 폭거로, 오늘날까지 한일 관계에 어두운 그림자를 드리우고 있다.

무대는 실로 화려했다. 득히 결혼 장면에서는 우아한 의상과 궁정의 문양들이 관객의 눈을 사로잡았다. 이어 무대는 대륙 침략으로 치닫는 일본 제국과 서구 열강의 압박이 격심한 시대적 상황으로 옮겨가며, 명성황후와 대원군의 대립, 그리고 명성황후가 비극적으로 살해되는 클라이맥스로 향한다. 그녀의 파란만장한 생애가 배우들의 다듬어진 목소리와 박진감 넘치는 연기를 통해 무대 위에 생생히 되살아났다. 그랜드 피날레에서는 순백의 의상을 입은 명성황후가 조국의 영원한 번영을 기원하며 힘차게 노래를 부르고, 막은 장엄하게 내려왔다.

윤호진 연출은 명성황후를 국제적 감각을 지닌 총명하고 강인한 여성 지도자로 그려냈다. 「암탉이 울면 집안이 망한다」던 옛말이 무색할 만큼, 역사의 평가는 시대에 따라 달라지고 있음을 새삼 느꼈다.

이날 명성황후 역은 『마리 앙투아네트』 등 대형 작품에서 타이틀 롤을 맡아온 실력파 배우 김선영이 맡았다. 그녀의 매혹적인 목소리는 작품의 중심을 단단히 잡아주었다. 끝까지 명성황후를 지키려 한 홍계훈 역에는 일본 무대 『레미제라블』에서 장발장을 연기했던 극단 사계 출신 김준효가 캐스팅되어, 뛰어난 목소리와 무대 장악력을 보여주었다. 조선의 마지막 임금 고종역은 일본 공연 『삼총사』에도 출연한 민영기가 맡아, 호화로운 캐스팅의 진가를 유감없이 발휘했다.

▌ 초출 『동양경제일보』 2015년 10월 9일자

뮤지컬 『이향란』
─ 노래는 시대를 비추는 거울

지난해 12월, 「자유극장」에서 뮤지컬 『이향란』을 관람했다. 극단 사계 전용극장인 자유극장은 500석 규모의 아담한 시어터로, 「정통 신극을 계승하는 운동을 이어가기 위한 것으로 극단 창립 50주년을 기념해 세워졌다」고 한다.

극장에 도착해 마중 나온 홍보담당 T 씨와 인사를 나누고 자리에 앉자 무대 정면의 장막이 눈에 들어왔다. 끝없이 펼쳐진 황야, 저무는 황홀한 석양을 등지고 당나귀를 끌며 귀로에 오르는 노인의 실루엣. 이 작품이 담고 있는 시대적 배경을 암시하는 듯했다.

무대는 곧 이향란이 만주영화협회의 주연 여배우로 일본의 선전 공작에 가담한 죄목으로 군사 법정에 서서 사형을 구형받는 장면으로 시작된다. 그러나 그녀가 자신은 중국인이 아니라 일본인 야마구치 요시코山口淑子라고 고백하자, 법정은 충격에 빠진다.

이어 시공을 넘어 어린 시절의 회상으로 장면이 바뀐다. 아버지는 중일 우호의 꿈을 딸에게 맡기며, 절친한 중국인 장군의 수양딸로 입양해 이향란이라는 이름을 얻게 한다. 한편 관동군은 일본의 대륙정책을 정당화하기 위해 선무공작의 일환으로 만주영화협회를 신설하고, 그곳에서 이향란을 데뷔시킨다. 그녀는 노래하는 중국 여배우로 등장해 일본은 물론 아시아 전역에서 단숨에 스타로 떠오른다.

그러나 전쟁은 점차 파국으로 치닫고, 결국 패전과 함께 무대는 다시 법정 장면으로 돌아온다. 이향란은 자신을 낳아 길러준 중국에 대한 사랑, 그리고 젊음과 무지로 저지른 잘못을 참회하며 절절한 아리아를 부른다. 그 노래는 기도이자 내면의 외침으로 관객의 가슴에 깊이 파고든다. 판결의 순간, 재판관은 「미움을 증오로 갚는다면 싸움은 끝나지 않는다. 덕으로 원한에 보답하자」라며 무죄를 선고한다. 무대는 화해와 용서의 메시지를 담은 피날레로 막을 내린다. 극 중의 노래 「소주야곡蘇州夜曲」과 「야래향夜來香」은 그 시절의 분위기를 생생히 불러내며 향수와 그리움으로 가슴을 울린다. 노래가 시대를 비추는 거울임을 다시금 확인하게 된다.

이향란의 본명은 야마구치 요시코. 1920년 옛 만주 푸순에서 태어나 만주영화협회에서 이향란이라는 이름으로 데뷔해, 중·일 격동의 역사 속에서 중국인 여배우로 활약하며 한 시대를 풍미했다. 전후 일본으로 돌아와서는 TV 프로그램 사회자와 참의원 의원을 지냈으며, 94세로 생을 마쳤다. 말년에는 아시아여성

기금 부이사장으로서 종군위안부 문제 해결에도 힘썼고, 과거 쑤저우蘇州 촬영장에서 만난 전 위안부 여성과는 이후에도 교류를 이어갔다고 한다.

종연 후에는 T 씨의 배려로 아사리 게이타浅利慶太 씨와 이야기를 나누는 행운도 있었다. 전후 70년을 맞아 선보인 『이향란』은 과거의 원한을 넘어 우호와 평화, 용서를 담아낸 「화해」의 무대였다. 동시에 만주국이라는 유토피아를 꿈꾸다 군국주의에 이용당해 좌절했던 이들의 흔적을, 이향란이 겪은 기구한 삶의 여정을 따라가며 되새기게 했다. 전쟁의 비참함과 인간의 어리석음, 나약함을 역사의 기억으로 간직하자는 연출자의 뜻이 강렬하게 전해져왔다.

▌초출『동양경제일보』2016년 2월 5일자

뮤지컬 『쓰시마 이야기』
― 두 나라 사이에서 고뇌하는 쓰시마 번주 소 요시토시

이 뮤지컬은 도요토미 히데요시豐臣秀吉의 조선 출병에서부터 세키가하라關ヶ原 전투에서 서군에 가담해 패배한 뒤, 이에야스의 명으로 국서를 위조하여 조선과의 국교 회복을 위해 동분서주 하던 시기, 그리고 마침내 「조선통신사」의 내방을 실현하기까지 격동의 시대를 살았던 쓰시마 번주 소 요시토시宗義智의 일생을 그린 작품이다. 국경의 섬 쓰시마는 산이 많고 평야가 적어 벼농 사가 어려웠다. 그래서 조선과의 교역은 번의 존망을 좌우하는 생명선이었다. 그럼에도 불구하고 도요토미 히데요시의 명령에 따라 본의 아니게 조선 출병에 나서야 했던 쓰시마. 이처럼 두 나라 사이에서 고뇌할 수밖에 없었던 쓰시마의 고난의 역사를 배경으로, 기리시탄 다이묘 고니시 유키나가小西行長의 딸 마리아 와의 부부애와 수난의 생애를 장대한 서사로 그려낸 드라마틱 한 역사 뮤지컬이었다. 각본은 제임스 미키가 맡았다. 서로 깊이 사랑하면서도 시대의 폭풍에 갈기갈기 찢길 수밖에 없었던 두 사람의 운명은 무대 위에서 한층 애절하게 빛났다. 특히 마리아가 조용히 떠나는 장면에서는 전국시대를 살았던 여인의 슬프고 애잔한 사랑이 고스란히 전해져 객석 여기저기에서 흐느끼는 소리가 흘러나왔다. 피날레에서는 「조선통신사」의 내방을 축하하는 합창이 울려 퍼지고, 일본 북소리와 함께 일본무용과 한국무용이 어우러져 무대를 화려하게 장식했다.

이번 공연은 일본과 한반도의 교류에서 쓰시마가 맡았던 역사적 역할을 조명하고자, 도쿄에서 처음으로 선보이게 되었다. 주최는 조선통신사와 관련된 지자체로 구성된 NPO법인 「조선통신사연지연락협의회朝鮮通信使緣地連絡協議会」와 쓰시마시가 맡았다. 「성신교린誠信交隣」의 정신을 내건 조선통신사를, 세계에 자랑할 만한 평화의 역사로 규정하고, 한일 공동으로 유네스코 세계기록유산 등재를 추진하려는 취지였다. 이 공연은 2011년 쓰시마에서 처음 열린 이후 부산에서도 무대에 올랐고, 조선통신사의 최종 목적지가 에도였던 만큼 이번이 도쿄에서의 첫 공연이라는 점에서도 의미가 깊었다.

공연이 끝난 뒤 로비에는 조선통신사 행렬을 재현한 인형들이 전시되어 있었다. 특이한 표정에 이끌려 무심코 셔터를 눌렀는데, 나중에 알게 된 바에 따르면 그것은 쓰시마에 거주하는 인형작가 효도 준코兵頭順子 씨의 작품이었다. 그녀는 통신사가 마지막으로 일본에 도착한 1811년의 행렬도를 바탕으로, 각종 문헌을 조사하며 2년에 걸쳐 작품을 완성했다고 한다. 말과 음악대 단원, 정사 역의 인형까지 새롭게 제작해 쓰시마 번의 선도를 선두로 한 10미터 길이의 화려한 행렬을 정성껏 재현한 것이었다.

효도 씨는 「당시 사람들의 웃음소리, 말발굽 소리, 그리고 시끌벅적한 악기의 울림까지 전해지는 이야기가 있는 인형을 만들고 싶었다. 아이들에게 조선통신사가 한일 우호의 상징임을 알리고 싶다」는 메시지를 작품에 담았다고 한다.

『쓰시마 이야기』 공연에 앞서 같은 날, 와세다대학에서는 조선통신사 세미나 「조선통신사 모임 in 도쿄」가 열렸다. 이 자리에서 시모노세키시립역사박물관의 마치다 가즈히토町田一仁 관장은 「조선통신사에 관한 기록」의 유네스코 기록유산 등재를 주제로 강연을 펼쳤다.

조선 왕조의 새 임금 즉위나 도쿠가와 막부의 쇼군 교체가 있을 때마다 양국은 서로 경축 사절을 교환했는데, 1607년 이후 12차례나 조선에서 파견된 사절단은 매번 500명에 가까운 대규모였다. 무려 200년 동안 이어져 온 양국 간의 「성신교린」의 기록을 담은 조선통신사가, 머지않아 유네스코 세계기록유산으로 등재되기를 진심으로 기대해 본다.

초출 『동양경제일보』 2017년 1월 30일자

제7장

석별의 언어

미야마美山의 취락. 옛날 그대로의 가야부키茅葺き 민가를 배경으로
정조묘 선생님과 함께

재일 여성문학을 향한 따뜻한 시선
— 안우식 선생님을 기리며

안우식 선생님께서 요양 중이던 병원에서 별세하셨다는 사실을 알게 된 것은 아사히신문의 부고란(작년 12월 22일)을 통해서였습니다. 불과 일주일 전, 한국문화원의 하라다 미카原田美佳 씨로부터 「표창식에는 나오실 수 있으세요」라며 병원에서 건강한 목소리로 전화를 주셨다는 이야기를 들은 터라, 그 소식을 쉽게 믿을 수가 없었습니다. 선생님께서는 한국문화원 주최 한국문학 독후감 경연대회의 심사위원장을 맡고 계시기도 했습니다.

안 선생님은 오비린대학 명예교수이자 문예평론가, 그리고 번역가로 눈부신 활동을 이어오신 분이었습니다. 평전 『김사량 —그 저항의 생애—』를 비롯하여 무려 40권에 달하는 역서를 남기셨고, 특히 윤흥길의 『에미母』(일본번역출판문화상 수상)와 신경숙의 『외딴방離れ部屋』은 일본 문단에서 높은 평가를 받았습니다.

새해가 밝자, 오비린대학 관계자로부터 「안우식 선생님을 추모하는 모임」 안내장을 받았고, 저 역시 참석하게 되었습니다. 아직 찬 기운이 남아 있던 2월, 오차노미즈역에서 멀지 않은 도교 가든 팰리스에는 이미 대학 관계자와 출판·번역계 인사들이 모여 있었고, 저처럼 개인적인 인연으로 참석한 이들은 그리 많지 않은 듯했습니다.

제단에는 부드러운 꽃으로 장식된 선생님의 영정이 놓여 있었고, 그 옆 비디오 화면에는 다큐멘터리가 상영되었습니다. 절제되면서도 따뜻한 목소리, 그리고 선생님께서 즐겨 부르시던 「반달」을 노래하시던 모습이 아련하게 그리워졌습니다. 조사가 이어지는 가운데, 특히 두터운 친분을 맺어 온 나구모 치아키南雲智桜 오비린대학 교수는 「선생님의 번역문에 의해 원작을 뛰어넘는 풍성한 소설 세계가 탄생해 왔다」고 말씀하시며 그 업적을 높이 평가했습니다.

돌이켜보니 선생님을 처음 뵌 것은 1954년, 지금으로부터 반세기가 훌쩍 지난 옛날, 제가 세일러복을 입고 다니던 고등학교 3학년 시절이었습니다. 당시 선생님은 조총련 소속으로, 저를 위한 「인입사업」을 위해 찾아오신 것이었습니다. 「인입사업」이란 넓게는 일본 학교에 다니는 학생들을 민족학교에 오도록 권유하는 활동을 뜻합니다.

그때 아버지는 조총련계 현 본부 상공회 이사장 등을 맡고 계셨기에 입장상 거절하기 어려웠던 듯합니다. 결국 저는 음대를 목표로 하던 길을 잠시 접고, 지바현 후나바시에 있던 조선사범전문학교에 입학하게 되었습니다. 전원 기숙사 생활이었고, 그곳에서 모국의 역사와 언어를 배우며 장래에 대해 많은 대화를 나눴던 1년은 오늘의 저를 만드는 데 큰 밑거름이 되었습니다. 아마도 코리안으로서의 정체성이 깊이 자리 잡은 시기였는지도 모르겠습니다.

이후 음대에 진학해 졸업하던 해 가을에 결혼했는데, 우연히도 선생님은 남편과 같은 직장에 근무하고 계셨습니다. 1971년에 조선대학교에서 퇴직하신 뒤에는 번역가이자 문예평론가로서 더욱 활발한 활동을 이어가셨습니다.

동인지 『봉선화』를 창간한 1919년, 안 선생님께서는 고문으로서 늘 격려와 따뜻한 조언을 아끼지 않으셨다. 『도쿄신문』의 칼럼란에 『봉선화』를 소개하는 글을 써 주신 것이 계기가 되어, 창간 10주년 모임의 동정을 제가 『도쿄신문』에 기고할 수 있었습니다.

또한 『봉선화』 창간 20호를 기념하여 한국문화원과 공동으로 「한일을 잇는 문화교류의 모임」을 개최했을 때, 안 선생님께 강연을 부탁드렸습니다. 연제는 「한일 여성들이 지어낸 말의 고리」였습니다.

그 자리에서 선생님께서는 『봉선화』 창간부터 20호까지의 발자취를 돌아보시며, 재일 여성과 일본 여성들이 언어 활동을 어떻게 함께 이어왔는지를 차분히 말씀해 주셨습니다. 이어 「20호에 실린 글은 수준 높은 것이 많습니다. 『봉선화』는 재일 여성의 문장을 발신하는 장이 되었고, 이곳에서 김 마스미金真須美 씨와 같은 작가도 탄생했습니다. 기고자의 연령층도 재일 1세에서 3세까지 다양해져, 각 세대의 에너지가 『봉선화』로 하나가 되었음을 실감합니다. 무엇보다 많은 재일 여성과 일본 여성들에게 문장 표현의 기회를 제공해 온 유일한 잡지이니, 앞으로도 오래 계속되기를 바랍니다」라는 말씀으로 강연을 맺으셨습니다.

1994년, 소설가 이주인 시즈카伊集院静 씨가 『기관차 선생機関車先生』으로 시바타 렌자부로柴田錬三郎상을 받았을 때, 선생님은 슈에이샤集英社 주최의 축하 파티에 저를 초대해 주셨습니다. 아마도 장소는 야마노우에 호텔이었던 것으로 기억합니다.

그날 이주인 씨는 『어리석은 자愚か者』와 『긴기라긴니 사리게나쿠ギンギラギンにさりげなく』 등으로 활약하던 가수 곤도 마사히코近藤真彦 씨와 여배우 시노 히로코篠ひろ子 씨 등 연예계 인사들과 함께 모습을 드러냈습니다. 저명한 작가들을 직접 만날 기회도 주어졌는데, 특히 다나베 세이코田辺聖子 씨와 함께 찍은 사진은 지금도 소중히 간직하고 있습니다.

그 무렵, 단편소설 『가짜 다이아몬드를 조문하다贋ダイヤを弔う』로 제12회 오사카 여성문예상을 받고 갓 작가로 데뷔한 김 마스미 씨도 그 자리에 함께 했습니다. 아마도 그녀에게 자극을 주고 싶으셨던 것입니다. 수상 당시에도 선생님께서는 전화를 주셔서 「오 헨리의 단편을 읽는 듯했어요. 그녀, 재능 있어요」라며 칭찬을 아끼지 않으셨습니다.

이듬해인 1995년, 김 마스미 씨는 『메소드メソッド』로 제32회 문예상 우수작을 수상했는데, 그때에도 선생님께서는 그녀의 재능을 높이 평가하시며 「재일코리안의 새로운 여성 작가가 탄생

했다」고 말씀하셨습니다. 또한 재일코리안의 양의성을 끊임없이 주제로 삼는 그녀의 작품에 대해 큰 기대를 품고 계셨습니다. 안 선생님의 이름을 신문에서 자주 접하던 그 시기야말로, 문학가로서 가장 원숙한 성숙기를 맞이하고 계셨던 때였습니다.

안 선생님께는 가끔 전화와 편지를 받곤 했습니다. 지금 제 손에 남아 있는 것은 『봉선화』18호를 보내드린 직후인 2003년 9월 13일자 편지입니다. 장문의 글이라 전문을 모두 소개할 수는 없지만, 「『봉선화』18호 잘 받았습니다. 이 18호를 받고 생각난 것이 있습니다. 지난 9월 1일부터 5일까지 서울에 초대받아……」라는 첫머리로 시작된 편지입니다. 편지의 요지는 『봉선화』기고자 가운데 몇 편을 선별하여 한국에서 열리는 문학작품 경연대회 에세이 부문에 참가해 보지 않겠느냐는 제안이었습니다. 콘테스트에서 입상하면 단행본으로 출간될 수도 있으니 응모해 보라는 권유였습니다. 편지의 말미에는 「『봉선화』활성화에 도움이 될지도 모른다는 생각에서 이런 제안을 드려봅니다」라고 맺고 계셨습니다. 그러나 선생님의 소중한 제안이었음에도 불구하고, 한국어 번역의 문제로 아직 실현되지 못한 채 남아 있습니다.

또한 2006년 재일 여성 문학지 『땅에서 배를 저어라』가 창간되었을 때에도 선생님께서는 「남자도 하기 어려운 일을 잘 해주었다」며 크게 기뻐해 주셨고, 『도쿄신문』에 「밋밋함의 전후사」라는 제목의 칼럼까지 써 주셨습니다.

공통점은 뿌리가 한반도라는 것뿐이다. 국적이나 입장은 서로 다르지만, 한국·조선 출신 재일 여성들이 함께 만든 문예종합지 『땅에서 배를 저어라』(사회평론사)가 출간되었다. 기고자 또한 김창생, 김 마스미, 후카사와 가이深沢夏衣, 이마이즈미 니부今泉丹生 등으로 다채롭다. 84세의 대표 고영리는 창간 동기에 대해 이렇게 밝히고 있다. 「식민지주의의 낙오자로서 재일해 온 그들의 100년 역사 속에서, 재일 1세 여성들은 빈곤과 노동에 맞서 살아가는 방법을 강요받아 왔습니다. 그 고군분투의 결과로 2세, 3세는 더 높은 교육을 받을 수 있었고, 사회의식에도 눈뜨게 되었습니다. 이러한 실존을 일본 열도와 재일 사회 안에만 가두어 두고 싶지 않았습니다.」이에 대해 「재일 여성의 표현을 둘러싸고」라는 제목의 고영리와의 대담에서, 사와치 히사에澤地久枝는 「일본인만의 전후사를 쓰면 밋밋하잖아요. 재일코리안들이 체험한 역사가 빠져 있기 때문입니다. 쇼와昭和는 반드시 재일의 역사와 연결지어 써야 합니다.」라고 말한다. 실제로 재일코리안들은 일본 쇼와사의 한가운데서 타자로서 최하층의 삶을 살아내면서, 동시에 일본 전후사의 체험자로 존재해 왔다. 그렇기에 그들의 역사를 외면한 일본의 전후사는 밋밋할 수밖에 없다는 사와치의 지적은 어쩌면 당연한 일이다. 그렇다 하더라도 「땅에서 배를 젓는 일」은 결코 쉽지 않다. 다만 오래도록 호흡하며 나아가는 항로가 되기를 바란다.

이듬해 강영자 씨가 제1회 「상·땅에서 배를 저어라」를 수상했을 때 축하연이 있는 후지사와藤沢에도 와주셨습니다. 그 자리에서 선생님께서는 「민족적인 것을 외면할 수 없었던 강영자 씨의 작품이 탄생한 데서 역사적인 의미를 느꼈고, 또 그러한 작품을 제1회 수상작으로 고른 선정위원들의 안목도 높다고 생각합니다」라며 격려해 주셨습니다. 이어 편집 스탭들에게는 「『땅에서 배를 저어라』 제2호가 발간된 것은 매우 뜻깊은 일입니다. 일본 사회 안에도 서로 다른 생활방식과 사고방식을 가진 사람들이 존재한다는 사실을 알게 하는 잡지로서, 자기만족에 그치지 않고 독자에게 호소할 수 있도록 더욱 질을 높여 계속 발간해 주시기를 바랍니다. 앞으로 꾸준히 이어지길 기대합니다」라는 당부를 남기셨습니다. 또한 도쿄신문 「오나미 고나미大波小波」 지면에 「본명을 밝힐 때까지」라는 제목으로 「상·땅에서 배를 저어라」 수상작을 직접 소개해 주시기도 했습니다.

선생님은 늘 감성을 연마하려면 책을 읽어야 한다고 말씀하시며 많은 책을 권해 주셨습니다. 학창 시절 선물로 받은 책 가운데 특히 기억에 남는 것은 『조야와 슈라』이고, 이후에 주신 박경리 선생의 『토지』도 잊을 수 없습니다. 또 신경숙 씨의 『외딴방』 역시 저에게는 추억이 깃든 작품입니다. 선생님과의 지난 시간을 떠올리며 이 책들을 다시 펼쳐 읽어보려 합니다.

선생님은 자신에 대해서는 거의 말씀하지 않으셨지만, 가끔 형제 이야기를 꺼내곤 하셨습니다. 복잡한 가정 환경 속에서 자라셨기에 가정적으로는 큰 운을 누리지 못하신 듯했습니다. 그래서인지 선생님 자신도 가정을 꾸리는 데 서툴렀던 것 같았습니다. 어쩌면 번역 작업을 통해 허구의 작품 세계에서 그 빈자리를 메우고자 하셨는지도 모르겠습니다.

재작년, 제 에세이집 『판소리에 내 마음을 담을 때 パンソリに想い秘めるとき』 출판기념회에서는 직접 오셔서 따뜻한 축사를 해주셨습니다. 그날 선생님께서 「세일러복을 입고 있던 시절부터……」라고 말씀하셨는데, 돌이켜보면 반세기 넘는 세월 동안 여러 방면에서 참으로 많은 가르침을 받았습니다. 긴 세월 동안 늘 감사했습니다.

▌ 초출 『봉선화』 25호, 2011년

추억 속의 나카지마 치카라 선생님

나카지마 치카라中島力 선생님의 부음을 들은 것은 벚꽃 전선이 도쿄에 만개를 불러온 꽃샘추위의 차가운 아침이었습니다. 부인이자 여배우인 시라이시 나오미白石奈緒美 여사로부터 걸려온 전화로 알게 된 소식이었지요. 장례를 치른 지 이미 한 달쯤 지난 뒤였기에, 너무나 갑작스러워 위로의 말조차 제대로 건네지 못했습니다. 곧 분향을 하러 찾아뵈었고, 조그맣게 담긴 유골 항아리와 지난날의 정겨운 영정을 바라보며 추억에 잠겨 한참을 조용히 선생님을 기렸던 일이 아직도 엊그제 같습니다.

돌이켜보면, 선생님을 처음 뵌 것은 1995년, 지금으로부터 16년 전의 일이었습니다. 조후시 여성과 주최로 열린 문예 강좌가 끝난 뒤, 이대로 헤어지기는 아쉽다는 참가자 8명의 의견이 모여 따로 문예 강좌를 열기로 했습니다. 마침 나카지마 선생님 댁과 저희 집이 가까웠기에, 제가 직접 강사 의뢰를 드리러 찾아갔습니다.

그날 안내받은 선생님의 거실은 꽃들로 가득한 밝은 공간이었습니다. 강좌의 취지를 말씀드리자 선생님은 흔쾌히 수락해 주셨습니다. 그때는 나오미 여사의 어머님도 건재하셨고, 맑고 아름다운 목소리가 인상적이었습니다. 애견도 건강하게 뛰어다니며 선생님께 어리광을 부리곤 했는데, 아이가 없던 선생님께서는 마치 자식처럼 귀여워하셨습니다. 강아지와 잘 어울리지 못하는 저를 걱정하시며 「애야, 여기 가만히 앉아 있어!」라고 몇 번이나 말씀하시던 모습이 지금도 선합니다.

곧이어 동인들이 자발적으로 모여 문예 강좌 「그룹 유悠」가 시작되었습니다. 매주 한 번씩 작품을 선생님께 제출하면, 늦어도 그다음 주에는 반드시 소감을 적어 돌려주셨습니다. 때로는 「이게 뭐야!」라는 듯한 눈빛으로 노려보시기도 했지만, 가끔 「이건 괜찮네!」라고 말씀해 주시면, 괜스레 기분이 좋아져 동경하던 작가 무코다 구니코向田邦子가 된 듯한 착각에 빠지기도 했습니다.

그렇게 선생님의 지도를 받으며 글쓰기의 기초를 조금씩 익혀 갔고, 닫혀 있던 마음의 문도 열리면서 사적인 글을 쓰기 시작했습니다. 멤버들의 연령층이 다양하다 보니, 관동대지진이나 2.26 사건 등 역사적 사건을 다룬 글도 나와 자연스럽게 일본 근현대사를 배우는 기회가 되었습니다.

결국 모두 함께 글을 묶어 기념 문집을 만들게 되었는데, 제목은 『유悠』, 부제는 「인간이 있는 풍경」이었습니다. 109쪽 남짓한 소박한 문집이었지만, 나카지마 선생님을 통해 이어진 인연 덕분에 르누아르의 「목욕하는 여인들」을 표지로 장식할 수 있었고, 덕분에 서투른 문집이 한층 근사해졌습니다. 이후 요미우리

신문에서 이를 취재하기도 했고, 조후 시내에서도 화제가 되었습니다.

문집『유悠』에 보내주신 나카지마 선생님의 후기에는,

동인들 이야기

훌륭한 여성들의 탄생이다.

글을 쓴다고 이렇게 감성이 풍부해질 수 있을까.

1년 반 정도 전에 문예 교실을 시작했을 때, 여성들의 얼굴은 상을 맺지 않았다. 지금, 모두가 개성적이고 활기찬 동인들은 르누아르의 여성상에 지지 않을 정도로 매력적이다.

제목의 「유悠」는 서예가 오쿠보 이쿠코大久保郁子 씨의 작품이다. 컷 그림은 화가 센다 마사千田将 씨에게 부탁했다. 표지의 르누아르는 니치도화랑日動画廊에서 협력해 주었다.

동인들이 계속 글을 써가면서 더욱 감성을 갈고 닦아서 풍요로운 삶을 살았으면 하는 바람이다.

1996년 3월 나카지마 치카라

문예교실이 끝난 뒤에도 나는 나카지마 선생님께 사숙하며 에세이 같은 글을 계속 써 나갔습니다. 제가 쓴 글들은 거의 대부분 선생님께서 꼼꼼히 검토해 주셨고, 그 가운데 두 편은 선생님이 편집장을 맡고 계셨던『고령사회 저널』에 실리기도 했습니다.

제 아버지는 북한귀국사업에 반대하며 『낙원의 꿈 깨지고』라는 책을 출판하셨습니다. 그 일로 인해 저는 아버지와 무려 10년 동안이나 부모와 자식의 단절을 겪어야 했습니다. 당시 재일동포 사회에서는 조국의 분단 속에서 이데올로기 논쟁이 치열하게 벌어졌고, 아버지와 저희 가족은 살아가는 입장이 달랐기 때문입니다.

이후 아버지와 화해하고 「아버지, 미안해요」라는 제목의 에세이를 썼는데, 그 글을 읽으신 선생님께서는 「오문자 씨의 아버지는 선견지명이 있었네. 참 용기 있는 분이었구나」라고 말씀하시며 놀라워하셨습니다. 귀국 사업이란 과연 무엇이었을까, 아버지의 경종에 귀 기울였더라면 귀국자들의 비참한 상황은 막을 수 있었을 것이라는 생각을 담은 글이었습니다. 그것이 선생님께서 제 글을 처음으로 칭찬해 주신 순간이기도 했습니다.

또한 도호음대를 졸업하고 「은파리」 등에서 라이브 활동을 하던 제 딸이 38세에 세상을 떠난 뒤, 딸의 유고 시집 『선명하기 때문에 けざやかなるが故に』가 출간되었을 때, 선생님께서는 진심 어린 소개문을 써 주셨습니다. 이후 제가 쓴 글을 단행본으로 묶어 내라는 조언과 함께 출판사를 소개해 주셨고, 이를 계기로 제 에세이집 『판소리에 내 마음을 담을 때 パンソリに想い秘めるとき』가 세상에 나왔습니다. 그 사실을 누구보다 기뻐해 주셨던 분도 선생님이셨습니다. 제자의 책이 출판된 것을 마치 자신의 일처럼 기뻐하셨지요.

그때만 해도 제가 선생님의 추모글을 쓰게 되리라곤 꿈에도 생각하지 못했습니다. 만약 쓰게 된다면 「이런 글을 쓰라니까!」라며 호통을 치실 선생님의 목소리가 여전히 귓가에 맴돕니다.

나카지마 선생님 부부와는 조후 우체국에서 종종 마주쳤습니다. 제가 사는 맨션에서 고슈 가도를 사이에 두고 동북쪽에 선생님 댁이 있었고, 그 중간쯤에 조후 우체국이 있었습니다. 대각선으로는 제 집이 서쪽에서 남쪽 방향에 있어 서로 걸어서 몇 분이면 닿을 거리였습니다. 때로는 자전거를 타고 스쳐 지나가며 「선생님, 건강하세요!」라고 손을 흔들며 인사를 나누기도 했습니다. 지금도 우체국에 갈 때면 그 모습이 눈앞에 아른거립니다.

지금 제 책장에는 선생님의 서명이 담긴 저서 『생명이니라生命なりけり』, 『바람의 장렬風の葬列』, 『천국은 오늘도 쾌청天国は今日も快晴』과 함께 『유悠』, 『판소리에 내 마음을 담을 때』가 꽂혀 있습니다. 「오문자 씨, 감성을 더 갈고닦으세요」라고 말씀하시던 선생님의 낮고 울림 있는 목소리가 책장 사이에서 들려오는 듯합니다.

선생님께서는 늘 「사람의 일생은 수많은 만남으로 이루어진다」라고 말씀하셨습니다. 저 역시 선생님을 만나 따뜻한 가르침 속에서 제 반생을 돌아보고 글을 남길 수 있었다는 점에 깊이 감사드립니다.

대학 재학 시절, 선생님은 아베 고보安部公房 씨 등과 함께 동인지 「현재의 모임」 편집에도 참여하셨고, 그 후 TBS에서는 『거리의 챔피언』, 도쿠가와 무세이德川夢声의 『텔레비전 결혼식』 제작

조수로도 활동하셨습니다. 1959년 TV 아사히 개국에 합류하셔서는 다큐멘터리 디렉터로『남편과 아내의 기록』,『세계 속의 일본인』등을 제작하셨고, 제작부장 시절에는『테츠코의 방』,『서부경찰』등을 내놓아 화제를 모으셨습니다. 마지막으로는 TV 아사히 복지문화사업단 사무국장으로 퇴직하신 뒤 영상·출판 기획사「704 프로젝트」를 설립하시며 빛나는 경력을 이어가셨습니다.

가고시마현 이브스키指宿 출신이신 선생님은, 한국인 특공대 탁경현을 소재로 나오미 여사의 낭독극을 기획하여 전쟁 반대의 의지를 강하게 드러내셨습니다.『봉선화』창간 10주년 기념 모임에서는 축사를 맡아 주셨고, 나오미 여사께서는「태평양 전쟁에서 죽은 조선인 특공대원 탁경현」낭독을 선물해 주셨습니다. 여섯 해 전, 아끼던 강아지가 죽은 후에는 크게 낙심하셔서 아무 일도 손에 잡히지 않는 모습이었는데, 그것은 마치 선생님의 저서『천국은 오늘도 쾌청』속 모습처럼 보이기도 했습니다.

병환으로 힘든 세월을 보내시는 동안에도 나오미 여사의 두터운 보살핌 속에서 여든을 넘기고 조용히 황천의 나라로 떠나셨습니다. 이제 아무리 큰 소리로「나카지마 선생님!」하고 불러도 더 이상 답을 들을 수 없다는 사실이 너무나 외롭습니다.

진심으로 명복을 빕니다.

▌ 초출『동양경제일보』2017년 2월 10일자 원고에 가필

소마 유키카 선생님에 대한 추억

연말이 되면 매년 소마 유키카相馬雪香 선생님께서 히다카日高 다시마를 보내주셨다. 그런데 작년 연말에 도착한 송장에는 늘 보이던 손글씨가 아니라 인쇄된 글씨로만 적혀 있었고, 발신인 도 그저 소마라고만 되어 있었다. 봉투 안에는 한 장의 편지가 들어 있었는네, 거기에는 이렇게 쓰여 있었다. 「초겨울의 찬바 람이 불고, 가루이자와軽井沢에서는 올해 눈이 언제 내릴까 궁금 해지는 계절이 되었습니다. 어머니께서 돌아가신 지 벌써 한 달 이 되어 갑니다. 연말 인사 선물은 올해도 준비하라고 어머니께 서 여름부터 말씀하셨습니다. 그동안의 감사한 마음을 담아 보 내드립니다. 연말을 맞아 바쁘신 나날을 보내고 계시리라 생각 합니다. 아무쪼록 건강 유의하시기 바랍니다.」 편지 말미에는 자녀의 글씨로 「어머니 생전에는 여러모로 신세를 겼습니다」라 는 메모가 덧붙여져 있었다.

지난해 5월, 한일여성친선협회 창립 30주년 기념 파티에서 소 마 선생님은 단상에 서셔서 「30년 전 뿌려진 씨앗이 지금도 관 계자 여러분의 열정으로 자라고 있습니다만, 무엇보다 중요한 것은 그 지속성이라고 생각합니다. 싹이 트고 열매가 맺혔다고 해서 내버려 두면 결국 시들어 버리고 맙니다. 땅속에 단단히 뿌리내릴 때까지 가꾸어 주어야 합니다.」라고 말씀하셨고, 그 말씀은 엄격하면서도 깊은 울림이 있었다.

1부가 끝나고 휴식 시간에 친구들과 로비를 걷다가, 도와주는 이 없이 혼자 걸어오시던 소마 선생님과 마주쳤다. 귀빈석에 계신 분에게 다가가 인사드리는 것이 망설여졌지만, 그냥 지나치기에는 아쉬워서 순간 기쁜 마음에 저도 모르게 선생님을 껴안아 버렸다. 그때 찍은 사진 속에는 평소에는 조금 숙연한 표정이 많던 선생님께서 정면을 향해 환하게 웃고 계셨다. 함께 있던 조영순 씨와 건국대 최순애 씨도 밝게 웃으며 선생님 곁에 서 있었다. 그러나 그 만남이 마지막이 될 줄은 몰랐다. 그로부터 반년 뒤인 11월 8일, 선생님은 96세의 일기로 조용히 피안의 세계로 떠나셨다.

돌아보니 선생님과 인연을 맺은 지도 어느덧 20여 년이 지났다. 처음 뵌 것은 1985년, 한일여성친선협회가 주최한 「한일교류 명암의 역사」라는 강연회에서 였다. 당시 강사로부터 「여성들의 모임이니 꼭 참석해 달라」는 부탁을 받고 찾아간 헌정기념관에서 선생님을 처음 만났다. 그 자리는 쟁쟁한 인사들이 모인 자리였고, TV에서만 보던 국회의원들도 대거 참석했다. 그런데 화사하고 날씬한 체구의 소마 선생님께서는 조금도 주눅 들지 않고 당당하게 연설을 이어가셨다. 일본과 한국의 여성들이 지금 무엇을 해야 하는가에 대해 힘 있게 말씀하시던 모습이 지금도 생생하다. 당당하면서도 아름다운 그 모습은 제게 강렬한 인상을 남겼다. 한국인 강사를 초빙해 강연회를 연다는 사실 자체도 당시 제게는 놀라웠고, 그것이 이 모임에 관심을 가지게 된 계기가 되었다.

그 후로 나는 매년 안내장을 받아 행사에 참가했다. 1991년 『봉선화』가 창간된 이후에는 초청에 대한 답례로 『봉선화』를 들고 가곤 했다. 그러던 1993년, 선생님께서 전화를 주셨다. 『봉선화』에 대해 회원들 앞에서 이야기를 해 달라는 부탁이었다. 저는 깜짝 놀랐다. 많은 사람들 앞에서 이야기할 자신이 없어 정중히 사양했지만, 선생님은 「누구에게나 처음은 있는 법이에요. 내가 옆에 있을 테니 걱정 말고 해 보세요」라고 다정하게 격려해 주셨다. 결국 떨리는 목소리로 어렵게 말을 꺼낸 것이 제 인생에서 남들 앞에서 처음으로 해 본 발표였다. 그때의 내용은 관련 사진과 함께 『일한여성』 제43호에 실리게 되었다.

한일여성친선협회는 서로의 문화를 존중하고 이해한다는 슬로건 아래 1978년에 발족하였다. 한일 간에는 오랜 불행한 역사가 있었다. 그 쓰라린 과거를 극복하기 위해 여성 특유의 자질을 살려 친선과 교류를 도모하고자 일본 측에서는 소마 유키카 선생님, 한국 측에서는 고인이 되신 박정자 선생님이 함께 만든 모임이었다. 그 무렵은 지금처럼 한류 붐을 상상조차 할 수 없었던 시절이었고, 오히려 한국을 멸시하는 풍조가 짙으며 서구 문화에만 눈이 쏠리던 시대였다.

활동 내용은 한국 관련 연수와 강연회, 민족 예능 소개, 한국 방문 등으로 다양했다. 세월이 흐르면서 이웃 나라에 대한 인식과 이해도 깊어졌다. 특히 청년 교류에서는 젊은 세대가 상대국을 직접 방문하고, 그 시기의 현안을 토론함으로써 서로의 역사 인식을 확인하고 이해를 넓히려는 노력이 이어졌다. 또한 아동 글쓰기 대회, 그림 그리기 대회를 정기적으로 개최해 다음 세대에 우호의 씨앗을 뿌린다는 심정으로 함께 힘썼다. 기억에 남는 것은 2002년 월드컵 공동 개최 전후의 일이다. 당시 아동 작품 교류를 담당했던 다구치 시즈코田口しづ子 이사의 부탁으로 한국 아동들의 작문 번역을 도운 적이 있는데, 그 글 속에는「함께 힘내자!」,「일본과 함께 파이팅!」과 같은 표현이 많아 우호적인 분위기에 가슴이 벅찼던 기억이 있다.

다구치 이사는 한국 유학생들에게도 친절하셨고, 많은 도움을 주셨다. 가능한 한 일본 문화를 접할 기회를 제공하고자 집으로 초대해 일본 음식을 대접하거나 회식 자리에 함께하며 일상적인 교류에도 정성을 기울이셨다. 그중에는 유학을 마치고 모국의 대학에서 일본 문학을 가르치며, 협회 창립 30주년 기념행사에 다시 참가한 선생님도 계셨다. 소마 선생님께서 뿌려 놓으신 씨앗은 다구치 이사를 비롯한 많은 이사들의 열정에 의해 앞으로도 깊이 뿌리내려 우호 친선의 토대가 될 것이라 믿는다.

소마 선생님과의 추억은 이루 다 헤아릴 수 없지만, 그중에서도 연극『덕혜옹주』에 초대받았던 일은 잊을 수 없다. 공연장인 소게츠극장草月劇場에 들어서자 만석의 관객들이 숨죽이며 공연을 기다리고 있었고, 분위기는 숙연하기까지 했다.

덕혜옹주는 조선 왕조의 마지막 황제 고종의 막내딸로 태어나, 한일 역사 속에서 농락당한 비운의 공주였다. 그녀는 이미 약속된 혼인이 있었음에도 불구하고 쓰시마 종가 백작과 정략 결혼을 하게 된다. 남편의 냉담한 태도와 하녀들의 감시, 어머니를 향한 그리움과 고국으로 돌아가고픈 향수에 젖어 결국 정신병을 앓게 된다. 세월이 흘러 일본의 패망과 한국전쟁 이후에서야 비로소 귀국이 허용되었지만, 그때는 이미 폐인에 가까운 몸이 되어 있었다.

일제강점기 권력의 뜻에 따라 운명을 거스를 수 없었던 덕혜옹주의 삶은 그 자체로 한일 간 비극의 역사였다. 연극은 그녀의 절규와 상처를 무대 위에 되살렸고, 어두운 시대를 상징하듯 흐르는 음악과 신비로운 무대 연출이 어우러졌다. 특히 주연 윤석화 씨의 깊은 내면 연기는 덕혜옹주의 고통을 더욱 선명하게 드러내, 분노와 눈물 없이는 볼 수 없는 무대였다.

소마 선생님은 여자학습원 중기 2년 때 덕혜옹주와 동급생이었던 인연으로, 그 일을『봉선화』제10호에 기고해 주셨다. 그 글에는 이렇게 적혀 있다.「여자학습원 제 반에 이은李垠 전하의 여동생 덕혜 공주님이 들어오셨습니다. 공주님은 우리와 같은 제복을 입고 있었지만, 수행한 네 궁녀들은 분홍색, 파란색, 노란색 치마저고리를 입고 마치 선녀의 날개옷 같은 모습으로 교실에 들어왔습니다. 그때의 아름다움은 지금도 잊을 수 없습니다. 선생님께서는 우리에게 공주님과 사이좋게 지내라고 말씀하셨고, 저는 곧바로 친구가 되었습니다. 집에 돌아와 아버지께 말씀드리니, 아버지는 「일본은 한국에 큰 죄를 짓고 있으니 언젠가는 반드시 보상해야 한다」고 하셨습니다. 그 말씀이 지금도 마음에 남아 있습니다.」

선생님께서 한일여성친선협회를 세우려는 뜻을 품으신 데에는, 동급생이었던 덕혜옹주의 슬픈 생애를 그냥 지나칠 수 없다는 마음, 그리고 그 삶에 대한 어떤 보상의 의미가 담겨 있었던 것은 아닐까 생각한다.

소마 유키카 선생님은 헌정의 신이라 불린 오자키 유키오尾崎行雄 씨의 셋째 딸이다. 1912년, 당시 도쿄시장이었던 오자키 유키오 씨가 워싱턴으로 벚나무 묘목 300그루를 보냈고, 그 답례로 꽃나무 묘목 40그루를 받은 이야기는 이미 널리 알려져 있다. 오랜 세월을 거쳐 훌륭하게 자라난 손자 묘목들은 지금도 헌정기념관과 일본 각지에서 뿌리내리고 있다. 내가 사는 곳에서 가까운 고쿠료역国領駅 인근의 약 500m 보도에도 15년 전 심어진 꽃나무들이 자라고 있다. 벚꽃처럼 화려하지는 않지만, 훈풍에 가지가 흔들릴 때면 상쾌하고, 늦가을이면 산호 구슬 같은 빨간 열매를 맺어 한결 사랑스럽다.

한국과 일본 사이에는 오랫동안 씻을 수 없는 불행한 역사가 이어져 왔다. 무궁화와 벚꽃 사이에도 교류가 있었는지는 알 수 없지만, 가해한 측이 진심으로 뼈아픈 양심의 가책을 느낀다면 과거의 불행한 관계는 어느 정도 청산될 수 있으리라 믿는다. 그리고 양국은 어려운 문제를 해결하며 성숙한 새로운 관계를 맺을 수 있을 것이다. 싫든 좋든 먼 미래까지 이웃으로 함께해야 하는 운명을 지닌 양국이기에, 진심으로 노력한다면 풀리지 않을 매듭은 없으리라는 생각을, 나는 꽃나무의 유래를 떠올리며 다시금 다지곤 한다. 소마 선생님께서는 늘 이렇게 말씀하셨다.

「언제까지나 과거만 되돌아보는 것이 아니라, 과거를 극복하기 위해 앞으로 무엇을 해야 할지가 중요하다. 과거는 모두 내일을 위한 토대가 된다. 좋은 일도 나쁜 일도 반성 위에 서서, 또 옛것을 통해 배우는 것도 있다. 선배들의 경험은 성공도 실패도 모두 미래의 소중한 밑거름이 된다.」

돌이켜 보면, 한일여성친선협회에서의 30년은 바로 그 과거를 뛰어넘기 위한 시련의 세월이 아니었을까.

『봉선화』를 선생님께 보내드린 지도 몇 해가 지났다. 선생님은 그것을 재일을 아는 교과서라고 칭찬해 주셨고, 바쁘신 와중에도 여러 차례 기고해 주셨다. 특히 『봉선화』 창간 10주년 기념 모임에서는 이렇게 축사를 남겨주셨다.

「십 년 동안 잘 이어왔습니다. 계속하는 것은 힘이다라는 말처럼 앞으로도 더 발전시켜 나가는 것, 그것이야말로 여러분의 저력이 아닐까요. 지금 세상은 그 저력을 간절히 바라고 있다고 생각합니다. 한반도와 일본을 잇는 연결 고리로서 활동해 오신 여러분, 여러 가지 고생이 많으셨을 겁니다. 그리고 앞으로도 어려움이 있겠지요. 그러나 그 고생이 빛을 발하는 시대가 오고 있다고 저는 믿습니다. 힘내세요.」

그 말씀이 지금은 더욱 그립게 다가온다.

어느 날 선생님께서 히다카 다시마를 보내주신 적이 있었다. 아마도 「읽었어요, 힘내세요」라는 격려의 의미가 담겨 있었을 것이다. 정확히 언제였는지는 기억나지 않지만, 내가 「보내주신 히다카 다시마를 어묵 육수로 사용했습니다」라고 전하자, 선생님은 「육수에는 맞지 않는데…」라며 웃으셨다. 히다카 다시마를 어묵 육수에 쓴 것은 아마 전무후무한 일이었을 것이다. 한국에서는 설날 음식에 다시마를 사용하지 않기 때문에, 연말 모임에 비교적 많이 쓰이는 어묵 육수에 아깝다는 생각이 들어 넣었던 일이었다. 그때를 떠올리며, 나는 가루이자와에서 선생님의 편지를 몇 번이고 반복해서 읽었다.

그리고 소마 선생님이 주신 마지막 히다카 다시마. 한국에서는 제사상에 올리는 음식 가운데 다시마 튀김이 있다는 것을 떠올리고, 나는 따끈따끈한 튀김 다시마에 깨를 뿌려 만들었다. 그리고 그것을 파안대소하실 듯한 영정 앞에 바치며, 마지막 작별의 술잔을 올렸다.

소마 선생님, 안녕히 계십시오.

▎ 초출 『봉선화』 23호, 2009년

교육과 인권운동을 양립시킨 정조묘 선생님

매화 향기가 그윽하던 2010년 2월 4일, 정조묘鄭早苗 씨가 타계하셨다. 오타니대학 정년을 앞둔 65세라는, 너무나 이른 나이에 세상을 떠나신 지 벌써 1주기가 지났지만, 애석한 마음은 여전히 가시지 않는다.

정조묘 씨의 진공은 조선고대사였으나, 교직에 몸담으면서 KMJ(오사카국제이해교육연구센터) 이사장으로 20여 년간 재일코리안의 인권 문제 연구와 계발 운동에도 깊이 관여해 왔다. 교육과 인권운동을 함께 일구어낸, 재일 여성 연구자의 선구적인 존재였다.

내가 처음 정조묘 씨를 접한 것은 1969년 통일일보 「사람」란 지면에서였다. 세미롱 헤어스타일에 다소 수줍은 듯 웃음을 띤 얼굴의 사진과 함께 재일 인권문제에 정면으로 맞서는 모습은, 부드러운 분위기에 비해 의외의 인상이셨다. 약 15년 전의 일이다.

기사 속에는 「재일동포에 대한 계발도 동시에 해야 한다고 생각한다. 특히 여성, 장애인 등 이른바 약자에 대한 동포 사회의 비인권적인 부분. 이것은 반드시 반성해 나가야 한다」는 말씀이 담겨 있었는데, 나는 곧장 그 부분에 형광펜으로 줄을 긋고 스크랩북에 붙였다.

당시 민족문제가 우선시되던 이분화된 재일코리안 사회에서 여성 인권, 특히 페미니즘을 언급하는 연구자는 드물었기에, 그 발언은 내 가슴 깊이 와닿았고 지금까지도 강렬한 인상으로 남아 있다. 세피아빛 속 정조묘 씨는 여전히 내 스크랩북 안에서 긴 머리의 모습으로「건재」해 있다.

그 기사를 읽고 얼마 지나지 않아 동인지『봉선화』10호 기념지를 정조묘 씨에게 보내드렸는데, 그것이 인연이 되어『Sai』에 기고를 권유받았고, 57호에「베티 프리던에게서 배우다」라는 글을 싣게 되었다. 이는 이데올로기 논쟁에 빠져 정치에 농락당했던 과거를, 여성 인권과 자립의 시각에서 다시 바라보려는 재일 여성들의 의식 전환기였다고 할 수 있을 것이다.

또한 그 시기는 전 종군위안부 문제의 진상 규명과 사과를 요구하며「우리 여성 네트워크」에 모인 여성들의 운동, 한복 차림으로 교단에 선 윤조자 씨, 도쿄도의 보건사 정향균 씨가 민족 차별과 맞서 싸우던 시기이기도 했다. 이들의 활동을 통해 일본 여성들과의 유대가 형성되고 지원의 고리가 넓어졌으며, 나에게도『봉선화』라는 동인을 통해 한일 여성들의 네트워크가 확장되고, 언어의 고리가 우호의 화합으로 이어지는 소중한 경험이 되었다.

『Sai』는 1991년 창간된 KMJ의 계간지로, 민족 차별을 없애고 공생 사회를 지향하는 움직임을 알리는 데 목적이 있었다. 「Sai」는 한국어로 「사이」를 의미하며, 서로 좋은 관계를 맺으려면 바로 그 사이를 잘 만들어야 한다는 뜻에서 붙여진 이름이었다. 재일코리안의 귀화 문제를 특집으로 다룬 것도 『Sai』가 처음이었는데, 귀화자에 대한 재일 사회의 의식과 대응이 조금씩 변해가는 데 있어 『Sai』의 역할이 컸다고 생각한다.

2002년 10월에는 『봉선화』와 『이문화를 즐기는 모임』, 『이웃 유학 모임』 세 단체가 공동으로 한일 국민교류의 해를 기념하여 「한일을 잇는 문화교류 모임」을 개최했는데, 이 자리에서 정조묘 씨를 게스트로 초청했다. 강연의 주제는 「요이트마케의 노래를 만들어내지 못한 재일코리안」이었다. 민족적 자부심을 느끼지 못했던 학창 시절과 어머니와의 갈등, 그리고 민족에 눈뜨기까지의 과정을 솔직하게 회고하셨다.

정조묘 씨는 1944년 5월, 재일 1세 아버지와 일본인 어머니 사이에서 네 자매 중 차녀로 미에현三重県에서 태어났다. 아버지는 48세라는 젊은 나이에 세상을 떠나셨고, 어머니는 네 아이를 홀로 키우며 고생하셨다. 그 성장 과정을 그때 처음 알게 되었다. 이후 오사카시립대학 석사과정을 마치고 여러 대학에서 강의를 하며 민족문제에도 깊이 관여했으며, 1988년에는 오타니대학 교수로 임용되었다. 약혼자가 있었음에도 불구하고 엄청난 반대를 무릅쓰고 일본인과 연애 끝에 결혼했다는 사실을 나중에서야 알게 되었는데, 그러한 청춘의 한 장면이 그녀의 삶을 한층 더 가까이 느끼게 해주었다.

정조묘 씨는 인권 문제에 적극적으로 나섰을 뿐 아니라, 재일 고령자의 복지에도 깊은 관심을 기울여 「이쿠노生野 산 보람」의 설립에 힘썼다. 시설 운영 과정에서 어려움도 많았던 듯, 종종 받은 편지 속에서도 그 고충이 엿보였다. 2005년 정월, 내가 아사히신문 논단에 「민생위원의 길을 열어라」라는 글을 투고했을 때에도 긴 편지를 보내주셨다. 그 편지에는 「산 보람」 운영 중 겪는 다양한 문제들이 적혀 있었는데, 예컨대 민족성을 고려해 목욕이나 옷 갈아입기 같은 일을 남성 헬퍼에게 맡기지 못해 여성 헬퍼들이 중노동을 떠안는 문제, 재정적으로는 재일 고령자만으로는 유지가 어려워 일본인과의 혼합 운영이 불가피한 현실 등이 담겨 있었다.

정조묘 씨가 끝까지 마음에 두었던 것은 「재일코리안 여성사」 발간이었다. 그 목표는 끝내 이루지 못했지만, 투병 중에도 「꼭 완성시켜 주세요!」라며 눈물을 글썽이며 전화하시던 목소리를 나는 지금도 잊을 수 없다.

이야기의 전후가 바뀌었지만, 사실 「재일코리안 여성사」에 대한 구상은 몇 년 전부터 이어져 오고 있었다. 그러나 도쿄가쿠게이대학 이수경 씨와 정조묘 씨의 일정이 맞지 않아 지연되었고, 두 사람이 겨우 만날 수 있었던 것은 2009년 6월 나라교육대학에서 열린 백제심포지엄 때였다. 심포지엄 후, 6월 14일에 정

조묘 씨가 보내온 메일에는

　　그저께 나라교육대학에서 이수경 교수님을 만났습니다.

　　통역과 본인의 발표로 매우 바쁜 시간을 보내고 계셨기에 오래
이야기를 나누지는 못했습니다. 여성사에 대해서는 우선 오문자
선생님의 구상을 여쭤보는 것이 선결 과제가 아닐까 생각합니다.
그러나 저 역시 조금 생각해 본 바가 있습니다. 여성사를 구상할
때, 뉴커머까지 포함하는 것은 어떨까 하는 점입니다.

　　물론 중심은 재일 1세, 2세, 그리고 3세가 되어야 하겠지요.

　　그리고 이를 역사적 구분 속에서 파악할 것인지, 혹은 세대 중심
으로 파악할 것인지에 대해서도 논의가 필요할 것 같습니다. 또한
총련과 민단 이외의 시민운동에 참여했던 여성들, 더 나아가 가
능하다면 보통의 재일코리안이 등장하는 것이 바람직하다고 생
각합니다만, 이에 관한 자료가 과연 충분히 모일 수 있을지 여부
가 문제이기도 합니다.

　　어쨌든, 도쿄로 가도록 하겠습니다. 우선 이렇게 보고드립니다.

라고 적혀 있었다.

　　이 메일을 받은 지 석 달 뒤, 정조묘 씨가 상경하여 우리 네 사
람이 만날 수 있었다. 아직도 잊히지 않는 2009년 9월 7일, 늦더
위가 여전히 기승을 부리던 한낮이었다. 도쿄에 익숙하지 않은
정조묘 씨를 요쓰야역四谷駅에서 맞이하며「더운 날씨에 정말 죄

송합니다」라고 인사를 건넸더니, 「아뇨, 오사카 더위는 도쿄와
는 비교가 안 되지요」라는 평소처럼 밝은 목소리에 나도 안도감
을 느꼈다.

역 앞 약속 장소에는 이미 이수경 씨와 『봉선화』를 맡고 있던
조영순 씨가 기다리고 있었다. 나는 처음 만나는 자리에서 조영
순 씨를 두 분께 소개하고 잠시 뒤, 「재일코리안 여성사」 첫 번
째 편집회의를 가졌다. 이날을 위해 우리는 편집과 발행 목적,
취지, 방향성 등에 대해 미리 의견을 나누고, 각자의 시안을 준
비해온 터였다.

우리가 구상한 「재일코리안 여성사」는, 재일 사회의 형성기에
민족 차별과 유교적 관습 속에서도 꿋꿋이 살아온 어머니들의
삶과 더불어, 일본 사회 각 분야에서 활약하는 젊은 여성들의 모
습을 함께 조명하기로 했다. 미래지향적인 여성사를 엮어내겠
다는 오랜 꿈이 현실이 되어 가는 듯해, 가슴 설레는 마음으로
구상을 펼치기 시작했다.

정조묘 씨는 「우리가 엮는 여성사는 최근 100년 이내 일본에
서 살아온 코리안 여성들의 생활상을 담은 근현대의 역사이자
일본의 또 다른 역사입니다. 그리고 이는 살기 어려워지는 현대
사회에서 삶의 길잡이가 될 뿐 아니라, 혹독한 시련 속에서도 개
척해 온 여성들의 목소리이기도 합니다」라며 힘주어 말했다. 돌
이켜보면, 그날의 말씀은 유언이 되고 말았다.

회의를 마친 뒤 우리는 가까운 한식당으로 자리를 옮겨 향후

역할 분담 등 구체적인 논의를 이어갔다. 전전戰前의 기술은 이수경 씨가, 전후戰後의 기술은 정조묘 씨가 맡아 통사를 중심으로 집필하고, 칼럼란은 넉넉히 할애하기로 했다. 특히 칼럼은 『봉선화』에 게재된 글을 발췌해 현장감을 살리고자 의견을 모았다. 시간 가는 줄 모르고 열정적으로 이야기를 나눈 자리였다.

그러나 요쓰야에서의 만남으로부터 한 달가량 지난 어느 날, 정조묘 씨가 뇌경색으로 쓰러졌다는 소식을 리쓰메이칸대학에 출강하는 노계순 씨로부터 전해 들었다. 곧바로 문안 편지를 보냈는데, 퇴원한 지 한참 지난 10월 31일에 장문의 메일이 도착했다. 그제야 상황의 심각함을 실감하며 깜짝 놀라지 않을 수 없었다.

일전에 몇 번 전화를 드렸는데, 댁에 계시지 않으셨습니다. 그래서 우선은 오문자 선생님께만 말씀드려 두는 것이 좋을 것 같아 이렇게 글을 씁니다.

사실 아이들에게도 아직 알리지 않았습니다만, 저는 지난 9월 중순부터 새로운 치료를 시작했습니다. 그로 인해 컨디션이 많이 좋지 않습니다. 일은 평소처럼 계속하고 있습니다만, 이번 치료가 효과가 있는 듯하며 차도가 점차 좋아지고 있습니다. 다만 부작용이 심해 힘든 상황이지만, 아직 아무에게도 알리지 않았습니다.

이 일은 제 개인적인 문제이고, 누구에게 말한들 해결될 일이 아니기에 지금껏 아무에게도 이야기하지 않았습니다만, 오문자 선생님께만은 알려 두어야겠다고 생각했습니다.

제 폐암은 초기가 아니며, 그동안 단 한 번도 치료를 거른 적이 없었습니다. 다행히 분자표적약이 효과를 보여 부작용에 당황하면서도 치료를 이어왔습니다. 하지만 그 약에도 내성이 생겨, 지금은 새로운 「휴면요법」이라는 치료를 시작했는데, 이로 인해 계속되는 구역질과 심한 복통에 시달리고 있습니다. 그럼에도 불구하고 상태가 호전되고 있는 것이 분명하니, 앞으로 한 달 남짓 이어질 치료를 잘 견뎌내려고 합니다. 암이라는 병은 정말 고통스럽다는 사실을 새삼 절감합니다.

부탁드리고 싶은 것이 있습니다. 절대로 이 이야기를 다른 분들께는 말씀하지 말아 주십시오. 이진이 선생님께도 마찬가지입니다. 병을 드러내지 않는 것이 제게는 더 중요한 삶의 방식이고, 살아가는 태도이기 때문입니다. 물론 11월 14일 오타니대학 강연도 예정대로 할 것이고, 그 밖의 일들도 변함없이 하고 있습니다.

다만 요즘은 전철에서 서 있는 것이 힘들어 사치스럽지만 택시를 이용하고 있습니다. 그렇지만 겉모습은 제 스스로 보아도 여전히 「건강해 보인다」고 할 수 있고, 의사 선생님도 경과를 기뻐하고 계십니다. 앞으로 예정된 열두 번의 링거 치료 중 이제 다섯 번 남았으니, 그것이 끝나면 몸이 한결 편해질 것 같습니다.

이 병은 조용히 집에서 요양만 한다고 좋아지는 것이 아닙니다. 평소처럼 조금 더 열심히 생활하는 편이 오히려 낫다고 생각하니, 부디 걱정하지 마십시오. 저는 「연명」이 아니라 완치를 목표로 꿋꿋이 버티고 있으니, 절대로 염려하지 않으셔도 됩니다.

고통스러운 부작용을 견디며 「휴면요법」이라는 새로운 치료를 시도했고, 삶의 질을 소중히 여기며 끝까지 병과 싸우셨던 것으로 알고 있다. 그럼에도 불구하고 「재일코리안 여성사」 실현을 위해 구체적인 기획안을 마련해 주셨으니, 그 강한 사명감 앞에서 고개가 숙여지고, 미안함에 가슴이 먹먹해진다. 그러나 안타깝게도 그로부터 불과 3개월이 지나지 않아 끝내 돌아오지 못할 사람이 되어 버렸다. 아직도 상실감에 젖어 있는 우리들을 저 세상에서 얼마나 안쓰럽게 바라보고 계실까.

　돌이켜보면, 개인적으로 정조묘 씨와 편안하게 지낸 것은 그날이 처음이자 마지막이었다. 2008년 11월 1일, 박재영 씨의 에세이집 『두 고향ふたつの故郷』 출판기념회가 나라의 야쿠시지薬師寺에서 열렸다. 나는 그 축하의 자리에 노계순 씨와 함께 참석하신 정조묘 씨를 뵈었다. 박재영 씨의 에세이스트로서의 새로운 출발을 축하하러 간 자리였는데, 당당하고 화려한 치마저고리를 차려입은 그녀의 모습은 눈부셨고, 또 자랑스러웠다. 그곳에서 간사이에 거주하는 작가 김 마스미 씨, 김유정 씨 등을 만나 앞으로 재일코리안 문학을 이끌어 갈 동반자로서의 기대감에 부풀기도 했다.

　그날 밤은 노계순 씨의 권유로 그의 자택에서 묵게 되었고, 일행들과 함께 와인을 기울이며 편안한 시간을 보냈다. 대화를 나누면서, 노계순 씨가 대학에서 연구와 교육에 전념할 수 있었던 것은 배우자의 격려와 협력이 있었기 때문임을 알 수 있었고, 새로운 재일코리안 부부의 역할이 어떤 모습인지 느낄 수 있었다.

다음 날 정조묘 씨가 직접 운전하여 우리를 교토의 고려미술관으로 안내해 주셨다. 처음 접하는 수많은 전시물은 압도적이었고, 그 가운데서도 따뜻한 온기가 전해지는 백자 항아리, 차분한 분위기 속에 화사함을 더하는 자개 가구와 생활용품들이 유독 눈길을 끌었다. 정면에는 정조문 선생님의 생전 모습이 담긴 비디오가 상영되고 있었으며, 벽면에는 젊은 시절의 김달수 선생님과 남편의 모습이 담긴 흑백 사진, 잡지『일본 속의 조선문화』 등이 전시되어 있어 시간 가는 줄 모르고 감상했다. 아쉬움을 뒤로하고 고려미술관을 떠난 우리는, 정조묘 씨의 권유로 단바丹波 망간기념관으로 향했다. 그곳은 어둡고 좁은 갱도를 기어다니며 망간 채굴에 종사해야 했던 이들의 가혹한 삶을 보여주는 곳이었다. 정조묘 씨는 강제 연행과 일본의 가해의 역사에 대해 구체적으로 설명해 주셨고, 조만간 행정 지원이 끊겨 문을 닫게 될지도 모른다는 현실에 분노와 안타까움을 드러냈다. 「이런 기념관은 반드시 유지되어야 하는데, 재정적 기반이 없어 안타깝다」는 그의 말이 지금도 뇌리에 남아 있다.

돌아오는 길, 우리는 가와바타 야스나리川端康成의 소설『고도古都』로 유명한 기타야마 삼나무北山杉의 고장 나카가와中川를 지나 미야마美山 마을로 향했다. 옛 모습 그대로의 가야부키茅葺き 민가들이 마을을 이루고 있었고, 주변 경관과 어우러진 풍경은 너무도 아름다웠다. 일본 농촌의 전형적인 모습에 우리는 감탄을 금치 못하며 민가를 배경으로 기념사진을 찍곤 했다.

돌아오는 길에는 작은 우동집에 들러 멧돼지 고기 우동을 함께 먹었다. 나는 멧돼지 고기를 처음 먹어보았는데, 생각했던 것보다 훨씬 맛있어 놀랐다. 지금에 와서는 그 순간마저 애틋한 추억이 되어 가슴에 남아 있다.

마지막으로, 정조묘 씨의 갑작스러운 비보에 망연자실한 이수경 씨가 보내온 메일의 한 구절을 옮기며 이별을 고하고자 한다.

「제가 할 수 있는 일, 그것은 재일코리안 여성사 편찬에 대한 의지를 계승하는 것이었다고 다시금 생각합니다」

<추기>

바로 최근에 알게 된 사실인데, 망간기념관이 금년 7월 3일에 다시 문을 열었다고 한다. 지난해 재일코리안과 일본의 독지가들이 재건위원회를 결성해 모금 활동을 벌였고, 한국에서도 자선 콘서트 등을 통해 기금이 모아져 재건위원회가 꾸려졌다고 한다. 행정적인 지원이 아니라, 한일 양국의 풀뿌리 활동이 크게 힘이 되어 재일코리안의 기억을 전하는 망간기념관이 NPO 법인으로서 새로운 출발을 하게 된 것이다.

▎ 초출 『땅에서 배를 저어라』 6호, 2011년

고영리 선생님의 묘비명

  새해를 맞은 지 얼마 지나지 않은 1월 4일, 존경하는 고영리 선생님께서 향년 93세로 타계하셨다. 고영리 선생님은 재일 여성 문학의 발전을 위해 사재를 들여 2006년 재일여성문예협회를 설립하고, 재일 여성 문예지『땅에서 배를 저어라』를 창간하셨다. 또한 뛰어난 작품에 수여하는「상・땅에서 배를 저어라」를 제정해, 사와치 히사에 선생님과 함께 심사위원을 맡아 지금까지 네 명의 수상자를 배출했다. 선생님의 뜻에 동참해 야마구치 후미코山口文子, 이 미쓰에, 이미자, 박화미, 박민의, 오문자 등이 종간 7호까지 편집위원으로 참여했다.

  잡지명이『땅에서 배를 저어라』인 것은 의미가 깊다. 배는 본래 물 위에 띄워 노를 저어 가는 것이다. 그러나 물이 없는 땅에서 물을 향해 오직 노를 저어 나아간다는 것은 결연한 의지를 상징한다. 동시에 일본 사회에 작은 파문이라도 일으키고 싶다는 바람이 담겨 있었다. 우리는 문학 작품을 통해 재일 여성들이 과거에 겪은 기억을 발굴하고 기록하여, 그것을 미래의 희망으로 잇고자 하는 고영리 선생님의 집념을 안고 편집 작업에 힘을 쏟았다. 비록 7년이라는 짧은 시간이었지만, 수상 작품이 단행본으로 출판되기도 했고, 미디어의 반향을 통해서도 「조금이나마 파문을 일으켰다」는 자부심을 가질 수 있었다.

돌이켜보면 고영리 선생님과의 인연은 2001년 여름, 『봉선화』 16호 관련 신문 기사를 보신 뒤 보내주신 한 통의 편지에서 시작되었다.

봉선화에는 왠지 특별한 감정이 깃듭니다. 기억의 실을 끌어당겨 풀어 보면 뭔가가 나올 것 같아 마음이 멈추곤 합니다. 동인지에 그 이름을 붙이고 15주년을 맞이했다는 것, 꼭 읽어 주셨으면 합니다. 지난여름 제 옛 원고들을 정리해 책으로 엮었습니다(『유리탑』). 읽어주시면 감사하겠습니다. 언젠가 또 기회가 된다면 어떤 형태로든 함께할 수 있기를 바랍니다.

이 편지를 계기로 『봉선화』를 통해 「어떻게든 함께할 수 있기를」 바라는 마음이 이어졌고, 그것이 『땅에서 배를 저어라』로 확장되면서 어느덧 14년이라는 세월이 흘렀다.

고영리 선생님은 1922년 부산에서 태어나 세 살 무렵 가족과 함께 도일하셨다. 한반도가 일본의 식민지였던 시절, 일본인 학도병과의 연애 끝에 결혼했지만, 사랑하는 사람과 가정을 이루기 위해서는 일본인 수양딸이 될 수밖에 없었다. 전시라는 특수한 상황 속에서 일본 군인과의 결혼이 얼마나 힘든 일이었을지는 어렵지 않게 짐작된다. 그러나 전후에는 중견기업 사장의 부인이라는 사회적 위치에도 불구하고, 재일코리안임을 당당히 밝히며 문필 활동을 이어갔고, 김희로 사건의 구명 청원 운동에도 적극적으로 관여했다.

유해를 지키며 밤을 새우던 자리에서, 자녀를 통해 들은 바에 따르면 고인의 유언에 따라 묘비명에는 본명을 새기기로 했다고 한다. 시대의 폭력 속에서 어쩔 수 없이 일본 국적을 지니고 살아야 했던 한을, 본인의 출신을 드러내는 것으로 조금이라도 씻고자 하신 것이 아닐까.

재일 100여 년의 역사 속에서 여성들의 힘만으로 편집하고 발행되어 서점에 놓인 최초의 잡지가 바로 『땅에서 배를 저어라』였다. 그것은 고영리 선생님의 강한 집념과 사명감으로 탄생한 책이며, 우리는 이 사실을 오래도록 기억해야 한다. 역사의 바통을 다음 세대에 넘기기 위해서도 말이다.

▌ 초출 『동양경제일보』 2015년 3월 6일자

오덕수 감독의 영화『재일』추도 상영회

오덕수 감독이 세상을 떠난 지도 어느덧 넉 달이 되어 간다. 그가 임종을 맞은 조후에서는 추도 상영회가 열렸다. 조후는 고려 마을이라 불릴 만큼 도래인과 인연이 깊은 곳이지만, 동시에 영화의 거리이기도 하다. 일본 영화 전성기에는 다이에이大映, 닛카츠日活, 그리고 독립 프로덕션계의 주식회사 조후영화촬영소까지 더해 세 곳에서 영화 제작이 활발히 이루어졌다.「태양의 계절」을 비롯한 많은 명작이 이곳에서 탄생하며 교토와 함께「동양의 할리우드」라 불리던 시절도 있었다.

이런 고장이었기에, 국내외의 뛰어난 다큐멘터리를 상영하고 자체 상영회를 열어온「조후 다큐멘터리 영화 클럽」을 중심으로 여섯 개 단체가 모여 추도 상영 실행 위원회를 꾸렸다. 문화회관「다즈쿠리」영상극장에서 열린 추도 상영회에서는 오 감독의 대표작, 무려 4시간에 달하는 대작『재일』이 상영되었다.

이 다큐멘터리는 광복 50주년을 기념하여 전후 재일 50년의 역사를 기록하고, 과거와 미래를 잇는 재일코리안의 마음을 영상으로 담아낸 작품이다. 제작비 전액은 독지가들의 성금으로

충당되었고, 2년에 걸친 제작 끝에 1997년에 완성되었다. 제1부는 전후 50년의 역사를 다룬 편으로, 영상과 증언을 엮어 광복이후 재일동포의 고난의 발자취를 담아냈다. 제2부는 재일을 상징하는 인물 다큐멘터리로, 한국과 일본 두 고향을 가슴에 품고 살아가는 재일 2세 하정웅, 「청하로 가는 길」을 노래한 가수 아라이 에이이치新井英一, 그리고 3세에는 『니안짱にあんちゃん』작가 야스모토 스에코安本末子의 딸 이영자李玲子 씨 등 다양한 목소리가 등장한다. 상영회에서는 이 영화의 프로듀서를 맡았던 김창관 씨가 『재일』에 담긴 오 감독의 생각과 제작 뒷이야기를 전해 주었다.

오 감독이 조후로 이사 온 것은 약 10년 전의 일이다. 그와의 추억은 이루 다 말할 수 없지만, 특히 이즈伊豆 우사미宇佐美 별장에서 함께 보낸 시간은 잊을 수 없다. 직접 만들어 준 샐러드와 토스트, 그리고 맛있는 커피는 그의 앞치마 차림과 함께 지금도 생생히 떠오른다. 이즈는 일본에서도 손꼽히는 풍광지로, 가와바타 야스나리의 「이즈의 무희伊豆の踊子」 무대이기도 하다. 그러나 조선과도 깊은 인연이 있는 곳이다. 오 감독은 식민지 시대에 얽힌 조선과 이즈의 사적을 함께 둘러보며 이야기를 들려주곤 했다. 「밀감 꽃피는 언덕」을 흥얼거리며 우사미의 화창한 밀감 숲을 함께 산책하던 기억 또한 그리움 속에 되살아난다.

2008년 10월, 조후에서 열린 「일본 영화에 그려진 재일」 강연회에서 그는 『니안짱』, 『박치기』, 『큐폴라가 있는 거리』의 장면들을 직접 골라 상영하며 일본 영화 속에 비친 재일코리안의 모습을 구체적이고 알기 쉽게 해설해 주었다. 특히 『큐폴라가 있는 거리』에서 요시나가 사유리吉永小百合가 연기한 주인공이 북한으로 귀국하는 친구와 이별하는 장면을 이야기할 때, 그는 당시 재일코리안이 처한 어려운 상황과 귀국 후 친구들이 맞이했을 현실을 떠올리며 괴로운 표정을 지었다.

그러나 무엇보다도 감탄을 금치 못한 것은, 죽음이 눈앞에 닥친 순간에도 모르핀으로 고통을 참으며 자신의 장례식마저 스스로 연출하고 떠나간 그의 감독혼이었다. 삶의 끝까지 감독으로 살다 간 오덕수 감독, 그 이름은 오랫동안 기억될 것이다.

▎ 초출 『동양경제일보』 2016년 4월 1일자

제8장

서로 의지하며

젊었을 때(1961년)

석별의 그리움

다가오는 4월 15일은 남편이 세상을 떠난 지 꼭 1주기가 되는 날입니다. 덧없이 흐르는 시간 속에서, 함께한 반세기 남짓의 세월을 새삼 돌아보게 됩니다. 재일코리안 역사의 큰 굴곡 속에서 걸어온 우리의 여정은 결코 평탄하지 않았습니다. 그러나 어떤 상황에서도 자신의 의지대로 굳건히 살아간 남편의 궤적은 학문과 사회 활동에서뿐만 아니라 우리 가족에게도 무엇보다도 값진 「유산」이 되었습니다. 병상에서도 자식들에게 남긴 말은 「인생에 후회는 없다」였고, 남편과 함께 함께한 반 평생을 아들과 손주들에게 자신 있게 전하고 싶습니다.

남편의 방광암이 발견된 것은 2010년 새해 직후였습니다. 2월 8일 내시경 수술을 받았지만, 암세포가 빠르게 증식해 병세가 상당히 진행된 것을 확인하고 같은 해 12월 13일 재수술을 하게 되었습니다. 이후 방사선 치료와 정기적인 외래 진찰을 이어갔지만 차도가 없어, 2011년 8월 11일에 세 번째 수술을 받게 되었습니다. 힘겨운 투병이었지만 매일같이 병문안을 와 주신 분들의 격려와 아이들의 헌신적인 보살핌 덕분에 가까스로 퇴원할 수 있었습니다.

그러나 퇴원 직전, 주치의는 저를 별실로 불러 남편의 남은 수명이 6개월이라는 말을 전했습니다. 충격으로 아무 말도 할 수 없었지만, 혹시 다른 방법은 없을까 하는 심정으로 매달렸습니다. 그러나 지병인 폐기종과 고혈압, 당뇨로 인해 전신마취 수술은 불가능했고, 결국 통원 치료와 자택 요양을 선택할 수밖에 없었습니다. 훗날 이 사실을 아이들에게 알렸을 때, 둘째 아들이 어깨를 들썩이며 눈물을 흘리던 모습이 아직도 잊혀지지 않습니다. 둘째 아들은 처음부터 전적 수술이나 요로 변경 수술을 권했지만, 남편은 삶의 질을 지키겠다며 거절했습니다.

산소통과 요관 카테터를 단 채 휠체어로 병원에 다니는 일이 무척 힘들었지만, 아이들은 온 정성을 다해 아버지를 돌보았습니다. 「고맙다」며 웃던 남편의 얼굴과 목소리가 지금도 선명합니다. 그럴 때면 제게도 「당신은 육아를 참 잘했어요」라는 칭찬을 잊지 않았습니다.

그러나 2011년 11월 29일, 퇴원 후에도 계속되던 연분홍색 혈뇨가 짙은 갈색으로 변하면서 다시 입원하게 되었고, 12월 9일에는 위험을 무릅쓰고 국소 마취로 내시경 수술을 받았습니다. 하지만 집도의는 신부전 위험이 있어 긴급히 「신루腎瘻」 수술을 해야 한다고 했습니다. 관이 하나 더 늘어나면서 일상은 더 힘들어졌습니다. 출혈을 멈추려는 수술이었지만 신장에까지 관이 들어가 있었으니, 남편이 얼마나 고통스러웠을지 생각하면 지금도 가슴이 미어집니다.

그런 상태에서 한 달이 지나던 무렵, 남편은 병실에서 견딜 수 없다며 간절히 집으로 돌아가고 싶다고 했고, 결국 섣달그믐인 12월 31일 퇴원했습니다. 집에 돌아와 귀여운 손주들과 자식들 곁에서 새해를 맞이할 수 있었고, 1월 9일에는 이통신회 멤버들과의 신년회에서 한층 밝은 얼굴을 보여주었습니다. 술은 마시지 못했지만, 평소 잘 손대지 않던 로스트 비프를 집어 들며 사람들을 놀라게 하고 기쁘게 하여 눈시울을 붉히게 하기도 했습니다. 그렇게 일상 속에서 졸업생들과 친구들이 찾아와 담소를 나누며 요양할 수 있었습니다.

그러나 2012년 2월 25일, 병세가 급변해 자혜의과대학 제3병원으로 응급 후송되었습니다. 의사는 「앞으로 2~3일이 고비」라며 가족과 가까운 이들에게 빨리 알리라고 했습니다. 이 시점에서 주치과가 비뇨기과에서 호흡기내과로 바뀌었고, 가능한 모든 치료가 시도된 끝에 기적적으로 조금씩 호전되었습니다. 덕분에 잠시나마 문병객의 면회가 허용되었고, 짧지만 안도의 시간을 가질 수 있었습니다.

그러나 설상가상으로, 남편의 왼쪽 폐 밑에 흉수가 차오르더니 검진 결과 폐에 새로운 암이 발견되었습니다. 방광암보다도 폐암이 더 심각하다는 진단이 내려졌습니다. 이미 수술조차 불가능한 만신창이의 몸…… 여러 개의 관에 의지한 채 병원 생활을 이어가는 것은 남편에게 더 이상 견딜 수 없는 일이었습니다. 결국 그는 집에서 요양하고 싶다는 뜻을 전했고, 병원 측에 신청하여 귀가를 목표로 치료에 전념했습니다. 다행히 그 노력의 결실이 있었는지 기적처럼 열이 내려, 한 달 남짓의 입원 생활을 마치고 3월 27일, 의사 선생님과 간호사 선생님들의 따뜻한 배웅을 받으며 택시로 집에 돌아올 수 있었습니다.

퇴원 후에는 거실 남쪽 창가에 남편의 침대를 놓고, 왕진과 방문 간호로 24시간 돌봄이 가능하도록 준비했습니다. 의료용 분무기, 가정용 산소 농축기, 공기청정기 등 병실 못지않은 환경을 마련했지만, 안타깝게도 병세는 시시각각 심각해져 갔습니다. 그 속에서 우리의 하루하루는 긴장과 시련의 연속이었습니다.

결국 우리의 간절한 소망도 헛되이, 4월 15일 오후 3시 28분, 남편은 마지막 힘을 다해 호소하듯 아들과 제 손을 꼭 잡은 채 세상을 떠났습니다. 그것은 마치 큰 파도가 밀려왔다가 잔잔히 물러가며 사라지는 것 같은, 고요하고도 장엄한 최후였습니다. 그 순간, 우리는 생명이 가진 유한함을 뼈저리게 실감할 수밖에 없었습니다.

돌이켜보면, 함께한 54년은 재일 사회의 분단 시대를 지나 다음 세대를 향해 사회로 눈을 돌리며 동지로서 걸어온 여정이었습니다. 그것은 좋든 싫든 우리 삶의 가장 큰 증거였다고 생각합니다. 특히 재일 사회의 분단 속에서 몸부림치며 고뇌하던 남편의 모습은 지금도 제 마음속에 선명히 남아 있습니다. 그 기억을 기록해 두고자, 제 졸저『판소리에 내 마음을 담을 때』에 실린「절조란」의 일부를 옮겨, 54년의 세월을 함께한 남편에 대한 석별의 그리움을 전하고자 합니다.

마지막으로, 이번 추모집의 준비위원을 맡아주신 우에다 마사아키上田正昭 선생님, 오쓰카 하쓰시게大塚初重 선생님, 강재언 선생님, 마에다 고사쿠前田耕作 선생님, 다카야나기 도시오高柳俊男 선생님, 아베 히데오阿部英雄 선생님께 깊이 감사드립니다. 또한 원고 정리와 데이터화 등 실무를 맡아주신 와코대학의 핫토리 다카시服部敬史 선생님, 「이통신회」의 대표 엔도 가즈히로遠藤和弘 씨, 사카모토 아야코坂本綾子 씨, 그리고 교정을 담당해주신 이 미쓰에李光江 씨께도 진심 어린 감사의 말씀을 드립니다.

비쁘신 가운데 한국에서도 이원홍 선생님을 비롯해 귀한 원고를 보내주신 여러 선생님들께 감사드리며, 또한 남편의 투병 생활 동안 병과 싸울 용기와 희망을 주신 모든 분들께 이 지면을 빌려 다시 한 번 감사의 뜻을 전합니다.

여기에 새겨진 글은 남편의 반생을 기록한 것이지만, 동시에 재일 1세가 겪어온 공통의 역사와 겹치는 부분도 많습니다. 이렇게 귀중하고 정성 어린 추모집을 남편의 무덤 앞에 바칠 수 있게 된 것에 대해 진심으로 감사드립니다.

오는 4월 14일에는 고향인 이씨 집안 묘지에서 안장식이, 오후에는 기념비 제막식이 거행될 예정입니다. 아울러, 지난해 여름 남편의 장서는 부산대학교에 기증되어 같은 해 11월 「이진희 문고」가 개설되었으며, 1주기에는 부산대학교에서 추모전이 열릴 예정임을 알려드립니다.

▎초출 『추상 이진희』 2013년

절조란

　내가 남편의 고향을 처음 찾은 것은 1997년 이른 봄, 옅은 안개가 산을 감싸고 산철쭉이 물들기 시작할 무렵이었다. 봄의 기척이 은은히 번져가던 그때, 나는 남편의 뿌리를 직접 밟아보게 되었다.

　그 시절 재일코리안 사회는 오랜 조국 분단의 그림자를 고스란히 안고 있었다. 척박한 이념 논쟁은 끝없이 이어졌고, 사사건건 서로를 비방하며 중상모략을 일삼았다. 하지만 남북 어느 쪽 단체에 몸을 의탁하든, 1세들의 조국에 대한 동경은 때로 비정상적일 만큼 강렬했다. 그러면서도 자신이 속한 단체와 결별한다는 것은 절조를 지킨다는 명분을 어기는 일이었고, 이는 곧 반동이라는 오명까지 감수해야 하는 일이었다. 아마도 그 시절 절조를 지킨다는 것은 개인의 신념일 뿐 아니라 가족을 지키기 위해서도 필수적인 선택이었을 것이다.

　그 무렵 남편은 조선대학교를 그만둔 지 8년이 지난 시점이었다. 대학에 몸담고 있던 10년 동안 남편은 내 친정아버지와 사상적으로 다른 입장에 서 있었고, 나는 아버지와의 단절을 강요받으며 정신적으로 깊은 혼란 속에 놓여 있었다. 사상의 차이는 부모와 자식의 관계마저 끊어야 할 만큼 냉엄했다. 아버지가 북한 귀국사업에 반대하여 『낙원의 꿈 깨지고』를 출판한 일이 남편을 곤경에 몰아넣은 것이다. 결국 남편은 9년 뒤인 1971년에 대학을 떠나게 되었다.

그러나 세월이 흐르며 북으로 귀국한 사람들의 참상이 언론을 통해 알려지자, 아버지의 명예는 서서히 회복되어 갔다. 그 후 나는 아버지께 사과드리고 관계를 회복할 수 있었다. 한편 한국에 있던 시동생들은 편지를 보내와 자주 귀국을 권했고, 친정 아버지 또한 고향에 있는 형제들을 만나고 오라고 거듭 말씀하셨다. 그러나 남편은 고개를 끄덕이지 않았다. 북쪽 조직을 떠났다 해도 남한을 찾는 일은 그에게 있어 「절조」를 버리는 배신행위처럼 느껴졌기 때문이다.

1970년대 초반, 남편은 작가 김달수 씨, 교토 고려미술관 관장 정조문 씨 등과 더불어 몇 차례 쓰시마를 찾았다. 김대중 사건으로 남북 대화가 결렬되던 시기, 고향은 더욱 멀어졌고, 쓰시마 북단에서라도 모국의 산줄기를 눈에 담고자 했던 간절함이 쓰시마로 향하게 했을 것이다. 고향을 향한 그리움은 날로 깊어졌으나, 정작 실행에 옮기지 못한 채 술자리만 늘어갔다. 그런 가운데 친정아버지로부터 한국 여행을 함께 하자는 권유가 자주 있었고, 나는 마침내 남편 대신 동행하기로 했다. 시동생들을 만나고 선친 묘소에 참배해야 한다는 생각에서였다.

아이들이 초등학생이던 30여 년 전만 해도, 우리 집에서는 설이나 추석이면 전과 잡채, 약밥 등 전통 음식을 차려 진수성찬을 마련하곤 했다. 그 상에는 시어머님께서 무슨 일이 있어도 반드시 마련하셨다는 시루떡과 송편, 가을철의 감과 밤, 대추 같은 계절 과일도 빠지지 않았다. 식탁을 물리고 간단한 의식과 큰절이 끝나면, 남편은 언제나 이씨 가문의 역사, 고향에서의 추억, 그리고 젊은 나이에 세상을 떠난 어머니가 겪으신 고생 이야기를 꺼내곤 했다. 그것은 매년 반복되는 그의 습관이자, 고향을 향한 그리움의 발로였다.

펜을 들어 그려 보이던 남편의 고향집은 마을 가장 높은 곳에 자리 잡고 있었고, 둘레는 대나무 숲이 에워싸고 있었다. 집 마당에는 감나무와 밤나무가 서 있었으며, 모과가 주렁주렁 열린 큰 농가의 모습이었다. 마을 앞에는 시냇물이 흐르고 있었는데, 그는 물고기를 잡느라 해가 지는 줄도 모르고 놀다가 어머니를 걱정시키곤 했다는 이야기를 자주 들려주었다. 또 일본 유학을 떠날 때, 대문 앞에서 흰 치마저고리 차림으로 끝내 보이지 않을 때까지 배웅해 주셨던 어머니 이야기를 사진과 함께 꺼내놓곤 했다. 매년 명절마다 이 같은 이야기를 반복하며 우리 집의 제의祭儀는 끝나곤 했다.

그래서였을까. 처음 발을 디딘 남편의 고향인데도 나는 어쩐지 오래전부터 보아온 듯한 그리움을 느꼈다. 아마도 그가 수없이 되풀이해 그려낸 고향 풍경이 내 뇌리에 새겨져 있었던 까닭일 것이다. 소나무와 잡목이 어우러진 산의 완만한 경사면에 가옥들이 자리 잡고, 그 사이로 냇물이 흐르는 모습은 「미음리美音里」라는 지명처럼 이름값을 하는 아름다운 산골 마을이었다.

결혼한 지 20년 만에 처음 맞이한 묘소 참배는, 일본에서 온 맏며느리로서의 나에게 남다른 의미가 있었다. 참배 전날 시동생 집에는 집안 친척들이 모여 있었는데, 남편이 함께 오지 못한 사정을 알지 못한 시누이들이 왜 오빠가 오지 않았느냐고 울먹이며 따지듯 말하자, 나도 참지 못하고 눈물을 흘리고 말았다. 자리를 지켜내기 힘들 만큼 가슴이 무너졌지만, 다행히 사정을 알고 있던 집안 어른인 작은아버지가 나를 달래주어 겨우 안정을 되찾을 수 있었다. 나는 조심스럽게 남편의 사정을 설명했다. 그가 일본 유학 시절 피를 팔아가며 공부를 이어간 일, 결혼 후 조선대학교에서 교편을 잡았다가 7년 전 물러난 일, 그리고 고향과 시동생들을 결코 잊은 적이 없다는 것, 언젠가는 반드시 돌아올 것이라는 사실을 차분히 이야기했다. 하지만 내 이야기를 들으면서도 시동생들의 오열은 멈추지 않았다.

마침내 시아버지 묘소 참배 의식이 시작되었다. 시어머니는 한국전쟁 중 불과 마흔한 살의 나이에 세상을 떠나셨고, 먼 산 중턱에 있는 이씨 문중 묘지에 묻혀 계셨다. 시아버지는 남편이 대학을 떠난 이듬해 세상을 떠나셨는데, 고향에 돌아오지 못한 아들을 그토록 기다리셨을 부모님의 원통함이 나의 가슴에 와닿았다. 이 길이 남편과 함께하는 여정이었다면 얼마나 좋았을까. 나는 며느리로서 면목이 없었다. 「조금만 더 기다려 주세요. 남편이 성

묘할 수 있는 날은 반드시 올 것입니다.」 그렇게 다짐하는 순간, 시누이들의 곡소리가 터져 나왔다. 그 울음소리는 판소리를 방불케 하는 슬픈 장단으로 메아리쳐, 주위의 산들을 울리고 있었다.

「아버지! 드디어 큰언니가 왔어요. 얼마나 애타게 기다리셨습니까. 분명 오빠도 돌아올 거예요. 조금만 더 참으세요!」

시댁 식구들을 갈라놓은 것은 한국전쟁으로 인한 분단이었다. 그리고 그 분단은 재일동포 사회에도 고스란히 강요되었다. 절조를 지킨다는 이유로 부모님의 임종조차 지키지 못한 자식들이 일본에 얼마나 많았던가. 그들이 목숨처럼 고집했던 「절조」라는 이데올로기는 과연 무엇이었을까. 되돌릴 수 없는 역사의 상처 앞에서, 절조라는 말은 공허하게만 느껴졌다. 종갓집의 맏아들인 남편은 부모님의 마지막조차 함께하지 못하는, 유교적 가치관 속에서는 가장 큰 불효를 저지른 셈이 되고 말았다.

첫 묘소 참배는 남편의 고향 풍습에 따라, 내가 입었던 흰 치마저고리의 제례복을 불태우는 의식으로 마무리되었다. 제례복이 불길에 휩싸여 순식간에 연기가 되어 치솟았고, 붉게 물든 황혼 하늘 속으로 사라져 갔다. 그 연기의 행방을 따라가며 나는 복잡한 생각에 사로잡혔다. 시부모님께 결혼을 보고하는 의식을 마침으로써 나는 이제 명실상부한 이씨 집안의 며느리가 되었음을 실감했지만, 아직 부모님의 묘소에 절조차 올리지 못한 남편은 과연 이씨 집안의 일원이라 할 수 있을까. 「절조」를 지킨다는 것이 왜 불효와 동의어가 되어야 하는가. 그 질문이 내 마음을 떠나지 않았다.

며느리로서의 의식을 빠짐없이 마치고, 동서들이 제수 음식을 정리하고 돗자리를 걷어 돌아갈 채비를 할 무렵, 석양은 서쪽 산마루로 천천히 가라앉고 있었다. 나는 시어머님의 묘소가 있는 저 먼 서쪽 산을 향해 깊이 큰절을 올리고 묘소를 떠났다.

구불구불 이어진 좁은 산길을 한참 내려가다 보니 산기슭 어딘가의 유선방송에서 익숙한 노래가 흘러나왔다. 「돌아와요 부산항에」였다. 「돌아와요 부산항에, 그리운 내 형제여」라는 후렴구가 애절한 선율에 실려 가슴을 파고들었다. 그 노랫소리는 마치 「오빠, 빨리 돌아와!」하고 애원하는 시누이들의 호소처럼 들려왔고, 나는 찢긴 가족의 오랜 한을 대신 감당하는 듯한 심정이 되었다.

지금도 이 곡을 들으면 그날의 정경이 한 장면 한 장면 선명하게 되살아난다. 불행한 역사의 틈바구니에서 갈라져, 보고 싶어도 만날 수 없었던 부모형제가 있었다는 사실을 다시금 절실히 떠올리게 된다. 그것은 27년 전의, 결코 잊을 수 없는 광경이었다.

그로부터 몇 해 뒤, 남편은 김달수 선생님, 강재언 선생님 등과 함께 현해탄을 건너게 된다. 그러나 그 일은 민족을 배신한 행위라며 거센 집중포화를 맞았고, 그 광경은 참으로 무시무시했다. 그로부터 20여 년이 흐른 지금, 「조선적朝鮮籍」을 지닌 채 남쪽 고향을 찾는 것이 더 이상 「죄」로 여겨지지 않는 시대가 되었다. 이제는 고인이 되신 김달수 선생님의 『쓰시마까지対馬まで』를 다시 펼쳐 읽으며, 그때의 일을 떠올릴 때마다 만감이 교차한다.

초출 『판소리에 내 마음을 담을 때』 학생사, 2005년

남편 마지막의 「이통신회」 신년회 (자택에서)

『낙원의 꿈 깨지고』 북한귀국사업을 최초로 고발한 세키 기세이

미우라 고타로三浦小太郎

이번에는 아시즈 우즈히코葦津珍彦의 글을 잠시 접고, 1962년에 초판이 발행되었으며 정확히 20년 전인 1997년 3월에 재발매된 세키 기세이関貴星 저 『낙원의 꿈 깨지고楽園の夢破れて』를 소개하고자 한다.

이 책은 오늘날 반드시 읽어야 할, 선구자의 업적이자 동시에 역사의 생생한 증언 기록이라 할 수 있다. 이후 세키 기세이의 차기작 『두 갈래로 갈린 조국真っ二つの祖国』과 함께 편집되어 『북한 1960北朝鮮1960』으로 재발행되었는데, 여기서는 주로 『낙원의 꿈 깨지고』의 내용을 인용하였다.

북한귀국사업은 1959년 12월 시작되어, 9만 3천 명이 넘는 재일조선인과 수천 명의 일본 국적자(재일조선인과 결혼한 일본인, 그리고 그 자녀들 포함)가 북한으로 건너갔다. 자유민주주의 국가에서 공산주의 체제로 이토록 많은 인구가 자발적으로 이동한 사례는 인류 역사상 전무후무하다고 단언할 수 있다.

「북한은 지상낙원」이라는 조총련의 선전과, 이를 무비판적으로 추종한 일본 언론(아사히신문에서 산케이신문까지 포함)의 보도가 얼마나 많은 재일조선인들에게 환상을 심어 귀국을 부추겼는지는 다음의 실례에서 확인할 수 있다. 그것은 1960년에 발행된 『북한 방북 기자단의 기록北朝鮮訪朝記者団の記録』 속, 산케이신문 기자 사카모토 이쿠오 坂本郁夫의 기사다.

산케이신문 기자의 북한 예찬 기사

「1958년 한 해 동안 평양에만 2만 3천 가구의 주택이 들어섰다. 이 속도라면 언제라도 귀환자용 주택이 마련될 수 있다. 누구든 즉시 수용할 수 있는 태세가 갖추어져 있었다. 김일성 수상 역시 귀환자들을 받아들이는 데 큰 신경을 쓴 듯, 귀환자들에게 당장의 생활 안정을 위해 1인당 200원(엔화 2만 엔 상당)의 보조금을 지급하라고 지시했다. 200원은 북한에서 근로자 월급 4개월 치에 해당하는 거액이다. 영접위원회는 현금을 주는 것보다 필요한 일용품을 마련하는 편이 낫다는 입장이었기 때문에, 현금은 1인당 20원(엔화 약 3천 엔)을 지급하고 나머지 돈으로 가구와 일용품을 구입하기로 했다.」

「이 나라는 사회주의 국가다. 자유주의 국가인 일본과는 여러 면에서 다르다. 첫째, 실업이 없다. 국민 누구든 일할 수 있는 환경에 있다면 반드시 일자리가 주어진다. 귀환자도 예외 없이 자신의 능력과 기술, 지식을 100% 발휘할 수 있도록 배치되어 생활이 빠르게 안정된다. 주택이 주어지고, 일용품이 제공되며, 직장도 정해진다. 게다가 아이들 교육 문제도 해결된다. 정부 방침에 따라, 일본에서 대학에 다니던 학생은 무시험으로 해당 학년의 대학에 편입할 수 있다. (중략)」

「귀환자들이 니가타新潟에서 배를 타면, 그 이후의 과정은 마치 컨베이어 벨트처럼 원활하게 진행되어, 니가타 출발 후 10~15일 정도면 북한에 정착할 수 있었다」(『북한 방북 기자단의 기록』).

이 글은 조총련 기관지가 아니라 일본 언론인에 의해 쓰인 것이다. 당시에는 극히 일부 예외를 제외하고는 이와 같은 보도가 북한귀국사업을 선도하고 있었다. 『북한 방북 기자단의 기록』이 출판된 1960년 8월 13일, 세키 기세이를 포함한 24명의 「8 · 15 조선 해방 15주년 축하 사절단」은 북경을 거쳐 평양 땅에 들어섰다. 단장은 아베 기미코安倍キミ子였고, 참가자 전원은 일본 국적자였으며 그 중에는 데라오 고로寺尾五郎도 포함되어 있었다.

1916년 한반도 전라남도에서 태어난 세키 기세이는 일본 식민지 시절 일본으로 건너와, 1951년 양자 입양을 통해 일본 국적을 취득했다. 그는 북일협회 오카야마현 지부, 조총련, 일중 · 일소우호협회 등에서 활발히 활동했으며, 조총련에서는 재정위원을 맡았다. 그가 사절단 멤버로 선정된 것도 이러한 활동력이 높이 평가되었기 때문이었다.

세키 기세이가 북한에 간 목적은 무엇보다 자신이 믿고 적극적으로 추진하던 귀국 사업의 실상을 직접 확인하기 위함이었다. 귀국자들이 어떤 생활을 하고 있는지, 사회주의 체제 속에서 당황하거나 어려움을 겪는 사람은 없는지, 앞으로 귀국하려는 사람들에게 어떤 조언을 해줄 수 있는지를 직접 만나 파악하고자 했던 것이다. 동시에 이미 귀국한 사람들과 「다시 손을 잡고, 함께 기뻐하고, 함께 격려하며, 하룻밤을 나누고 싶다」는 간절한 바람도 갖고 있었다.

그러나 당시 조총련의 선전을 굳게 믿었던 세키 기세이는, 앞서 다녀간 신문 기자들이 전했던 내용과는 전혀 다른 현실을 북한 땅에서 목격하게 된다.

귀국자와 만날 수도 없고, 만난다 하더라도 감시가 붙어 다니는 현실

우선 방문단은 사실상 평양 호텔에 발이 묶여 자유롭게 외출하는 것조차 허용되지 않았다. 세키 기세이는 이미 1957년 평화 단체 일행과 함께 두 달간 중국에 머물며, 그 과정에서 북한을 일주일 정도 방문한 적이 있었다. 당시에는 한국전쟁의 상처가 여전히 생생했음에도 불구하고, 그는 조국으로 여기는 북한을 방문한 감동을 고스란히 일본에 전했다. 그런데 왜 이번에는 호텔에 갇히듯 지내야 했을까. 이는 1957년 당시에는 없었던 귀국자들과의 접촉을 철저히 막기 위한 조치를 취했기 때문이다.

실제로 호텔에서 외출이 금지되었을 뿐 아니라, 귀국자들이 호텔로 찾아오면 공작원들이 곧바로 그들을 쫓아냈다. 세키 기세이의 한 친구는 호텔 문 앞에서 입실을 거부당한 뒤, 「화가 난 듯한 눈빛으로 호텔 창문을 올려다보다가 이윽고 고개를 숙이고 떠나는」 모습을 보였는데, 세키는 그저 창문 너머로 그 장면을 지켜볼 수밖에 없었다.

세키는 겨우 귀국자 두 명을 만날 수 있었지만 허락된 시간은 고작 20분, 게다가 아무리 말을 건네도 두 사람은 말을 더듬기만 했다. 그는 그 이유를 이렇게 적고 있다. 「나는 곧 사정을 깨달을 수밖에 없었다. 우리 곁에 가만히 서 있던 공작원을 의식한 나머지, 두 사람 모두 차마 말을 하지 못했던 것이다.」 세키는 그 순간 귀국자들의 떨리는 시선을 평생 잊을 수 없다고 고백한다.

방문단의 간절한 요청에도 불구하고 귀국자들과의 만남은 이처럼 불완전하게 이뤄질 수밖에 없었다. 원산시에서는 귀국자와의 간담회가 열렸지만, 이 자리에도 공작원이 동석했다. 일행들이 무언가 부족한 점이나 어려움은 없는지 묻자, 돌아온 대답은 「모든 것이 잘 되고 있다, 모두 만족한다」는 말뿐이었다.

특히 한 귀국자 부부가 간담회에 초대되었는데, 일본인 아내는 일행 앞에서 눈물을 쏟으면서 한마디도 하지 못했다. 남편은 애써 「일본에서 오신 여러분을 만나 감격했다」고 변명했지만, 세키는 그 장면을 이렇게 기록했다.

「그 일본 부인의 가슴 속에서 솟구쳐 오른 것이 단순한 그리움의 감격인지, 아니면 망향의 슬픔인지, 나는 지금 단언할 수 없다. 다만 그때 내 마음에 남은 것은, 일본으로 돌아가고 싶다는 말 한마디조차 꺼낼 수 없는 그 부인의 속마음을 떠올리며, 묵묵히 고개를 숙일 수밖에 없었다는 사실뿐이다.」

또 다른 일본인 아내의 경우, 귀국 직후 남편이 당의 명령으로 「학습」에 끌려간 뒤 반년째 돌아오지 못하고 있었다. 이 사실을 현장에서 끄집어내기 위해 세키가 얼마나 고심했는지, 그리고 그 일본인 아내가 그것을 털어놓기 위해 얼마나 큰 용기를 내야 했는지는 쉽게 짐작할 수 있다.

결국 아무리 초청 여행이라는 명분으로 북한이 현실을 가리고자 해도, 보려는 의지가 있는 사람에게는 그 실상이 드러날 수밖에 없었다. 세키 기세이는 북한에서 혹독한 노동을 견디며 신발조차 변변히 신지 못한 채 일하는 여성 노동자들의 모습, 나뭇가지와 버려진 나무를 모아 연료로 사용하는 민중의 생활, 낙후된 농업기술, 만성적인 농약과 비료 부족 등을 똑똑히 목격했다. 반면 일본에서 조총련은 북한 노동자들은 유급휴가를 받아 금강산에서 휴식을 즐긴다고 선전하고 있었다.

그러나 현실은 달랐다. 일행이 관광 일정의 하나로 찾은 금강산 호텔에는 귀국자는커녕 북한 근로자의 모습조차 거의 보이지 않았다. 「금강산 휴양소는 외국 여행객을 위한 접대용 시설이자 당과 정부 상층부 전용이지, 결코 일하는 인민의 것이 아니었다.」 일행은 화려한 술과 음식으로 대접을 받았지만, 그날 밤 세키 기세이는 식당 구석에서 너무도 초라한 식사를 하고 있는 북한 동포의 모습을 우연히 목격하게 된다. 그는 그 장면을 보고 이렇게 절규한다.

「이건 동포들의 뼈를 갉아먹는 것과 다름없는 일이 아닌가!」

이처럼 식료품뿐만 아니라 의복을 포함한 생활필수품 전반이 심각하게 부족하다는 사실은, 당시 귀국자들이 일본의 친척들에게 보내는 편지 속에서도 분명히 드러나 있었다. 물론 편지 검열은 매우 엄격했다. 그럼에도 불구하고 귀국자들은 은밀히 메시지를 전하고 있었다.

「자네 친척 중에 ○○라는 아이가 있었지! 그 아이는 꼭 일본에서 결혼을 시킨 뒤 귀국시키는 것이 좋을 거야.」

그 ○○란, 고작 세 살배기 어린아이를 가리킨 것이었다. 이는 분명 지금은 북한으로 돌아오지 말라는 절박한 신호였다. 당시 조총련은 북한은 모든 것이 갖추어져 있으니 아무것도 가져올 필요가 없다. 몸만 오면 된다고 선전했지만, 귀국자들의 편지에는 못 하나라도, 가져올 수 있는 모든 것은 일본에서 가져오라는 절박한 부탁이 자주 적혀 있었다.

결국 이러한 편지들이 일본 내 가족과 친척들에게 전해지면서 1962년부터 1963년 무렵 이후 갑자기 귀국자의 수가 급격히 줄어들게 되었다.

세키 기세이의 탁월한 점은 단순히 물자의 부족이나 국민에 대한 혹독한 감시체제를 지적하는 데 그치지 않고, 그것이 북한의 현 체제의 본질이자 나아가 공산주의 자체의 필연임을 당대에 이미 날카롭게 분석했다는 데 있다. 그는 이렇게 적고 있다.

「나라가 가난하고 전쟁의 상흔이 너무 커서 온갖 물자 부족과 생산 설비의 결핍은 도저히 해결할 길이 없다. 더구나 당의 건국 정신, 사회주의에서 공산주의로 이행하는 단계에서의 치열한 중앙집권적 전체주의 노선은 인민의 생활과 소비를 희생시키며, 우선 중공업과 기간산업 일체를 국영화하고 공산주의 독재 체제를 통해 단결과 헌신을 강요하면서 근대화로 치닫고 있다. 당연히 인민은 땅을 핥고 피를 토하는 5년, 10년을 버티지 않으면 안된다.」

그러나 비극은 5년, 10년이 아니라 그보다 훨씬 길었다. 그때부터 시작된 기아와 억압은 해마다 심각해져, 인민은 끝없는 고통 속에서 견뎌야만 했다. 세키 기세이는 저서의 결론부에서 이 점을 다시 강조한다.

「완벽하게 자리 잡은 간첩제도와 밀고제도, 그리고 인민경찰의 공포정치가 완성되어 버린 지금, 권력과 무력이 없는 인민이 이러한 사실을 알고 자각하더라도 더 이상 공산주의 독재체제를 무너뜨리는 것은 불가능하다.」

이 독재체제의 억압 사회에서 기다리고 있었던 것은 숙청이

나 정치범 수용소였다. 세키 기세이가 그 실태를 직접 목격한 것은 아니었지만, 북한 노동당 간부들이 하나둘 자취를 감춘 일, 그리고 그가 만나고 싶어 했던 지식인이나 초기 귀국 사업을 주도했던 인물들, 심지어 조선적십자 간부들조차 「실종」된 사실을 통해 충분히 짐작할 수 있었다.

물론 1960년대 당시에는 북한에 관한 정보가 부족했고, 또 1970년대 전후까지는 소련의 원조 덕분에 일시적으로 한국보다 풍요로웠다는 이야기가 지금도 전해진다.

그러나 군사독재라 불리던 이승만 시대와 박정희 시대에도 남한 민중은 북한에 비해 훨씬 더 자유롭게 시위를 벌이고 정부를 비판할 수 있었다는 사실을 잊어서는 안 된다. 무엇보다 1953년 스탈린 사망 이후 흐루시초프의 스탈린 비판을 통해 공산주의 독재의 문제점은 이미 어느 정도 드러나고 있었다.

세키 기세이는 바로 이런 시각을 바탕으로 북한의 실체를 꿰뚫어 보았고, 그 현실에 근거하여 이 체제의 문제점을 지적했다.

그렇다고 세키 기세이가 이 시점에서 귀국 사업 자체를 전면적으로 부정한 것은 아니었다. 다만 책임 있는 입장에서 위와 같은 현실을 귀국 희망자들에게 전달하고, 귀국을 선택하는 사람이라면 그에 상응하는 준비와 각오가 필요하다는 점을 강조하고자 했던 것이다.

그러나 조총련은 그의 목소리에 귀 기울이지 않았다. 한 총련 간부는 노골적으로 이렇게 말했다.

「일반 귀국자는 무지한 거야. 그걸로 충분해. 섣불리 진실을 알리면 귀국자가 없어지거든.」

그뿐만 아니라 귀국자에게는 일본에서 아무것도 가져갈 필요가 없다고 강조하면서, 남겨진 재산을 총련이 몰수하려는 의도마저 담겨 있었다.

결국 세키 기세이는 「간첩」으로 몰려 조총련을 탈퇴한다. 그러나 총련의 공격은 그의 딸 부부에게까지 미쳤다. 세키 기세이는 사위 이진희에게 직접 북한의 현실을 이야기했지만, 당시 사위는 장인의 말을 받아들이지 않았고, 딸한테서도 비난의 편지가 날아들었다. 결국 딸 부부와도 의절하며 사면초가에 몰린 세키 기세이는, 오히려 그 절망 속에서 용기를 내어 저서 『낙원의 꿈 깨지고』를 집필해 세상에 내놓기로 결심한다.

『낙원의 꿈 깨지고』는 우익이 운영하는 출판사에서 출간되었다는 이유로 언론계에서 외면당했다. 그러나 진실을 담은 책은 언젠가 반드시 평가받게 된다. 실제로 이진희는 후에 총련과 조선대학교 내부에서 심화되는 전체주의화와 폭력을 동반한 탄압에 항의하여 1971년 대학을 떠나게 되었다. 그 후 장인 세키 기세이를 찾아가, 북한과 조총련에 대한 그의 비판이 옳았음을 인정하고 사과했다. 그는 저서 『해협』에서 이렇게 회고한다.

「10년 동안 절연 상태가 이어졌지만, 장인어른은 그저 「그런가」라고만 말씀하셨다. 그 이상은 언급하지 않으셨다. 장인어른이 문제를 제기했던 북한으로의 귀국자 수는 격감했고, 1968년부터 1970년까지는 3년간 귀국선조차 멈춰 있었다. 내가 대학을 떠난 무렵, 장인어른은 예전과 달리 많이 늙어 계셨다. 재일조선인 사회에서 집단적으로 배척당한 탓에 정신적 고통이 너무도 컸던 것이다. 이후 1년에 한 번 정도 얼굴을 뵐 수 있었지만, 이상하게도 정치 이야기는 다시 꺼내지 않으셨다.」

1986년, 세키 기세이는 세상을 떠났다. 작년은 그의 사후 30주년이었지만, 나를 포함해 이 위대한 선구자에게 바치는 추도사를 찾아보기란 쉽지 않았다. 나 자신도 그의 뜻을 잊고 제대로 기리지 못한 것을 부끄럽게 여기며, 이 글을 세키 기세이의 영령에 바친다.

▌ K&K프레스 발행 『월간일본』 2017년 3월호에서 전재

고희를 기념해 저서 『판소리에 내 마음을 담을 때』가 출간되고 어느덧 10년이 흘렀다. 올가을 팔순을 맞이한 나에게 다시 한번 반 평생을 돌아볼 기회가 주어졌고, 기억의 잔상 속에서 점점 멀어져 가는 그날과 그때를 되새기게 되었다.

그리움과 함께 떠오르는 것은 이제는 다시 돌아올 수 없는 부모님과 남편, 그리고 요절한 딸과의 추억들이다. 특히 재일코리안의 분단 속에서 고독하게 투쟁하다 갑작스레 세상을 떠나신 아버지와의 10년에 걸친 단절은, 내 인생에서 아무리 뉘우쳐도 지울 수 없는 깊은 아픔으로 남아 여전히 안타까움과 고통을 불러온다.

입춘이 지난 무렵이었을까. 야마나시에 사는 동생의 배우자로부터 두툼한 책자가 우편으로 도착했다. 열어보니 『월간일본』 3월호 별쇄본 「『낙원의 꿈 깨지고』 북한귀국사업을 최초로 고발한 세키 기세이」라는 글이 편지와 함께 들어 있었다. 나는 그 자리에서 정신없이 읽기 시작했다. 「세키 기세이」, 바로 나의 아버지였다.

아버지의 저서 『낙원의 꿈 깨지고』를 언급한 글은 수없이 많지만, 이번처럼 출판에 얽힌 고뇌와 결단에 이르기까지의 심정을 진지하게 분석하여 정성껏 쓴 글을 만난 것은 처음이었다. 감동과 감사의 마음을 억누를 수 없었다. 다 읽자마자 나는 동생의 배우자에게 전화를 걸었고, 그 긴 대화 속에서 놀라운 사실을 알게 되었다.

「처형께는 차마 말할 수 없었지만, 그때 장인어른의 금고 안에는 청산가리와 권총이 들어 있었어요.」

『낙원의 꿈 깨지고』가 출간된 이후 아버지는 온갖 비방을 감내하면서도, 진실을 덮어둔 채 계속되는 귀국 사업은 잘못이라며 외로운 싸움을 이어가셨다.

「이 사실을 눈감은 채 북한 예찬과 귀국 촉진을 계속한다면, 끔찍한 인도적 과오를 저지르는 셈이다」라고 아버지는 계속해서 호소했다. 이 일이 있은 지 벌써 50년이 넘었다.

나는 뒤늦게야 알았다. 아버지의 강연회가 수차례에 걸친 방해로 어수선한 분위기 속에서 중단된 일, 신변의 위협 속에서 투쟁을 이어가셨다는 사실을. 혹시 납치라도 당할 경우 청산가리는 최후의 선택을, 권총은 호신용으로 준비해 두셨던 것일지도 모른다.

그러나 당시 나는 어리석게도 사회주의의 승리가 역사 발전의 법칙이라고 믿었고, 「수령님(김일성)에게만 충실해야 한다」는 사상에 깊이 중독되어 있었다. 마인드 컨트롤에 사로잡혀 있으면 복합적인 시각이나 사고방식은 가질 수 없고, 맹목적이고 저돌적인 행동만 반복하게 된다.

아버지는 친척도 지인도 없는 도쿄에서 고독한 학생 생활을 하고 있던 나를 걱정해 자주 전화와 편지를 보내주셨다. 특히 기억에 남는 것은 석류다. 아버지가 정성껏 기른 석류나무 한 그루는 내 생일 무렵이면 보석 같은 알갱이로 익어 제철을 맞았다. 아버지는 그것을 상하지 않게 솜으로 싸서 보내주셨다. 지금도 석류를 보면 아버지 생각에 눈시울이 뜨거워진다.

아버지께 드리는 사죄의 편지를 준비하던 중, 나는 미우라 고타로 씨의 글을 만나게 되었다. 이 만남은 우연이라기보다 운명적인 인연처럼 느껴졌다. 일면식도 없는 분께 전재를 부탁드렸는데, 미우라 씨는 「자유롭게 사용해 주세요. 오히려 영광입니다」라며 흔쾌히 승낙해 주셨다. 이 지면을 빌려 깊은 감사를 드리고 싶다. 무엇보다 아버지께 드리는 가장 큰 공양이 될 것이다.

이번 책은 『계론21』(29호, 2015년 여름호) 「재일의 분단 속에서」를 중심으로, 동양경제일보 수필란(2011년~2017년 6월), 재일여성문예지 『땅에서 배를 저어라』(2006년~2012년 종간), 문예동인지 『봉선화』(2007~2013년)에 실린 글들, 그리고 『아사히신문』, 『도쿄신문』, 『민단신문』, 『주간금요일』에 게재된 일부 원고를 보완하여 한 권으로 묶은 것이다.

서장 「기억의 잔상 속에서」의 전반부는 1960년대부터 80년대에 걸쳐 재일코리안의 분단 시대를 살아온 가족사를 중심으로 쓴 글이다. 그것은 다시는 같은 잘못을 되풀이해서는 안 된다는, 부(負)의 재일코리안의 역사이기도 하다.

후반부는 조총련과 결별한 뒤, 지역 주민으로서의 의식이 싹트면서 「재일코리안」으로서의 과제와 명제가 드러난 과정을 기록한 것이다. 이는 「이문화를 즐기는 모임」의 설립으로 이어졌고, 나아가 여성들의 말의 고리를 엮고자 한 문예동인지 『봉선화』, 묻혀 있던 재일 여성들의 문학적 재능을 발굴하여 함께 문학의 힘을 기르고자 창간한 『땅에서 배를 저어라』 등으로 연결되었다.

누구의 인생에도 여러 갈림길이 있기 마련이다. 그러한 기로에서 어떤 선택을 하느냐가 훗날의 인생을 결정짓기도 한다. 이번 졸저를 정리하며 나 또한 몇 차례의 분기점을 지나왔음을 새삼 돌아보게 되었다.

이 책의 출판에 있어, 동인지 『봉선화』의 조영순 씨와 호리 치호코 씨, 재일여성문학지 『땅에서 배를 저어라』의 고(故) 고영리 선생님과 고 후카자와 나츠에 씨를 비롯한 편집위원 여러분, 그리고 「이문화를 즐기는 모임」의 리쿠 구미코 씨 등 지금껏 만나온 훌륭한 동료들에게 깊이 감사드린다.

또한 세상을 떠난 후 부산에 잠든 남편의 묘소를 해마다 찾아

참배해 온 「이통신회」 간사 엔도 가즈히로 씨와 모임의 모든 분들께도 진심 어린 감사를 드린다. 이 책에는 동양경제일보에 실린 수필이 많이 실려 있다. 오랫동안 격려해 주시고 따뜻하게 지켜봐 주신 동양경제일보사에도 고마움을 표한다.

아울러 부족한 졸문을 출판해 주시고, 적절한 조언과 따뜻한 격려를 아끼지 않으신 사회평론사의 마츠다 겐지 사장님, 그리고 여러 시사점을 주시며 번거로운 편집을 흔쾌히 맡아 주신 편집부의 이타가키 세이이치로 씨에게도 깊은 사의를 표한다.

표지 그림은 고(故) 가와조에 슈지 와코대학 교수님의 작품에서 선택했다. 저승에서 기뻐하고 계시리라 믿는다.

끝으로 출판을 뒤에서 응원해 준 두 아들에게도 고마움을 전하며, 이 책을 아버지와 남편의 묘소에 바친다.

2017년 초가을 도쿄 조후에서

옮긴이 후기

본 재일한인 번역총서 발행은 동의대학교 동아시아연구소 인문사회연구소 지원사업(2020년 선정, 과제명 「해방이후 재일조선인 관련 외교문서의 수집 해제 및 DB구축」)으로 진행된다. 번역총서 제1권 『어느 재일코리안 여성의 기억의 조각을 찾아서』(『記憶の殘照のなかで―ある在日コリアン女性の歩み―』, 社会評論社)는 재일동포 2세로서 파란만장한 삶을 살아온 오문자 씨가 가족사 기록을 중심으로 쓴 수필집이다. 이번 번역 작업을 통해서 오문자 씨의 가족사는 마치 해방 이후의 한반도와 재일동포 사회에서 일어난 갈등과 모순과 부조리의 역사의 한 단면을 보는 것과 같다는 생각을 하게 되었다.

오문자 씨는 1959년의 북한은 지상낙원이라는 선전을 통해서 진행한 북한귀국사업을 지지했다가 북한의 현실을 확인하고 북한귀국사업의 문제점을 폭로한 세키 기세이關貴星 씨의 장녀이다. 그리고 1971년에 일본의 군국주의 합리화를 위해 일본군부가 광개토왕 비문을 변조시켰다고 폭탄선언을 한 역사학자 이진희 교수의 아내이기도 하다. 오문자 씨의 이번 수필집은 아버지 세키 기세이 씨와 남편 이진희 교수에 얽힌 파란만장했던 가족사를 통해서 조국 분단으로 인해 양분된 채, 오랫동안 정치와 이데올로기에 휘둘려야 했던 재일동포 사회의 모순과 갈등과 부조리, 가족의 아픔의 역사를 현대 사회에 알리는 귀중한 증언 집이라고 생각한다.

오문자 씨는 이러한 파란만장한 아픔을 겪으면서도 재일동포 여성의 문예동인지『봉선화』와『땅에서 배를 저어라』등을 통해서 재일 여성들의 신세타령을 다룬 문예 활동에 적극적으로 나서면서 재일 여성 문학의 새로운 지평을 여는데 초석을 쌓은 대표적인 여성 문인이다. 그리고 본인이 오랫동안 살아온 도쿄 조후시를 중심으로「이문화를 즐기는 모임」을 이끌면서 한일 간의 서로의 문화와 생활 습관의 차이를 이해하고 즐기면서 진정으로 신뢰할 수 있는 이웃이 되어 함께 손잡고 나아갈 한일 교류와 공생 사회를 실현하기 위한 다양한 지역 사회 활동을 전개한 활동가이기도 하다.

번역총서 제1권『어느 재일코리안 여성의 기억의 조각을 찾아서』는 서장「기억의 잔상 속에서」, 제1장「가족의 그날, 그 때」, 제2장「재일 여성들의 생각, 희망」, 제3장「가교」, 제4장「혼을 깨우는 소리, 춤」, 제5장「만남, 교류, 공명」, 제6장「보고, 듣고, 느끼고」, 제7장「석별의 언어」, 제8장「서로 의지하며」등 아홉 개의 장으로 구성되어 있다. 그리고 미우라 고타로 씨의「『낙원의 꿈 깨지고』북한귀국사업을 최초로 고발한 세키 기세이」가

실려 있다.

처음 번역을 시작했을 때는 개인의 일상적인 삶의 내용을 중심으로 쓰여진 수필집이라는 인상을 받았다. 그러나 읽어가면 갈수록 글쓴이 오문자 씨의 삶의 차원과 내용이 너무 두텁고 넓어서 한 여성의 개인적인 삶의 역사에 관한 글이라는 느낌이 전혀 들지 않았다. 유교 사회의 가부장제, 일본군 위안부 문제, 젠더 문제, 호주제의 모순 등 사회적인 모순과 부조리를 해결하기 위해 펼친 그간의 기억들을 상당히 밀도감 있게 적고 있다. 오문자 씨의 이러한 기억들은 유연하면서도 굽힐 줄 모르는 강인함과 한반도와 일본을 잇는 일에 대한 애정의 각별함에서 오는 결과로서의 기억이라는 느낌이 들었다.

이번 번역총서 발간은 현재 동의대학교 동아시아연구소에서 진행하고 있는 재일동포 관련 프로젝트의 새로운 연구 방향의 출발점이기도 하다. 번역 작업에 있어서는 글쓴이의 의도가 충분히 반영되어야 하는 것이 당연하지만, 그렇지 못한 부분이 있을 것으로 생각한다. 오롯이 옮긴이의 책임이 크다.

이번 『어느 재일코리안 여성의 기억의 조각을 찾아서』의 번역 출간의 필요성을 적극적으로 제안해주신 도쿄가쿠게이대학 이수경 교수님과 프로젝트 수행에 초조해 하는 저에게 항상 용기와 희망을 북돋우어 주시는 류코쿠대학 권오정 명예교수님께 진심으로 감사드린다. 또한, 이번 번역 작업에 있어서 오탈자 수

정을 비롯하여 번역 원고가 완성되기까지 많은 도움을 주신 동아시아연구소 이행화 교수님과 어반노스텔지아 이홍렬 대표님께도 각별히 고마움을 전하고 싶다.

2025년 9월 엄광로 연구실에서

초출 일람

글쓴이 소개

오문자

1937년 일본 오카야마시에서 재일 2세로 태어남.
산요여자고등학교(오카야마현) 졸업
도요음악단기대학(현 도쿄음악대학) 졸업
문예동인지 『봉선화』 창간부터 20호까지 대표
재일여성문학지 『땅에서 배를 저어라』(사회평론사) 창간호~7호 종간까지
   편집위원
조후시 마을만들기 시민회의 자문위원
조후시 여성문제 홍보지 「새로운 바람」 편집위원
「이웃나라의 여자들」 칼럼 연재
『계론21』 29호 「재일사회의 분단 속에서」 집필
현재, 조후시 평생학습서클 「이문화를 즐기는 모임」 대표
     NPO법인 「문화·예술 공방」 이사

저서
『판소리에 내 마음을 담을 때 - 어느 재일가족의 발자취 -』(일본) 학생사
『아버지, 죄송합니다』(한국) 주류성출판사
공편 『여자들의 재일』(일본) 신간사

옮긴이 소개

이경규

문학박사
동의대학교 인문사회과학대학 일본학과 교수
동의대학교 동아시아연구소 소장
한국일본근대학회 회장

이 저서는 2020년도 정부(교육부)의 재원으로 한국연구재단의 지원을 받아 수행된 연구임. (NRF-2020S1A5C2A02093140)

어느 재일코리안 여성의
기억의 조각을 찾아서

초 판 인 쇄   2025년 09월 15일
초 판 발 행   2025년 09월 26일

글 쓴 이   오문자
옮 긴 이   이경규
발 행 인   윤석현
발 행 처   박문사
등 록 번 호   제2009-11호
책 임 편 집   최인노

우 편 주 소   서울시 도봉구 우이천로 353 성주빌딩
대 표 전 화   (02) 992-3253(대)
전   송   (02) 991-1285
홈 페 이 지   www.jncbms.co.kr
전 자 우 편   bakmunsa@hanmail.net

ⓒ 이경규 2025 Printed in KOREA.

ISBN 979-11-7390-019-8   03810   정가 29,000원